W0055812

Warum *so* verlegen?
Über die Lust an Büchern und ihre Zukunft

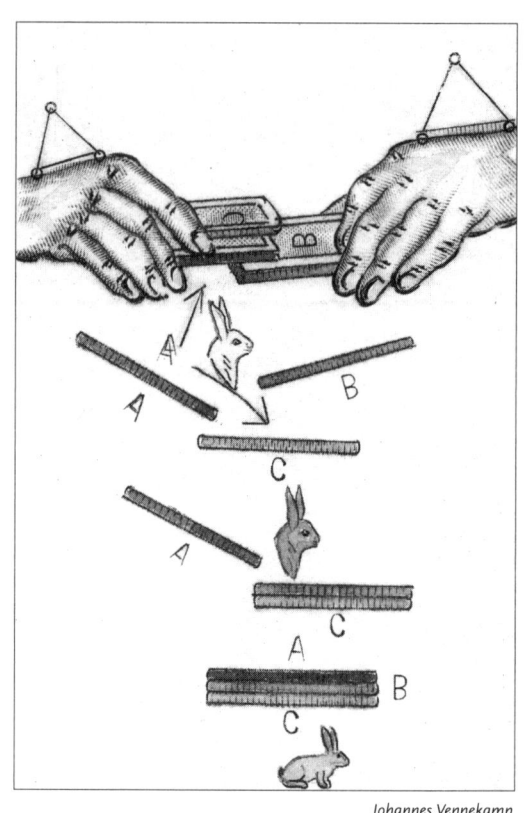

Johannes Vennekamp

Warum *so* verlegen?

Über die Lust an Büchern und ihre Zukunft

Herausgegeben von Klaus Wagenbach

Verlag Klaus Wagenbach   Berlin

Wagenbachs Taschenbuch 487
1. Auflage im März 2004

Wir bedanken uns bei Cordier Spezialpapier, Papierfabrik Schleipen, bei M-Real Zanders GmbH/Gebr. Schabert GmbH & Co.KG und bei der Druckerei Pustet, Regensburg, für die großzügige Unterstützung dieser Publikation.

ISBN 3-8031-2487-5

Inhalt

1996–2004
Unabhängig ins Jahrtausend   109

2004ff.
Susanne Schüssler   Reizende Aussichten   127

Die obenstehende Mixtur *(Volkswagenbach)*, gezeichnet von Horst Rudoph, ähnelt dem folgenden Lesebuch. Alle Stilbrüche, Verkürzungen und Allgemeinheiten sind dem Herausgeber anzulasten.

Was vor Ihnen liegt

Dieses Büchlein erzählt nicht nur (obwohl hauptsächlich) die Geschichte eines Verlages, sondern auch die der politischen und literarischen Umstände, unter denen er arbeitete und arbeitet.

Wie schön wäre es, beispielsweise, gewesen, wenn der Verlag auch nach 1965 ein Verlag für ost- wie westdeutsche Literatur hätte bleiben dürfen, und wie nützlich hätte er dann 1989 sein können. Wieviel Glück und Überlebenswillen hat den Verlag in den siebziger Jahren davor bewahrt, daß ihm eine aufgehetzte Berliner Staatsanwalt- und Richterschaft den Beruf verbot. Oder wie wirkungsvoll hätten die politischen Bücher der neunziger Jahre sein können, wenn ihnen nicht schon in den achtziger Jahren so viele Leser davongelaufen wären. Ganz zu schweigen von den schwankenden Produktions- oder Rezeptionswellen für italienische, spanische, französische, ja selbst englische Bücher.

Da arbeiten immer zwei Dinge gegen- oder miteinander: Der Geist der Zeiten und die bestimmten Absichten eines nicht nur unabhängigen, sondern von dieser Unabhängigkeit auch Gebrauch machenden Verlages. Der Überzeugungstäter im Gezeitenwechsel – ein immer aufregender, nie ganz gelingender Drahtseilakt.

Denn auch der Geist der Zeiten ist keineswegs ein Nachtgespenst: da regierte, beispielsweise, noch in den sechziger Jahren die ›Aktion Saubere Leinwand‹ und das ›Kuratorium Unteilbares Deutschland‹, da wurden noch in den siebziger Jahren Studenten ins Gas gewünscht und in den achtziger Jahren eine moralische Wende herbeigeredet, die auch in den neunziger Jahren nicht kam, sondern im neuen Jahrtausend in der Fratze von Glaubenskriegen auftauchte.

Um dieses Für und Wider deutlich zu machen, wurden die vierzig Jahre des Verlages in sieben sinnvolle Zeitabschnitte aufgeteilt, in denen ich zuerst (in kleinem Schriftgrad) die Verlagsgeschichte berichte, der dann (in größerem Grad) charakteristische Lesestücke verschiedener Autoren aus dieser Zeit folgen.

Man wird leicht feststellen, daß der Verlag sich dabei durchaus nicht immer auf dem Niveau befindet, das die beiden größten deutschen Buchkonzerne unisono als »Höhe der Zeit« bezeichnen. Sie mögen gern dort wohnen, wir halten uns lieber im Vorfeld der Zeit auf (oder auch beim Ausgraben älterer Anregungen), wo das Andere sich herumtreibt, das Neue heranwächst oder das Vergessene ans Licht will. Das erscheint dann bei uns in jenen knapp bemessenen Auflagen, in denen das Zukunftsträchtige seit je auftritt, die aber die Marktführer und Bilanzfetischisten nicht interessieren. Ginge es nach ihnen, wäre die Gesellschaft vom Innovativen abgeschnitten. Allerdings befinden sich die Marketingpanegyriker damit in der Tat auf der Höhe einer öffentlichen Meinung, die unsere Zivilisation, unsere politische Organisation und Kultur für die Alleinseligmachende hält, sozusagen alternativlos.

Wie schön, daß es immer wieder Schriftsteller gibt, die diesen Weihrauch für eine Vernebelung halten. Und Verlage, die solchen Nebelleuchten Strom und eine schöne Fassung bieten. Und Buchhändler, die ihnen aufmerksam Platz im Regal machen. Und Rezensenten, die »Ich sehe Licht!« rufen (statt uns – nun schon seit Jahrzehnten! – mit der Frage zu elenden: »Wann geht bei Ihnen das Licht aus?«). Und Vertreter, die die Buchhändler für unsere seltsamen Leuchtstoffe erwärmen. Und vor allem auch die »wilden« Leser, die auf eigene Faust lesen, sich an- und aufregen lassen, den Kopf auch mal von nicht mehrheitsfähigen Ideen durchlüften lassen.

Solche Freunde schätzen wir seit je. Sie sind es, die unsere Arbeit tragen, ermutigen, fördern. Aber zu diesen Freunden gehören auch die anderen unabhängigen Verlage, die Bücher aus Überzeugung veröffentlichen, denn sie erlauben uns förmlich erst unsere Arbeit: Nur wenn den Lesern die Wahl unter vielen eigensinnigen Büchern frei steht, können wir uns bei der Arbeit an unseren Büchern (aus Überzeugung) wirklich frei fühlen.

K.W.

PROST, DICHTER!

Mit einer angenehm unkonventionellen Steh-Party in seiner Wohnung, die zugleich Verlagsbüro ist, feierte Berlins jüngster Verleger Klaus Wagenbach das Erscheinen seiner ersten schmalen Bücher.

Er nennt sie „Quarthefte", bescheiden in schwarze Pappe eingebunden. „Star" ist Günter Grass mit der Neufassung seines Vierakters „Onkel, Onkel".

Doch auch die anderen Bände verdienen Aufmerksamkeit und Interesse:

▶ Die „Betrachtungen und Erinnerungen eines Verlegers" des 1963 verstorbenen guten Vorbildes Kurt Wolff, die Bücher von Christoph Meckel („Tullipan") und Johannes Bobrowski („Mäusefest und andere Erzählungen"), Hans Werner Richters „Menschen in freundlicher Umgebung", sechs Satiren. Schließlich Ingeborg Bachmanns „Ein Ort für Zufälle", Berliner Impressionen, „Diagnose eines Krankheitsbildes" unserer geteilten Stadt, verziert mit 13 Zeichnungen von Günter Grass.

Alle Wagenbach-Autoren waren anwesend. Sogar Bobrowski, der bis 2 Uhr nachts Urlaub hatte und, vom Doppelkorn befeuert, mit einer beglückten Blondine schmuste. Auch Stefan Hermlin war von „drüben" gekommen. Sein Passierschein reichte nur bis 24 Uhr. Da lachte der Grass: „Klassenlose Gesellschaft!"

Brecht-Komponist Dessau zeigte sich. Vom Plattenspieler tönten indessen die „Beatles", und Grass gab hier beim Tanz ebenfalls den Ton an mit prächtig musikalischen Körperverrenkungen. Ihm eiferten gemäßigter der leicht mephistophelische Klaus Roehler mit rot gewandeter Gattin und Poet Franz Tummler mit der aus „Porgy and Bess" entsprungenen Tochter von Sebastian Haffner nach.

Kolumnist Haffner dozierte Politisches, Professor Höllerer lächelte unentwegt, die Bachmann zwinkerte nervös, Jens Rehn schwitzte zufrieden, Rudolf Hagelstange fühlte sich wohl, Uwe Johnson schmauchte sein Pfeifchen, Ernst Schnabel nannte sich „physisch unsterblich", weil er das

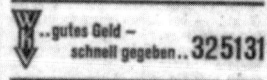

„3. Programm" lebend überstanden habe.

Schließlich sammelte Hans Werner Richter seine „Truppe" zum Umzug nach Dahlem. In stilleren Ecken benahmen sich schwarz gekleidete Buchhändler seriös, zwei süße, zierliche Wagenbach-Töchter wollten in Schlafanzügen mitfeiern. Immer neue Batterien von Korn und Bier führen die liebenswerten Gastgeber auf.

Alles war in dieser Nacht handfest und schmackhaft wie die Bücher, die Klaus Wagenbach herausgebracht hat, und deren kleine Auflagen bald vergriffen sein sollten.   K. H.

Der Abend, 5. 1. 1965

Wie alles anfing
1964–1966

Verleger fallen nicht vom Himmel, sondern bleiben besser auf der Erde, in meinem Fall war es ein Stück hessische Erde, auf das ich als Vierzehnjähriger in den Kriegswirren geraten war und das die amerikanischen Truppen im März 1945 befreiten. Ich empfand sie durchaus als Befreier, schon wegen des (von den Nazis so genannten) ›Niggerjazz‹, den sie mitbrachten, aber auch, weil man jetzt alles lesen konnte, was vorher verboten war: Das gab es nun, auf furchtbar schlechtem Papier gedruckt, aber spottbillig, bei Rowohlt (*Rowohlts Rotations-Romane*) und S. Fischer *(S. Fischer Bibliothek)*. Ein schöner Beruf, so aufregende Inhalte so listig zu demokratisieren. Dachte ich, und bewarb mich als Lehrling im ›Suhrkamp vorm. S. Fischer Verlag‹, wurde angenommen, erlebte 1950 meine erste Verlagsspaltung (Suhrkamp/ S. Fischer), blieb nach der Lehre und während des Studiums noch einige Jahre Hersteller bei S. Fischer.

Nach der Promotion 1957 war ich zwei Jahre Lektor im Modernen Buch-Club und kehrte danach als Lektor für deutsche Literatur zu S. Fischer zurück. Einige Jahre später wurde der S. Fischer Verlag von dem durchaus liberalen Ehepaar Bermann-Fischer – die dem jungen linken Mann ziemlich freie Hand ließen (von Christa Reinig, Christoph Meckel oder Johannes Bobrowski bis zu zwei Anthologien zur jüngsten deutschen Literatur, *Das Atelier* und zu einer eigenen Buchserie, *Fischer Doppelpunkt*) – verkauft an den durchaus konservativen Holtzbrinck-Konzern, der den jungen linken Mann ziemlich schnell feuerte, im Frühjahr 1964. So weit, so klar; wer libertäre Meinungen hat in unserm Land, der muß mit ein paar Kurven in der Biographie rechnen, und die führen mit einer gewissen Logik zu einem Punkt, von dem an man solche Meinungen nur noch auf eigenes Risiko vertreten kann.

Viel später sah ich dann deutlicher, daß dieses inhaltliche Interesse von je begleitet war von einem technischen. Wie schön darf ein Buch sein, wie angemessen muß es sein, vor allem aber: wie macht man es möglichst billig? Die List, die ältere Kollegen in dieser Hinsicht anwandten, hat mich selbst erst zum Leser (und später zum Verleger) gemacht – insbesondere die schon erwähnten *Rowohlts Rotations-Romane*, 1946, und die *S. Fischer Bibliothek*, 1948, ebenfalls im Rotationsdruck hergestellt, aber großformatig und gebunden, sowie natürlich der Geniestreich des jungen Kurt Wolff, die Broschürenreihe *Der jüngste Tag*, 1913.

Bis heute überrascht mich immer wieder, wie viele meiner Kollegen die Schrift, in der ein Buch gedruckt wird, für beiläufig, Format und Papier für eher nebensächlich halten. Womit ich nicht dem wieder aufkommenden pseudo-handwerklichen Schnickschnack (Büttenpapier mit eingeschöpften Blüten der Provence in lassogejagtem Oasenziegenleder) das Wort reden, sondern aufmerksam machen will auf den Widerspruch zwischen der unser Metier bestimmenden industriellen Produktionsweise und der Individualität des Produkts, der oft nicht einmal gesehen, geschweige denn ausgehalten wird.

Bevor ich im September 1964 beim Gewerbeamt ein ›stehendes Gewerbe‹ eintragen ließ, überlegte ich mit einigen Autoren (Ingeborg Bachmann, Johannes Bobrowski, Günter Grass, Hans Werner Richter), wie sich diese Absicht ausdrücken ließe. Der Verlag begann mit folgenden Arbeitspunkten:

- Alle Autoren erhalten innerhalb der Serie das gleiche Honorar, sind nicht mit Optionen gebunden, haben Einfluß auf Typographie und Informationstexte. Autorenverträge können nicht ›übertragen‹ werden, die Honorare sind höher als üblich (letztere edle Idee mußte freilich schon bald als zu kostenträchtig aufgegeben werden).
- Die Bücher müssen billig sein.
- Die Leser sollen nicht nur durch Texte über die Bücher, sondern auch durch Auszüge aus den Büchern informiert werden, mit einem kostenlosen jährlichen Almanach (*Das schwarze Brett*, heute *Zwiebel*).
- Die Arbeit des Verlages dient nicht dem Profit, sondern folgt den inhaltlichen Absichten.

Gute Vorsätze, fehlten noch das Geld und die Werbung. Ich hatte das Glück, daß ich eine Wiese, die mir mein Vater geschenkt hatte, günstig verkaufen konnte, samt einigen beweglichen Gütern eines Lektorenhaushalts; es kamen etwas mehr als hunderttausend Mark zusammen. Das reichte genau für die reinen Herstellungskosten der ersten elf Bücher und des kleinen Verlagsalmanachs. Miete und Gehälter, Vertriebs- und Vertreterkosten waren in der Gesamtrechnung nicht vorgesehen, so daß der Verlag Ende 1965 eigentlich hätte in Konkurs gehen müssen, wie es mir auch ein erfahrener Buchhändler vorgerechnet hatte. Meine – hinterlistige – Gegenrechnung war aber: Die Bücher erscheinen in einer Serie, die in Format und Farbe stark von anderen abweicht (so kam es zum Quartformat, aus dem der Reihentitel *Quarthefte* abgeleitet wurde, und zum schwarzen Umschlag), und die ersten Titel blieben den bekannteren Autoren vorbehalten, beginnend mit den Erinnerungen von Kurt Wolff, gefolgt von zwei Prosabüchern Christoph Meckels und Johannes Bobrowskis und drei Büchern von Günter Grass, Hans Werner Richter und Ingeborg Bachmann, die sich gerne mit je einem Buch an diesem Projekt eines alternativen Verlages beteiligten.

Das erste Quartheft:
Kurt Wolff 1952   Kurt Wolff   Auf der Buchmesse 1965

Meine Gegenrechnung, in die auch der Erscheinungstermin – März 1965 –
gehörte, ging auf: Die großen schwarzen Bücher fielen auf, die Buchhändler
mußten zumindest die Bücher von Ingeborg Bachmann und Günter Grass
einkaufen, die aber Nummer 6 und 4 einer Serie waren, die man vielleicht
doch besser komplett vorrätig hielt – worauf der Verleger dann im Herbst
zurückgreifen konnte, mit Numero 7–9, drei Büchern von vollkommen oder
fast unbekannten Autoren (Delius, Hermlin, Biermann), die wiederum mit
dem Geld gedruckt wurden, das auf die im März ausgestellten Rechnungen
eingegangen war, dank der Nachsicht der meisten Buchhändler mit einem
jungen Verlag. Zwar wurde die List schnell erkannt und auch öfters öffentlich
gerügt, aber da waren die *Quarthefte* schon in den Regalen.

Sicherheitshalber haben Günter Grass und ich im März 1965 auf einer gemeinsamen Lesetournee noch einmal nachgeschaut – wo etwas fehlte, er-
gänzten wir aus dem Kofferraum. Wo immer wir eingeladen waren, hielten
wir an und sangen: Grass für die SPD im allgemeinen und den Verlag im be-
sonderen, ich für die Literatur und ihre Einbindung in schwarzen Karton.

Dafür habe ich dann, eingeladen von Günter Grass, im Sommer 1965 einige Wochen im ›Wahlkontor deutscher Schriftsteller‹ mitgearbeitet, als
Schatzmeister (da Besitzer einer Rechenmaschine) und Redenschreiber.

Viele der weiteren politischen Auseinandersetzungen ergaben sich sozusagen von selbst, aus dem Zusammenstoß von editorischen Absichten und
deutschen Zuständen. Den ersten Eindruck davon hatte ich schon 1961 erhalten, als mich der S. Fischer Verlag zwang, aus der Anthologie *Das Atelier*
die Texte von DDR-Schriftstellern zu entfernen, die sich zur Berliner Mauer
geäußert hatten. In diesen Jahren, in denen der Kontakt zur DDR absolut
tabuiert war, habe ich viele Autoren der DDR kennengelernt: Manfred Bieler,
Johannes Bobrowski, Franz Fühmann, Günter Kunert, Christa Reinig, Stephan Hermlin. Bobrowski und Hermlin wurden 1965 dann Autoren, Ratge-
ber, Freunde des Verlags.

Johannes Bobrowski, dick und freundlich, mit großem Appetit, Durst und
den furcherregendsten Literaturkenntnissen, ein Liebhaber bizarrer Späße
und zärtlicher Freund des Volksmunds, hat mir (er war gleichzeitig Lektor in

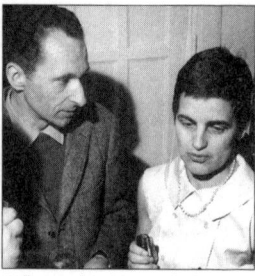

Links: Johannes Bobrowski, KW und Günter Grass, rechts: Walter Höllerer und Katia Wagenbach 1965

einem Ostberliner Verlag) auch manchen technischen Rat gegeben. Bobrowski machte gern Unbekannte miteinander bekannt, ein geselliger Gründer von Freundschaften, dessen überraschender Tod im Spätsommer 1965 viele dieser mühsamen Verbindungen zwischen Ost und West wieder abreißen ließ; der *Atlas,* das erste größere Buch des Verlages, ist ihm gewidmet.

Hatte Bobrowski viele Freunde, so hatte Stephan Hermlin stets viele Feinde; auch ich, als ich ihn zum ersten Mal sah, wunderte mich ein wenig über diesen gesitteten, seriösen Herrn mit den ironisch melancholischen Mundwinkeln und der ewigen Pfeife. Das soll ein Kommunist sein, fragte ich mich (selber schlechtfrisiert und etwas abgerissen), und was tut der in diesem Langweilerstaat (vergessend, daß die Bundesrepublik nun auch nicht gerade zu den aufregendsten Staaten zählte)? Dieser ›Widerspruch‹ zwischen politischen Überzeugungen und Bildungshorizont samt Auftreten war (und ist) es wohl auch, der manche Leute über die Maßen skandalisiert. Ich gewöhnte mich schnell daran, weil sich dahinter Unabhängigkeit, Kunstverstand und Uneigennützigkeit verbargen – es gab kaum einen jüngeren Schriftsteller in der DDR, dem Hermlin nicht geholfen hat, von den vielen unbekannten, die er als Sekretär der Akademie der Künste öffentlich vorstellte (und dafür seinen Posten verlor), über sein Eintreten für Peter Huchel, die Erklärung zur Zwangsausbürgerung Wolf Biermanns bis zu seiner Rede *In den Kämpfen dieser Zeit.*

Hermlin spielte mir auch zum ersten Mal Tonbänder mit Liedern Wolf Biermanns vor, es muß 1962 gewesen sein, denn ich mußte ihm gleich bekennen, daß mir solche Texte (wie auch die seinen) im S. Fischer Verlag gewiß nicht gestattet würden. 1964 erinnerte ich mich sofort dieser Lieder, besuchte Biermann und bot ihm eine Veröffentlichung an. Biermann saß maulfaul in seiner mit seltsamsten Musikinstrumenten vollgestopften Wohnung, redete druckreif und bedeutend und spielte das düstere Genie. Ich kann nicht sagen, daß er begeistert von meinem Vorschlag war, aber da er inzwischen Ablehnungen von Suhrkamp und Rowohlt erhalten hatte und ich ihm versichern konnte, in den *Quartheften* würden auch Bobrowski (zustimmendes Murren), Hermlin (respektvoller Augenaufschlag) und Grass (strahlende Begeisterung – damit hatte ichs getroffen) erscheinen, gab er mir zwei schwarze Klemmordner mit,

Mit Hans Werner Richter   Atlas   Ingeborg Bachmann

aus denen ich dann eine Auswahl traf und ihr den Titel *Die Drahtharfe* gab. So beiläufig geriet der Verlag in eine existenzbedrohende Situation ...

Denn zwar wurde die *Drahtharfe* das erfolgreichste Buch des ersten Jahres (mit einem Verkauf von 14.000 Exemplaren), aber es kam dem Verlag, für fast zehn Jahre, teuer zu stehen, in der Gestalt des jungen Journalisten Höpke (später stellvertretender Kultusminister der DDR), der mir zu Silvester 1965 vertraulich bedeutete, es sei besser für künftige Beziehungen, mit dem Nachdruck der *Drahtharfe* nicht weiter fortzufahren, was ich ablehnte. Die Folge war die Stornierung sämtlicher Projekte durch die DDR und ein Einreiseverbot, dem Ende 1967 ein Durchreiseverbot folgte, so daß ich (bis 1973) Westberlin nur mit dem Flugzeug verlassen konnte. Die Rezension der Bücher des Verlages in den Medien der DDR, im ›Neuen Deutschland‹ oder dem ›Deutschlandsender‹, hörte abrupt auf. Meine Pläne, in stärkerem Maß auch Literatur aus der DDR zu veröffentlichen, waren gescheitert.

Was blieb, in unseren Medien, war der Hautgout des ›kommunistischen‹ Verlages, und da legte ich, im zweiten Jahr, 1966, mit drei Büchern noch einmal kräftig nach: mit Aimé Césaires Theaterstück über Patrice Lumumba, mit der ›Dokumentar-Polemik‹ über einen CDU/CSU-Wirtschaftstag von F. C. Delius und mit Erich Frieds Gedichtband *und Vietnam und*. Für die Ökonomie war das nicht klug (der Jahresumsatz sank von DM 232.000,– im Jahr 1965 auf DM 164.000,– im Jahr 1966), für den Seelenfrieden eines finster entschlossenen Jungverlegers aber sehr.

Gegenüber den Büchern von Césaire und Delius hielt sich die Kritik noch vergleichsweise zurück, über Erich Frieds Gedichte hingegen fiel man ziemlich hemmungslos her – freilich handelten sie davon, wie die Demokratie vom größten westlichen Industriestaat »verteidigt« wurde, auch in unserem Namen. Es dauerte sieben Monate, bis Peter Rühmkorf mit einer Rezension im ›Spiegel‹ (das leistete sich Blatt damals noch: die Rezension eines Lyrikbandes!) die Gedichte – und die gesamte geschmähte Gattung des ›Protestgedichts‹ – verteidigte und dem *Quartheft* über die erste Auflage von 4.000 Exemplaren half. Ein großer Erfolg ist dieses Pilotbuch freilich nie geworden, in zehn Jahren wurden 12.000 Exemplare verkauft.

Dafür handelte ich mir einen der liebenswürdigsten Autoren ein, und zwar auf dem Hinterhof der Berliner Akademie der Künste peripatierend, wo mir Erich Fried schlurfend und mit schlenkernder Plastiktüte erklärte, daß er für seine Vietnamgedichte keinen Verleger finden könne. Mit Händen gestikulierend, die wohl eher Händchen waren, aber mit einer Baßstimme, die ein Organ zu nennen eher eine Untertreibung ist. So also, lauthals und zugleich in sich gekehrt, erklärte er mir seine Lage und die der Welt. Seine Lage sah ich sofort ein, über die der Welt blieben wir in Verbindung bis zu seinem Tod (1988), mit drei Dutzend Büchern. Der große Erfolg kam übrigens erst mit dem siebzehnten Buch, 1979, den *Liebesgedichten,* von denen in fünfzehn Jahren über eine Viertelmillion Exemplare verkauft wurden.

Neben solchen politischen und literarischen Erfahrungen machte ich in den ersten beiden Jahren auch ein paar verbreitungstechnische. Zum Beispiel die, daß Design-Ideen des Verlages hemmungslos kopiert wurden. Oder ein großer Verleger, Ledig-Rowohlt (der seinen Verlag später verkaufte), bereits damals den gesamten Typus meines Verlages zur Vergangenheit zählte: »Die bisherige Funktion des kleinen ambitionierten Verlags kann durchaus in einem Großverlag aufgefangen werden.«

Freilich auch Gegenbeispiele: Giangiacomo Feltrinelli erklärte mir, warum man auf den Antwortpostkarten die Anrede vordrucken müsse (»Sehr geehrter Herr Wagenbach,« – mit dieser Methode habe ich jahrelang die heitersten Morgenstunden gehabt), und holte mich auf der ersten Buchmesse vom Verlagsstand ab, um einen Tag lang alle seine Freunde mit dem Neuling bekannt zu machen. Auch mit den Vertretern, Dorothee von dem Knesebeck, Jörg Wallenstein und H. U. Zbinden, habe ich großes Glück gehabt: Sie brachten mir früh bei, daß man darauf achten muß, seine Absichten auch zu verkaufen – durch Höflichkeit, List, Heiterkeit und alle möglichen Verkehrsformen, die nicht immer unbedingt die bürgerlichen sein müssen.

Zudem war der Verlag schon am Anfang alles andere als ein ›Einmannbetrieb‹, weil das erste Domizil, ein wilhelminisches Ensemble in der Jenaer Straße 6 in Berlin-Wilmersdorf, auch als Wohnung diente. Meine damalige Frau Katia, gelernte Buchhändlerin, war sozusagen in allen Zimmern gleichzeitig tätig; Helga Scheller, zuvor meine Sekretärin im S. Fischer Verlag, arbeitete nicht nur im Verlag, sondern wohnte auch mit uns; durch sämtliche Räume tobten drei Töchter und bald auch ein Lehrling – mit insgesamt sieben Personen in acht Räumen machte der Verlag zwar keinen besonders professionellen, jedenfalls aber einen ziemlich kommunikationsfrohen Eindruck, was ganz nach meinem Gusto war:

Es ist eine Sache, sich sein Urteil selbst zu bilden, eine ganz andere aber, sich dabei etwa nicht beeinflussen zu lassen.

Kurt Wolff   Vom Büchermachen

Die allgemeine Vorstellung des Laien, wie der Verleger seinen Beruf ausübt, ist erstaunlich primitiv: man meint, er lese Manuskripte oder lasse sie lesen (diese Manuskripte kommen anscheinend in Mengen von selbst), dann schickt er dem Drucker, was ihm oder seinen Lektoren am besten gefällt. Damit das Buch auch anziehend ausschaut, sucht er sich einen Graphiker, der Einband und Umschlag zeichnet. Erfolg oder Mißerfolg sind Glückssache.

Die Wirklichkeit ist etwas anders, aber es ist schwer, deutlich zu machen, wie immens komplex dieser Beruf ist, wie viele Elemente zusammenkommen müssen, um dem Begriff *Verleger* einen wirklich legitimen und positiven Sinn zu geben.

Bevor hier aber weiter vom Verleger, seiner Berufung und seinem Beruf die Rede ist, wäre zu sagen, daß ich persönlich den Begriff des wahren Verlegers nur innerhalb gewisser Größenordnungen zu sehen vermag. Ein Unternehmen, das jährlich 100 bis 400 neue Bücher herausgibt (und deren gibt's ja zahlreiche in der Welt), mag sehr respektabel sein, kann auch gute Bücher unter den vielen haben – der Ausdruck einer individuellen Verleger-Persönlichkeit kann es natürlich nie sein. Man wird im allgemeinen feststellen – wenn's gelegentlich auch Ausnahmen gibt –, daß die Bücher der großen Autoren nicht bei den Monster-Unternehmungen erschienen sind und literarisch wichtige Bewegungen von kleinen Firmen, das heißt von individuellen Verlegern getragen und entwickelt wurden.

Ein Autor vertraut sich einem Menschen an, von dem er sich verstanden fühlt, nicht dem Direktorium einer Gesellschaft, die im Französischen die sehr zutreffende Bezeichnung Societé Anonyme führt. Der Verleger ist nicht anonym, sondern synonym mit seiner Tätigkeit.

Man verlegt entweder Bücher, von denen man meint, die Leute sollen sie lesen, oder Bücher, von denen man meint, die Leute wollen sie lesen. Verleger der zweiten Kategorie, das heißt Verleger, die dem Publikumsgeschmack dienerisch nachlaufen, zählen für uns nicht – nicht wahr?

Autoren, Bücher, Abenteuer

Ingeborg Bachmann   Berlin

Berlin ist aufgeräumt. Die Geschäfte sind übereinandergelegt, geschichtet zu einem Haufen, die Schuhe und Zollstöcke, etwas von dem Reis und dem Kartoffelvorrat und Kohlen natürlich, die vielen Kohlen, die der Senat gespeichert hat, liegen deutlich erkennbar am Rand herum. Der Sand ist jetzt überall, in den Schuhen, auf den Kohlen. Die großen Schaufenster, obenauf die mit den Geheimnamen *Neckermann* und *Defaka,* sind als Glasdächer über allem, man sieht durch, kann aber nur wenig erkennen. Eine Kneipe in Alt-Moabit hat darunter noch offen, niemand versteht, wie das möglich ist. Es ist doch schon aufgeräumt. Der Wirt schenkt doppelte Doornkaats ein, er gibt selber einen aus, seine Kneipe ist die beste gewesen, die älteste, immer voller Leute. Die Leute sind aber nicht mehr in Berlin.

Im Kommen ist jetzt der Kreuzberg, die feuchten Keller und die alten Sofas sind wieder gefragt, die Ofenrohre, die Ratten, der Blick auf den Hinterhof. Dazu muß man sich die Haare lang wachsen lassen, muß herumziehen, muß herumschreien, muß predigen, muß betrunken sein und die alten Leute verschrecken zwischen dem Halleschen Tor und dem Böhmischen Dorf. Man muß immer allein und zu vielen sein, mehrere mitziehen, von einem Glauben zum andern. Die neue Religion kommt aus Kreuzberg, die Evangelienbärte und die Befehle, die Revolte gegen die subventionierte Agonie. Es müssen alle aus dem gleichen Blechgeschirr essen, eine ganz dünne Berliner Brühe, dazu dunkles Brot, danach wird der schärfste Schnaps befohlen, und immer mehr Schnaps, für die längsten Nächte. Die Trödler verkaufen nicht mehr so ganz billig, weil der Bezirk im Kommen ist, die *Kleine Weltlaterne* zahlt sich schon aus, die Prediger und die Jünger lassen sich bestaunen am Abend und spucken den Neugierigen auf die Currywurst. Ein Jahrhundert, das sich auch hier nicht zeigen will, wird in die Schranken gefordert. An einem Haustor, irgendeinem, wird gerüttelt, ein Laternenpfahl umgestürzt, einigen Vorübergehenden über die Köpfe gehauen. Es darf gelacht werden in Berlin.

Ein Ort für Zufälle

Johannes Bobrowski   Mäusefest

Moise Trumpeter sitzt auf dem Stühlchen in der Ladenecke. Der Laden ist klein, und er ist leer. Wahrscheinlich weil die Sonne, die immer hereinkommt, Platz braucht und der Mond auch. Der kommt auch immer herein, wenn er vorbeigeht. Er ist hereingekommen, der Mond, zur Tür herein, die Ladenklingel hat sich nur einmal gerührt, aber vielleicht gar nicht, weil der Mond hereinkam, sondern weil die Mäuschen so herumtanzen auf den dünnen Dielenbrettern. Der Mond ist also gekommen, und Moise hat Guten Abend, Mond! gesagt, und nun sehen sie beide den Mäuschen zu.

Das ist aber auch jeden Tag anders mit den Mäusen, mal tanzen sie so und mal so, und alles mit vier Beinen, einem spitzen Kopf und einem dünnen Schwänzchen.

Moise hat eine Brotrinde vor seine Füße fallen lassen, da huschen die Mäuschen näher, ein Streckchen um das andere, einige richten sich sogar auf und schnuppern ein bißchen in die Luft. Siehst du, so ist es. Immer dasselbe.

Da sitzen die beiden Alten und freuen sich und hören zuerst gar nicht, daß die Ladentür aufgegangen ist. Nur die Mäuse haben es gleich gehört und sind fort, ganz fort und so schnell, daß man nicht sagen kann, wohin sie gelaufen sind.

In der Tür steht ein Soldat, ein Deutscher. Moise hat gute Augen, er sieht: ein junger Mensch, so ein Schuljunge, der eigentlich gar nicht weiß, was er hier wollte, jetzt, wo er in der Tür steht. Mal sehen, wie das Judenvolk haust, wird er sich draußen gedacht haben. Aber jetzt sitzt der alte Jude auf seinem Stühlchen, und der Laden ist hell vom Mondlicht. Wenn Se mechten hereintreten, Herr Leitnantleben, sagt Moise.

Der Junge schließt die Tür. Er wundert sich gar nicht, daß der Jude Deutsch kann, er steht so da, und als Moise sich erhebt und sagt: Kommen Se man, andern Stuhl hab ich nicht, sagt er: Danke, ich kann stehen, aber er macht ein paar Schritte, bis in die Mitte des Ladens, und dann noch drei Schritte auf den Stuhl zu. Und da Moise noch einmal zum Sitzen auffordert, setzt er sich auch.

Jetzt sind Se mal ganz still, sagt Moise und lehnt sich an die Wand. Die Brotrinde liegt noch immer da, und, siehst du, da kommen auch die Mäuse wieder. Wie vorher, gar nicht ein bißchen langsamer, genau wie vorher, ein Stückchen, noch ein Stückchen, mit Aufrichten und Schnuppern und einem ganz winzigen Schnaufer, den nur Moise hört und vielleicht der Mond auch.

Und nun haben sie die Rinde wiedergefunden. Ein Mäusefest, in kleinem Rahmen, versteht sich, nichts Besonderes, aber auch nicht ganz alltäglich.

Da sitzt man und sieht zu. Der Krieg ist schon ein paar Tage alt. Das Land heißt Polen. Es ist ganz flach und sandig. Was soll man da noch reden? Die Deutschen sind gekommen, unzählig viele, einer sitzt hier im Judenladen, ein ganz junger, ein Milchbart. Nun kommt man also in der Welt herum, wird er denken, jetzt ist man in Polen, und dieses Polen hier ist ganz polnisch.

Der alte Jude lehnt an der Wand. Die Mäuse sind noch immer um ihre Rinde versammelt. Wenn sie noch kleiner geworden ist, wird eine ältere Mäusemutter sie mit nach Hause nehmen, und die anderen Mäuschen werden hinterherlaufen.

Weißt du, sagt der Mond zu Moise, ich muß noch ein bißchen weiter. Und Moise weiß schon, daß es dem Mond unbehaglich ist, weil dieser Deutsche da herumsitzt. Was will er denn bloß? Also sagt Moise nur: Bleib du noch ein Weilchen.

Aber dafür erhebt sich der Soldat jetzt. Die Mäuse laufen davon, man weiß gar nicht, wohin sie alle so schnell verschwinden können. Er überlegt, ob er Aufwiedersehen sagen soll, bleibt also einen Augenblick noch im Laden stehen und geht dann einfach hinaus.

Moise sagt nichts, er wartet, daß der Mond zu sprechen anfängt. Die Mäuse sind fort, verschwunden. Mäuse können das.

Das war ein Deutscher, sagt der Mond, du weißt doch, was mit diesen Deutschen ist. Sag mir bloß nicht, der Junge ist keiner, oder jedenfalls kein schlimmer. Das macht jetzt keinen Unterschied mehr. Wenn sie über Polen gekommen sind, wie wird es mit deinen Leuten gehn? – Ich hab gehört, sagt Moise.

Es ist jetzt ganz weiß im Laden. Das Licht füllt den Raum bis an die Tür in der Rückwand. Wo Moise lehnt, ganz weiß, daß man denkt, er werde immer mehr eins mit der Wand. Mit jedem Wort, das er sagt. Ich weiß, sagt Moise, da hast du ganz recht, ich werd Ärger kriegen mit meinem Gott.

Hedwig Rohde   Interview mit Klaus Wagenbach

Die Jenaer Straße ist eine ruhige Wilmersdorfer Wohnstraße mit soliden bürgerlichen Mietshäusern. Nr. 6: unauffällig modernes Schild »Verlag Klaus Wagenbach«. Das Arbeitszimmer des Verlegers: überraschend groß, hell, warm, unterteilt durch quergestellte überfüllte Bücherregale. Schreibtisch und Fensterbretter begraben unter Papieren. Jetzt schiebt sich auf leisen Sohlen jemand durch die riesige weiße Altberliner Flügeltür, klein zusammengekrümmt, als wollte er sich sofort wieder zurückziehen. Kommt dann doch langsam, bewegungsunwillig aufs Fenster zu; Haltung miserabel, hätte mein Vater gesagt. Liebenswürdige Redensarten sind fehl am Platz, die Zeit drängt, der Mann ist überhäuft, stürzen wir uns auf den mitgebrachten Fragebogen:

Sie haben erklärt, daß Sie den jüngeren deutschen Autoren eine Alternative bieten wollten. Sie sehen den kleinen, persönlich geführten Verlag als Abweichung gegenüber den anonymen Konzernen. Sie sind sich klar darüber, daß Sie damit einen Schritt getan haben, der Sie außerhalb der Gesamtentwicklung des Verlagswesens stellt?

Die Wirtschaft hat eine Marschrichtung, die Literatur aber nicht. Wenn man will, ist mein Verlag insofern konservativ.

Ich habe nichts gegen Apparate. Ich habe Erfahrungen mit großen Apparaten und kenne deren Schwächen, ich habe jetzt meine Erfahrungen mit dem kleinen Apparat und kenne auch dessen Schwächen.

Hat der Erfolg, den Sie mit Ihren Quartheften hatten, Sie nicht bereits in die Situation gebracht, daß Ihnen der eigene Apparat über den Kopf wächst?

Deswegen habe ich im Frühjahr keine Bücher gemacht. Das hatten mir die Leute vorausgesagt – die gleichen, die jetzt sehr erstaunt waren, daß ich keine Frühjahrsproduktion herausbrachte.

Besuchen Sie selber auch Buchhändler? Halten Sie das für wichtig bei einem neuen Verlag?

Ja, weil der Buchhandel individualistisch ist, und Individualismus ist meiner Meinung nach wichtig zur Verbreitung von Literatur. Oft genug laufen Verlagswesen und Buchhandel nebeneinander her – der notwendige Idealismus, den der Buchhandel bei minimalen Gehältern praktiziert, wird von manchen Verlegern – mit ganz anderen Gehältern – nicht gesehen.

Bücher sind keine Eisenwaren. Die Anforderungen an Wissen und Bildung sind viel höher als anderswo und bringen weniger ein. Wenn man Bücher nicht mit Leidenschaft macht, erträgt man keine Verluste. Mache ich ein Buch aus Überzeugung und es geht nicht, dann bleibt mir eins: da hast du immerhin ein schönes Buch gemacht. Dieselbe Auffassung hat ein guter Buchhändler.

Ohne die Buchhändler wäre ich nicht an die Leser gekommen, die nun umgekehrt den Verlag stützen, indem sie fragen: was macht der Wagenbach Neues? Die Absatzziffern, geordnet nach Städten und nach der möglichen Effektivität, beweisen genau, daß ein Buchhändler sehr viel tun kann, entgegen allem Geschwätz, daß man nichts tun könne. Es ist vorgekommen, daß ein dem Umsatz nach kleiner Buchhändler in derselben Universitätsstadt 250 *Quarthefte* verkaufte, in der die »führende Buchhandlung« nur 21 Exemplare absetzte.

Sie haben von Anfang an öffentlich erklärt, was Sie vorhaben, Sie haben einem Skeptiker angeboten, Ihre Bilanz anzusehen. Glauben Sie, daß diese ›offene Tür‹ für den Aufbau des Verlags nützlich war und ist? Oder haben Sie jetzt nicht das Gefühl, doch etwas zu – sagen wir ruhig: naiv an die Sache herangegangen zu sein?

Ich bin (lacht) als keusche Jungfrau bezeichnet worden – wegen meiner sogenannten idealistischen Vorstellungen. Dabei vergißt man, daß ich fünfzehn Jahre im Buchhandel gewesen bin und von der Pike auf gelernt habe. Da ich etwas Bestimmtes vorhatte, sah ich keinen Anlaß, das zu verschweigen, was ich wollte. Selbst für den Laien ist errechenbar, daß mit 5,80 DM keine große Gewinnspanne möglich ist.

Aber im Prinzip hat sich die Richtigkeit meiner Theorie erwiesen: man muß Erstauflagen möglichst billig machen.

Sie müssen also nicht täglich einen Kampf zwischen Ideal und Praxis führen?

Mein Schreibtisch, wie Sie sehen, ist ganz verwüstet von diesem Kampf. Ich führe ihn mit diesem kleinen italienischen Rechenautomat – eine der ersten und teuersten Anschaffungen für meinen Verlag. Ich rechne viel. Was sich da stapelt, sind Kalkulationen. Und dazu gehört, daß ich mich und meine Familie mit anderen Arbeiten ernähre, ich schreibe für Funk und Zeitschriften. Sonst würde ich den Verlag gefährden; denn das Kapital ist klein, es gibt keine Teilhaber.

Die Frage nach dem Privatleben erübrigt sich: der Verleger Wagenbach und der Privatmann Wagenbach sind eins. Es gibt für beide nur diese eine Wohnung. Frau Wagenbach ist unauffällig, wie sie verschwunden war, mit altmodisch bauchigem silbernem Teegeschirr wiedergekommen, hat es auf dem Schreibtisch aufgebaut. Sie ist gelernte Buchhändlerin. Später trappelt die kleinste Tochter herein, der Vater nimmt sie auf den Schoß, das stört nicht. Der Tagesablauf eines Verlegers?

Ich habe keine Ökonomie. Das kann man auch nicht schematisch machen. Ich kann nur sagen, wann der Arbeitstag aufhört: zwischen zwei und vier Uhr morgens.

Sie sind deshalb nach Berlin gegangen, weil hier Ihre wichtigsten Autoren wohnen. Wie steht es mit dem direkten Kontakt im Fall der Autoren aus dem Osten?

Der ist im Moment erschwert dadurch, daß ich seit Januar keine Einreise nach Ostberlin habe. Über dem angeblichen Affront der Biermann-Veröffentlichung vergessen manche Leute in Ostberlin, was es hier bei uns heißt, einen Kommunisten zu verlegen. Das ist ein gesamtdeutsches Vergessen, auch bei uns vergißt man, was das heißt. Ich halte diese Sperre für vorübergehend. Es liegt mir daran, deutsche Autoren zu publizieren, ohne auf den Paß zu sehen. Und es liegt mir daran, in ein vernünftiges Verhältnis zu unseren Nachbarn zu kommen. Zu unseren Nachbarn gehören – in Berlin bemerkt man das – Russen, Polen, Tschechen.

Würden Sie auch das Wort des von Ihnen verehrten und verlegten Kurt Wolff unterschreiben: »Die Beziehung zum Autor muß von des Verlegers Seite eine Liebesbeziehung sein, die nichts fordert, die schon im voraus verziehen hat?«
Ich halte nichts davon, Autoren unter Druck zu setzen. Meine Verträge enthalten keine Optionen. Entweder versteht man sich oder trennt sich. Optionen sind Unsinn, Vorschüsse auch. Beide Parteien sind dadurch gefesselt, nicht mehr frei in Entschlüssen und Kritik.

Als Walter Muschg die Traditionslosigkeit der deutschen Literatur beklagte, haben Sie die jüngeren deutschen Autoren gegen seine Vorwürfe verteidigt. Wie stehen Sie selber zur deutschen literarischen Tradition?
Als Germanist wird man dazu erzogen, diese Gesamtveranstaltung ›deutsche Literatur‹ objektiv zu betrachten, später wird man subjektiv. Meine Vorlieben: Lessing, Kleist, Büchner, Grimms Märchen, Hebels Schatzkästlein und Kafka, das weiß man ja. Bücher von ihnen, das wäre für meinen Verlag eine Möglichkeit in zehn oder zwanzig Jahren. Aber nur, wenn einer der von mir geliebten Autoren dann nicht mehr am Markt oder vergessen wäre. Ich möchte nur notwendige Sachen machen. Das trifft auch auf Kunstgeschichte zu, darin habe ich ja promoviert. Zum Beispiel würde ich gern eine Monographie über den Genueser Maler Magnasco machen, der viel besser ist als Canaletto. Oder von Turner, über den es in Deutschland keine Bücher gibt.

Die Schwierigkeit mit den jungen Autoren ist die: ich habe selber als Kritiker, mit meinen Freunden zusammen, dafür gekämpft, wieder die Prävalenz des Stils zu fordern. Das Merkwürdige ist nun, daß wir heute praktisch an die jungen Autoren, die den Stil überraschend gut, ja glänzend handhaben, die Oberschülerfrage wieder stellen müssen, die wir damals abgelehnt haben: was will der Autor sagen? Ich würde nie ein Buch verlegen, in dem die literarische Verantwortung auf die Typographie abgeschoben wird. Das war vor zehn Jahren nicht erkennbar; damals konnte man voraussetzen, daß ein Autor politische Meinungen hatte, die Realität sah, eine Beziehung zur Umwelt besaß. Mittlerweile gibt es Autoren, die wissen, wie sie schreiben, aber nicht was. Das halte ich für eine gefährliche Entwicklung. Ein Autor muß wissen, was er mit seinem Buch will. Ob das erkannt wird, ist eine andere Frage, aber er muß es wissen.

Buchmarkt 1, 1966

Wolf Biermann   Frühzeit

Heute morgen, als ich noch wohlig im Bett lag
riß mich ein grober Klingler aus dem Schlaf.
Wütend und barfuß lief ich zur Tür und öffnete
meinem Sohn,
der da Sonntag sehr früh nach Milch gegangen war.

Die Zufrühgekommenen sind nicht gern gesehn.
Aber ihre Milch trinkt man dann.   Die Drahtharfe

Erich Fried   17.–22. Mai 1966

Aus Da Nang
wurde fünf Tage hindurch
täglich berichtet:
Gelegentlich einzelne Schüsse

Am sechsten Tag wurde berichtet:
In den Kämpfen der letzten fünf Tage
in Da Nang
bisher etwa tausend Opfer   und Vietnam und

WAHLKONTOR DEUTSCHE SCHRIFTSTELLER. Von links nach rechts: Marianne
Eichholz, Martin Kubjuhn, Hermann Peter Piwitt, Nicolas Born, Klaus Roehler und
Klaus Wagenbach   Im »Tagesspiegel« vom 15.8.1965

Überraschendes Verbreiten
am notwendigen Ort
1967–1969

Es war leider so, daß nach dem Ein- und Durchreiseverbot der DDR auch im eigenen Staat Handel und Wandel schwieriger wurden. So hatte beispielsweise der Schallplattenkonzern Philips, bei dem Wolf Biermann unter Vertrag stand, es abgelehnt, die neue Platte Biermanns zu veröffentlichen, und der Verlag mußte einspringen. Stein des Anstoßes war offensichtlich das Lied *Drei Kugeln auf Rudi Dutschke*, insbesondere die Bezeichnung des seinerzeitigen Bundeskanzlers Kiesinger (eines salbungsvollen Schwätzers, ehemals Mitglied der NSDAP) als »Edel-Nazi«. Der Stein des Anstoßes zog Kreise: Nachdem bereits die ersten Exemplare der *Quartplatte* mit den *Vier neuen Liedern* Biermanns die Preßfabrik der Deutschen Grammophon verlassen hatten, erhielt ich ein Schreiben, daß man den Produktionsvertrag kündigen müsse »wegen Bedenken strafrechtlicher Art, nachdem wir Kenntnis über den Inhalt der Platte bekommen haben.«

Der Fall begann mich zu interessieren: Ich schickte das Gedicht an fünf Tages- und Wochenzeitungen mit der Bitte um Vorabdruck, und siehe, dieselben Leute, die sonst alle paar Monate anriefen mit der dringlichen Bitte, ein Gedicht des allseits beliebten DDR-Kritikers Biermann vorabdrucken zu dürfen, fanden nun leider gerade für diesen Text keinen Raum in ihren Spalten (so wie wir nur mühsam eine unabhängige Schallplattenpreßfabrik fanden ...).

Das alles war im Frühjahr/Sommer 1968. Wie man überhaupt eine Schallplatte herstellt, hatte ich gerade noch rechtzeitig erfahren, einige Monate vorher, im Herbst 1967, als sich die ersten Schwächen eines so kleinen Verlages zeigten: Der Verleger war zwar da, aber er hatte nur ein Telefon, nur zwei Hände, und reisen konnte er auch kaum. So entschuldigte ich mich bei Freunden und Buchhändlern mit einer kleinen Schallplatte (*Acht Autoren lesen aus ihren Quartheften, angesagt vom Verleger*), aus Jux *Quartplatte* genannt, versehen mit einer bukolischen Grafik von meinem Freund Günter Bruno Fuchs, einem herzlichen, stets leicht besäuselten Dicken voller Spruchweisheiten, Schnurren und melancholischer Einsichten in den Zustand der Welt (die auch – unter anderem – in das *Quartheft Zwischen Kopf und Kragen* eingingen). Von meinen Töchtern wurde er bei seinen Besuchen immer jubelnd begrüßt und allgemein »Kuchenfuchs« genannt, weil er meist große

Erich Fried

Volker von Törne

Mengen Gebäck mitbrachte, hauptsächlich die begehrten ›Liebesknochen‹. Aus dem Umschlag der *Quartplatte* hat Günter Bruno Fuchs dann auch das Verlagssignet entwickelt. Einige Buchhändler wollten nun diese Schallplatte auch verkaufen. Normalerweise wäre mir die Umwandlung einer nur für Freunde hergestellten Quatsch- und Quarkplatte in ein krudes Kommerzobjekt als zu geschäftstüchtig erschienen – wenn sich nicht (neben der Philips-Affaire) noch etwas anderes ereignet hätte:

Während eines ›Dichterforums‹, November 1967 in Frankfurt, fand auch eine Lesung in einer Fabrik statt. Die Dichter zogen zeitgemäß (aber zur Überraschung der Arbeiter) unter Absingen der Internationale ein und lasen zeitgemäße Texte. Nur ein Autor, rundköpfig und soigniert, wenn auch schwer schwitzend, las mit strenger Stimme ›Sprechgedichte‹ vor, sehr ungewöhnliche, heitere, absurde und experimentelle Texte, die er *Laut und Luise* nannte. Das Echo war niederschmetternd: Ein Teil der Zuhörer lachte (und genierte sich dessen sofort), ein anderer fühlte sich veralbert, ein dritter hielt solche Texte für konterrevolutionär. Der gesunde Menschenverstand erhob sich, in Form des Betriebsratsvorsitzenden, und tadelte streng solchen Jokus von »Herrn Jodl«. So lernte ich Ernst Jandl kennen. Als Buch war *Laut und Luise* längst erschienen, und da niemand anderes eine Schallplatte machen wollte, machte ich sie, mit großem Erfolg übrigens, auch bei Kindern. Die ersten drei *Quartplatten* waren beisammen – immerhin: Hörbücher avant la lettre.

Ebenfalls auf einem Poetentreffen habe ich Giorgio Manganelli kennengelernt, es war eine Versammlung (in Reggio Emilia) des »gruppo 63«, einem Kreis junger Autoren, die der Langeweile des ordentlich gezimmerten neorealistischen Romans überdrüssig waren und zusammentrafen, um über ihre Texte zu diskutieren. Die Formen, in denen das geschah, waren allerdings weit entfernt von den mir vertrauten altpreußischen Ritualen der »Gruppe 47«: In einem größeren Raum las jemand vor, einige hörten zu, andere unterhielten sich, gingen raus, kamen rein, winkten sich zu, begrüßten Neuankömmlinge und beteiligten sich dennoch an der anschließenden Kritik des vorgelesenen Textes, wobei der betroffene Autor die kassierten Invektiven auch kräftig

Giorgio Manganelli,
Zeichnung von
Tullio Pericoli   Boris Vian   Schwarzes Brett 1966   Christoph Meckel

zurückzahlte – insgesamt ein erheblicher Geräuschpegel, der abends mit einer improvisierten ›Schwarzen Messe‹ im Haus des Bürgermeisters eher noch zunahm. In diesem Tohuwabohu stand nun öfters ein etwa vierzigjähriger Herr auf, gelassen, misanthropisch, eher düster, der ziemlich leise die listigsten Sottisen und Paralipomena mit stilistisch derartiger Raffinesse vortrug, daß ihm bald alle zuhörten. Auf der Rückfahrt informierte ich mich bei Giangiacomo Feltrinelli und er gab mir Manganellis kurz zuvor erschienenen Erstling, allerdings mit der väterlichen Ermahnung dergestalt, daß er zwar meine Begeisterung teile, mir aber von einer Übersetzung abrate, denn er habe vom Original nicht mehr als ein paar hundert Exemplare verkaufen können. Das Buch hieß *Hilarotragoedia*, war fast nicht zu übersetzen – das heißt nur mit Hilfe der wunderbaren Wortfindungen Toni Kienlechners – und erschien als *Doppelquartheft* mit dem Titel *Niederauffahrt*.

Neben Césaire und Manganelli erschienen dann auch noch andere fremdsprachige Autoren: Die bösen Satiren Boris Vians, ausgewählte Gedichte von Marina Zwetajewa in den schönen Reimen von Christa Reinig und die Gedichte des von den Putschisten inhaftierten großen griechischen Lyrikers Jannis Ritsos. Der Verlag veröffentlichte weiter deutsche Autoren – auch unbekannte wie Volker von Törne oder Johannes Schenk –, aber er begann sich zu entprovinzialisieren. Und zu vergrößern – ohne daß ich es so recht wahrnahm, entwickelten sich 1968 vier andere ›Reihen‹: die schon erwähnten *Quartplatten*, der *Tintenfisch*, das *Lesebuch* und die *Rotbücher*.

Der erste *Tintenfisch* erschien im Mai 1968, wenige Tage nach dem Beginn des ›Pariser Mai‹. Ein Zufall, natürlich, allerdings eher aus heutiger Sicht; denn für die damaligen Leser und Rezensenten war es konsequent: erst Cohn-Bendit und dann das.

Konzipiert wurde der *Tintenfisch* natürlich wesentlich früher, im Sommer 1967, bei einem Besuch von Michael Krüger in Berlin. Krüger war zu der Zeit etwa so lange – drei Jahre – Lektor im Hanser Verlag wie ich Verleger. Er, 24 Jahre alt (konnte nach damaligen Maßstäben also noch knapp als jung gelten), ich 37. Er, ein ästhetischer Jodler von mitreißender Misanthropie, ich, ein politischer Knurrer von hemmungslosem Optimismus.

In der Betrachtung des zu jener Zeit herrschenden literarischen Überbauzaubers waren wir ziemlich einig: gleich übellaunig sowohl gegenüber einer sich förmlich zu Tode formulierenden abstrakten Fliesenlegerei wie auch gegenüber einer grundlos vollmundigen Korrektheit, einem Realismus der kleinen Schritte. Und übellaunig gegenüber zahlreicher werdenden Sprechchören: Die Literatur habe ausgedient, sei als reines Produkt des Bürgertums tot oder doch zumindest so schnell wie möglich abzuschaffen. Die Chöre standen linkerhand, wir auch. Die Chöre wollten statt ›schöner Literatur‹ die politische Wirkung, wir hielten das für keinen Widerspruch.

Zu diesen Kriterien traten noch drei eher technische, wenn auch nicht ohne Folgen für den Inhalt: Erstens sollte der *Tintenfisch* Texte aus dem gesamten deutschsprachigen Raum sammeln – das war damals noch ziemlich anstößig (nämlich am ›innerdeutschen‹ Punkt: die DDR hieß damals noch überwiegend SBZ). Zweitens sollte eine Bibliographie alle wichtigen (ebenfalls: deutschsprachigen) Neuerscheinungen des jeweils vergangenen Jahres enthalten – das schien uns wichtig als praktische Bekämpfung einer immer saisonaleren Literaturrezeption. Und schließlich sollte das Ganze – obwohl wesentlich umfangreicher – nicht mehr kosten als damals ein *Quartheft*: DM 5,80.

Kurz: Der *Tintenfisch* war ein in vieler Hinsicht defraudantisches Unternehmen. Die Kapitaldecke war zu kurz, der Umfang zu gering (so kamen wir zu den ›Fußnoten‹: weißes Papier – das wäre doch Verschwendung gewesen), die Auswahlkriterien zu breit, die politischen Meinungen zu radikal, die Machart zu konservativ. Ein ›Jahrbuch für Literatur‹ in eher unliterarischen Zeiten.

Die Aufnahme hat uns dann allerdings doch überrascht: Die (für die damaligen Verhältnisse des Verlages enorme) Erstauflage von 10.000 Exemplaren war in wenigen Wochen vergriffen; insgesamt erschienen 83 Rezensionen.

Darunter auch eine in Springers ›Welt‹ (sie fragte, »ob Informationen Geschmackssache sind«, freilich blieb ›Die Welt‹ aber von da an ihren Lesern jede Information über alle weiteren *Tintenfische* schuldig) und eine im ›Rheinischen Merkur‹, die von den Autoren des *Tintenfisch* behauptete: »Sie schreiben in Reih und Glied. Sie stehen Gewehr bei Fuß und schießen auf Leute.«

Der Rezensent verwechselte Ursache und Wirkung: Was da in »Reih und Glied« Staub aufwirbelte seit Dezember 1966, das war die Marschsäule einer ›Großen Koalition‹, jener Karikatur einer Regierung aus Kiesinger und Brandt, Strauß und Wehner. Darauf, auf diese Provokation einer Volksgemeinschaft von oben, reagierten die Schriftsteller (und nicht nur sie) in der Tat ziemlich einhellig.

Das *Lesebuch* wurde aus ähnlichen Motiven konzipiert wie der *Tintenfisch*: Man kann sich heute kaum noch vorstellen, auf welche Widerstände die

Das Lesebuch   Ein frühes Rotbuch   Der erste Tintenfisch   Michael Krüger

jüngste deutsche Literatur damals traf – das Wort vom »ganz kleinen Pin-scher, der in dümmster Weise kläfft« (des seinerzeitigen Bundeskanzlers Erhard über Schriftsteller), war ganze drei Jahre alt. Einen sehr sichtbaren Begriff von den Schwierigkeiten der Verbreitung hatte mir ein Experiment gegeben: der nochmalige Abdruck von *Meine Ortschaft* (eines von Peter Weiss für den *Atlas* geschriebenen Textes über Auschwitz) im Verlagsal-manach mit dem Angebot an Deutschlehrer, ihnen kostenlos ›Klassensätze‹ zu liefern. Es meldeten sich Hunderte, viele von ihnen halfen mir dann bei der Zusammenstellung des *Lesebuch*.

Das Echo aus den staatstragenden Lehrerzimmern war negativ: »Seichtes Revoluzzertum ... lieber den Mund halten ... erinnert an Krawallsituationen« (so die ›Blätter für den Deutschlehrer‹) und »Bis zum Überdruß wird dar-gestellt, wie schlecht die Deutschen vor 1945 gewesen sind ... Verkennt die Aufgabe des Deutschunterrichts« (so die ›Mitteilungen des Philologen-verbandes‹). Der Erfolg war dennoch außerordentlich – mit über 200.000 Exemplaren ist das Lesebuch *Deutsche Literatur der sechziger Jahre* bis heute eines der erfolgreichsten Bücher des Verlages. Erfolgreich war es auch in anderer Hinsicht: Da wir die Autoren honoriert hatten, mußten auch die Schulbuchverlage einige Zeit später ihren Widerstand gegen die Honorie-rung der Autoren aufgeben. »Umstritten« blieben die Texte und ihre Zusam-menstellung freilich lange – noch über ein Jahrzehnt nach dem Erscheinen wurde das Buch wegen angeblicher »Pornographie« der Geschichte *Ein Lie-besversuch* von Alexander Kluge in Baden-Württemberg unterdrückt; »um-stritten« blieben auch die nachfolgenden *Lesebücher* zur Weimarer Republik, zur Literatur zwischen 1945 und 1959 und zur Literatur der siebziger Jahre.

Die ersten Pläne für eine politische Buchserie reichen zurück bis 1966, wurden aber zurückgestellt, als die ›linke Welle‹ in allen Verlagen genügend Publikationsmöglichkeiten zu bieten schien. Das begann sich bereits 1968 zu ändern, so daß dann doch eine »ausschließlich der Neuen Linken und der außerparlamentarischen Opposition gewidmete Buchreihe« gegründet wurde, der ich den Namen *Rotbücher* gab, in Anspielung auf ein halbamt-liches denunziatorisches Kompendium über linke Intellektuelle. Die ersten

Titel hatten ein kämpferisches Design und ein ungewöhnliches Format (genau doppelt so hoch wie breit – wir kamen später, mit der Serie *SVLTO*, darauf zurück). Die Sammlung *Rotbücher* war als Buchserie eines dem SDS angeschlossenen Instituts geplant, als dessen Delegierter Wolfgang Dreßen in den Verlag kam. Freilich ging das Institut kurz darauf in einer der damals beginnenden Spaltungen innerhalb der Linken unter, und wir führten die Rotbücher auf eigene Faust fort. Was ich daraus hätte lernen sollen, nämlich weniger Satzungen und Verträgen zu trauen als vielmehr Inhalten und Menschen, habe ich damals nicht gelernt, im Gegenteil: Im Herbst 1969 entstanden die ersten Umrisse einer »Verlagsverfassung« – es begann die schöne Zeit des »Wagenbach-Kollektivs«.

Der Verlag hatte sich bis dahin auch so weit konsolidiert, daß er ein solches Experiment auf sich nehmen konnte: Der Umsatz war von 1967 auf 1968 um 65 % gestiegen, im folgenden Jahr nochmals um 73 %, zwei in der Verlagsgeschichte nie wieder erreichte Steigerungsraten, die es auch gestatteten, 1969 endlich die von verschiedenen Verlagen abgelehnte Gesamtausgabe der Shakespeare-Übersetzungen von Erich Fried zu beginnen.

Im großen Zimmer des ersten Verlagsdomizils in der Jenaer Straße 6. Von links: Eberhard und F. C. Delius, K.W., Franz Greno, Wolfgang Dreßen, Johannes Tranelis, Helga Scheller, Katia Wagenbach

David Horowitz   Vom Mythos eigener Rechtschaffenheit

Jeder Krieg erzeugt Mythen, die zu seiner Rechtfertigung und Fortsetzung dienen; der Kalte Krieg bildet hierin keine Ausnahme.

Die Unfähigkeit Amerikas, sich selbst richtig einzuschätzen, ist weder auf den Bereich ausgehandelter Vereinbarungen noch auf Ausführungen amerikanischer Fürsprecher vor der UNO beschränkt. Im Jahre 1960 hatte der ermordete Präsident John F. Kennedy, als er sich um das höchste Amt bewarb, erklärt:»Die Sache der ganzen Menschheit ist die Sache Amerikas ... Wir sind für die Aufrechterhaltung der Freiheit in der ganzen Welt verantwortlich.«

Ein Jahr später hielt der bekannte britische Historiker Arnold Toynbee in den USA eine Reihe von Vorlesungen, in deren Verlauf er diese Ansicht gründlich bezweifelte:

> »... Amerika ist heute die Führungsmacht einer weltweiten antirevolutionären Bewegung zur Verteidigung wohlerworbener Rechte. Amerika spielt heute die Rolle, die Rom einst innehatte. Rom hat konsequent die Reichen gegen die Armen in allen ausländischen Gemeinden, die in seinen Machtbereich fielen, unterstützt; und da die Armen bis heute stets und überall weitaus zahlreicher als die Reichen gewesen sind, förderte Roms Politik Ungleichheit, Ungerechtigkeit und glücklose Verhältnisse unter den Angehörigen der größeren Zahl. Amerikas Entschluß, die Rolle Roms zu übernehmen, ist, wenn ich es recht beurteile, mit voller Absicht erfolgt.«

Die widersprüchlichen Weltanschauungen Kennedys und Toynbees werfen ein Problem auf, dessen Bedeutung von westlichen Beobachtern bereits anerkannt wird. Dieses Problem ist die offensichtliche Disparität zwischen dem Kalten Krieg der USA in Westeuropa und der Rolle, die die USA in den wirtschaftlich unterentwickelten Ländern spielen. Denn während in Westeuropa die USA sich für den Wiederaufbau und die Verteidigung demokratischer Gesellschaftsformen einsetzten, stellten sie sich in den unterentwickelten Ländern – von wenigen Ausnahmen abgesehen – hinter rücksichtslose Diktaturen, die selbst gegen ein Mindestmaß an sozialem Fortschritt und gesellschaftlichen Veränderungen entschieden Front machten; auch 1960, als Kennedy seine Ansicht über die Verantwortlichkeit der USA für die Aufrechterhaltung der Freiheit in der ganzen Welt bekannt gab.   Kalter Krieg

Erich Fried   Höre, Israel

Als wir verfolgt wurden
war ich einer von euch
Wie kann ich das bleiben
wenn ihr Verfolger werdet?

Eure Sehnsucht war
wie die anderen Völker zu werden
die euch mordeten
Nun seid ihr geworden wie sie

Ihr habt überlebt
die zu euch grausam waren
Lebt ihre Grausamkeit
in euch jetzt weiter?

Erich Fried
Radierung von Alfred Hrdlicka

Den Geschlagenen habt ihr befohlen:
»Zieht eure Schuhe aus«
Wie den Sündenbock habt ihr sie
in die Wüste getrieben

In die große Moschee des Todes
deren Sandalen Sand sind
doch sie nahmen die Sünde nicht an
die ihr ihnen auferlegen wolltet

Der Eindruck der nackten Füße
im Wüstensand
überdauert die Spur
eurer Bomben und Panzer

Anfechtungen

Günter Bruno Fuchs   Geschichte von der Ansprache anläßlich einiger Vorfälle in der Innenstadt

Jeder Hauswirt ist unentbehrlich. Wie ein Keller unentbehrlich ist. Und auf Häuser können wir nicht verzichten. Ohne Häuser, das reizt nur zum Widerspruch.

Jede Prostituierte trifft uns empfindlich. Jeder Hergelaufene ist wie ein Haus ohne Hauswirt. Raus.

Beachten wir: Was sich auf Ruhestörung beruft, soll uns im Auge bleiben. Die Bezeichnung Nachbar ist keine Bezeichnung, sondern ein Ausweis, der keiner Zumutung auszusetzen ist.

Das Land. Das hat sich nicht vorgestellt, was es hier mitmacht. Es versteht keinen Spaß. Jeder soll, wo seine Eltern aufgewachsen sind, hingehen. Ja, da ist auch Platz für den. Die dorthin nicht gehen wollen, verschwinden. Es ist so. Der Hauswirt ist Dach und Keller in einer Person. Dazwischen leben wir. Wir wollen wieder in ruhigen Etagen leben. Es ist so.

Gerade jetzt auch einstimmig.   *Zwischen Kopf und Kragen*

Günter Bruno Fuchs:
Selbstportrait als Katze

Volker von Törne   An Attila Joszef

Sohn einer Waschfrau, Schweinehirt:
Häng uns die Wahrheit um
wie einen Wolfspelz! Hör nicht hin, wenn sie sagen:
Geh doch nach drüben.

Bleib bei uns, Bruder, sieh: Unterm erkalteten Himmel
fahren die Monde dahin, hier,
wo wir singen, mit unsern Kindern,
in der Dunkelheit.

Leg dich zu uns, Bruder:
Während wir wachen
gärt der Wein im Dunkel des Kellers, verwandelt der Wind
die Steine in Brot.

Hör zu, Bruder: Der Armen Armut
hat ein Ende! *Auf Lilienfüßen das Blutmeer durchschreitend,*
holt uns die Zukunft heim
mit Singsang und Gelächter.   Wolfspelz

Giorgio Manganelli   Verschiedene Arten des Absteigens

Manch einer stürzt in senkrechter Linie: zischt und schlägt ein wie ein Meteorit; sogar noch direkter, denn dort, wo er herkommt und hin will, gibt es keine Krümmung des Raums; sondern die Gerade ist gerade. Dieser ist ein Mensch, der, ohne einen Zweifel an seinem unterweltlichen Los, sich dieses vor Augen hält; er geht mit ihm um, ohne sich vor seinen schwefligen Umrissen zu fürchten; betrachtet es, versunken, wie einen Abgrund der Düsternis und gelben Fackellichts: blickt hinein und zuckt mit dem flinken Nacken, wie die schwindelfreie Schlange mit ihrer Zunge.

Andere sinken spiralig: knicksend vor dem Schicksal, werbend um Wiedergeburt; Geduld der Agonie, verschobenes Todesgelüst, bedachtsame Wollust des Selbstmords, bewußt hinausgezögerter Hadesdurst; Bedachtsamkeit der Bewegungen, Vornehmheit im Todeskampf, rhythmischer Sinn im Absturz; Bewegung geeignet für Lurche, für Scheinfüßler, Kralle des einziehbaren Kopulationsfußes; mit dem Schwanze sich lüpfend, in der Schwebe gehalten nicht durch Flügel, sondern durch die Eleganz unbewegter Ruderschwinge, genau nach der graphischen Entwicklungstafel.

Andere fluktuieren; unregelmäßig, umherirrend, nicht abgeneigt den schuldhaften Genüssen der Annäherung; unberechenbar auch für sich selbst; nun hält er sich in der Schwebe auf auseinanderstrebenden Fingern, auf parallelen Luftkuppen, wie Blatt oder Folie in windstiller Luft; es genügt ein Hundesatz, Katzenpiß, Frauendüfte – und es stürzt der flüchtige Zögerer.

Niederauffahrt

Aimé Césaire   Über den Kolonialismus

Die Kolonisation arbeitet daran, den Kolonisator zu *entzivilisieren,* ihn im wahrsten Sinne des Wortes zu verrohen, ihn zu degradieren, verschüttete Instinkte, die Gewalttätigkeit, den Rassenhaß, den moralischen Relativismus in ihm wachzurufen. Es wird sich zeigen, daß damit die Zivilisation eine Erfahrung macht, die wiegt, und daß am Ende all dieser Vertragsbrüche, all dieser Lügenpropaganda, all dieser geduldeten Strafexpeditionen, all dieser gefesselten und »verhörten« Gefangenen, daß am Ende dieses angefachten Rassenhochmuts das Gift in die Adern Europas infiltriert ist und die langsame, doch sichere Verwilderung des Kontinents ihren Lauf nimmt.

Und dann wird eines schönen Tages die Bourgeoisie durch einen gewaltigen Gegenschlag geweckt: die Gestapo wird geschäftig, die Gefängnisse füllen sich, die Folterer werden erfindungsreich und diskutieren rund um die Folterbänke.

Man wundert, man entrüstet sich. Man sagt: »Wie sonderbar! Ach was! Das ist der Nazismus, der wird auch wieder vorbeigehen!« Und man wartet, und man hofft, und man verhehlt sich selbst die Wahrheit, daß das wohl eine Barbarei, doch die Vollendung der Barbarei ist, die Krönung, das Resümee all der täglichen Barbareien; daß es der Nazismus ist, ja, aber daß man, bevor man sein Opfer wurde, sein Komplize gewesen ist, daß man diesem Nazismus Vorschub geleistet hat, bevor man von ihm heimgesucht wurde, daß man ihn freigesprochen, daß man beide Augen vor ihm zugedrückt – daß man ihn legitimiert hat, weil er bisher nur auf nichteuropäische Völker Anwendung fand; daß man diesen Nazismus kultiviert hat, daß man dafür die Verantwortung trägt und daß er durch alle Risse und Sprünge der westlichen Zivilisation sickert, tropft und quillt, ehe er sich in seinen blutigen Fluten verschlingt.

Über den Kolonialismus

Ernst Jandl   Zwei Sprechgedichte

Ernst Jandl

fragment	*falamaleikum*
wenn die rett	falamaleikum
es wird bal	falamaleitum
übermor	falnamaleutum
bis die atombo	fallnamalsooovilleutum
ja her pfa	wennabereinmalderkrieglanggenugausist
	sindallewiederda.
	oderfehlteiner? Laut und Luise. Quartplatte

35

Wolf Biermann   Drei Kugeln auf Rudi Dutschke

Drei Kugeln auf Rudi Dutschke
Ein blutiges Attentat
Wir haben genau gesehen
Wer da geschossen hat
       Ach Deutschland, deine Mörder!
       Es ist das alte Lied
       Schon wieder Blut und Tränen
       Was gehst Du denn mit denen
       Du weißt doch was Dir blüht!

Die Kugel Nummer Eins kam
Aus Springers Zeitungswald
Ihr habt dem Mann die Groschen
Auch noch dafür bezahlt
       Ach Deutschland, deine Mörder!

Des zweiten Schusses Schütze
Im Schöneberger Haus
Sein Mund war ja die Mündung
da kam die Kugel raus
       Ach Deutschland, deine Mörder!

Der Edel-Nazi-Kanzler
Schoß Kugel Nummer Drei
Er legte gleich der Witwe
den Beileidsbrief mit bei
       Ach Deutschland, deine Mörder!

Drei Kugeln auf Rudi Dutschke
Ihm galten sie nicht allein
Wenn wir uns jetzt nicht wehren
Wirst Du der Nächste sein
       Ach Deutschland, deine Mörder!

Es haben die paar Herren
So viel schon umgebracht
Statt daß sie *Euch* zerbrechen
Zerbrecht jetzt ihre Macht.

Vier neue Lieder. Quartplatte

Der Traum vom Kollektiv
1970–1973

Die Anziehungskraft, die der Verlag um 1970 entwickelte, hing nicht allein mit seiner wachsenden Größe und Stabilität zusammen, sondern auch mit der Instabilität der außerparlamentarischen Linken und ihrer Verbreitungsinstrumente. Ein Teil der Linken benutzte eine von der Regierung erlassene ›Generalamnestie‹ zum Abschied von ihren (offenbar nicht sehr tiefsitzenden) Überzeugungen, der andere widmete sich der berühmten Organisationsfrage, mit der Folge einer immer stärkeren Zersplitterung in immer kleinere Gruppen – jeder seine eigene Avantgarde. Das gleiche geschah auf der Ebene der Distribution: Auf der einen Seite entledigten sich viele Verlage und Buchhandlungen ihrer linken Abteilungen, auf der anderen Seite gingen neu gegründete Verlage wieder ein, und auch das mühsam aufgebaute Netz der linken Buchhandlungen wurde durch fortwährende Zellteilungen geschwächt.

Unter solchen Umständen war die Attraktion – aber auch die Belastung – eines Verlages begriflich, der solidarisch strukturiert war und sich als Instrument für die gesamte Linke verstand. Viele Linke hielten es für geradezu selbstverständlich, im Verlag arbeiten zu können. Oder zu volontieren. Oder zu übernachten. Oder wenigstens zu fotokopieren. Und jedenfalls gehörte mein Auto der Bewegung, weil es relativ schnell und relativ zuverlässig war und die Revolution ja ziemlich zuverlässig und jedenfalls schnell gemacht werden mußte – ich konnte mühsam durchsetzen, daß ein ›Ersatzauto‹ gestellt wurde, wodurch ich nach und nach fast sämtliche Autos fast sämtlicher Berliner Wohngemeinschaften kennen- und verfluchen lernte. Während die Reisekader die Theorie im Land verbreiteten, blieb die Praxis sozusagen an uns hängen.

Als sich im Sommer 1970 der Suhrkamp Verlag aus politischen Gründen weigerte, die Vierteljahreszeitschrift *Kursbuch* fortzuführen, lag es für ihren Herausgeber Hans Magnus Enzensberger also nahe, mich zu fragen. Wir trafen uns, und Enzensberger, evasiv und heiter krähend wie stets, erklärte mir gleich, daß er nicht mit dem ›Verlagskollektiv‹, sondern mit mir als Person kontraktieren wolle. Also gründeten wir eine ›Kursbuch GmbH‹, mit ihm als Mehrheits- und mir als Minderheitsgesellschafter, deren Geschäftsführer ich wurde und als solcher mit dem Verlag Klaus Wagenbach einen Vertrag

Ulrike Meinhof mit dem Regisseur Eberhard Itzenplitz   Peter Schneider in älterem Sessel

über die ›Dienstleistung‹ (Herstellung, Vertrieb, Werbung) für die Zeitschrift schloß. Ein kompliziertes, aber praktikables Modell, aus dem ich etwas hätte lernen können, wenn ich nicht so ein begeisterter Kollektivist gewesen wäre.

Der Erfolg war außerordentlich: Innerhalb von gut zwei Jahren stieg die Grundauflage des *Kursbuch* von 25.000 auf 53.000 Exemplare. Hauptursache war – neben einigen technischen Listen –, daß das *Kursbuch* in ein ihm gemäßes Umfeld kam – das merkte sogar die ›Frankfurter Allgemeine Zeitung‹ und fiel vom salbungsvollen in den militärischen Ton: »Enzensberger hat als Mitgesellschafter und Geschäftsführer nun Wagenbach, wodurch die beiden aggressivsten linken Literaturmilieus sich vermischt haben, zwei Partisanenführer in dasselbe Revier einrücken.« Die Wortwahl zeigt: Hier spricht die Oberste Heeresleitung, für die politische Gegner selbstverständlich nicht satisfaktionsfähig, sondern höchstens Partisanen sind. So reagierten denn auch bald die unteren Chargen, Staatsanwaltschaft und Polizei.

Es fing an im Frühjahr 1971 mit einem Ermittlungsverfahren wegen der Veröffentlichung von *Bambule*, dem Text eines Fernsehspiels über Fürsorgeerziehung von Ulrike Meinhof, das vom Südwestfunk zwar produziert, nach dem ›Untertauchen‹ Ulrike Meinhofs aber nicht gesendet worden war. Was offenbar als anstößig galt, war die Durchbrechung dieses in den höheren öffentlich-rechtlichen Rängen abgesprochenen Boykotts, und als mindestens ebenso anstößig empfand man die Form der ›parteilichen‹ Veröffentlichung, das heißt mit weiteren Materialien über die staatliche Fürsorgepolitik und mit kritischen Bemerkungen über die Hexenjagd auf die ›Baader-Meinhof-Bande‹.

Wie sehr damals die Öffentlichkeit auf den ›Staatsfeind Nummer 1‹ eingestimmt wurde, kann man sich heute kaum noch vorstellen – es war die Zeit, als Heinrich Böll »Freies Geleit für Ulrike Meinhof« forderte, vergeblich natürlich und unter allgemeinem Hohngelächter. In einem solchen Klima war ein kleiner Verlag schnell zum ›Baader-Meinhof-Verlag‹ hochstilisiert.

Im Herbst 1971 begann dann, nach sorgfältiger Vorbereitung durch die Springer-Zeitungen (in Berlin schon damals in erdrückender Mehrheit), ein

Auf der Beerdigung Giangiacomo Feltrinellis am 28. März 1972
Vorne links: Marie-Antonietta Macciocchi, vorne rechts: Rolf Hochhuth

Roter Kalender

massiver Angriff auf den Verlag, der mehrfach durchsucht, um nicht zu sagen besetzt wurde von einem schwer bewaffneten Polizeiaufgebot, das nicht einmal in die Räume paßte und also auch (offensichtlich nicht ohne Absicht) die Straße blockierte; Rechtsanwälte wurden nicht zugelassen, Fotografen sicherheitshalber verhaftet. Anlaß war ein politisches Manifest der Roten Armee Fraktion, RAF, das wir als *Rotbuch 29* veröffentlicht hatten, und ein *Roter Kalender für Lehrlinge und Schüler*.

Das erste eine gewiß militante, aber doch auch aufschlußreiche Analyse der Situation in der Bundesrepublik, das zweite der Versuch einer Massenagitation: ein normaler Taschenkalender, in hoher Auflage (70.000 Exemplare) und mit niedrigem Preis (2 DM), der in einfacher Sprache politische und praktische Kenntnisse verbreiten sollte – von Zahlen zur Ausbeutung über Bücherempfehlungen und Adressen von Anwälten oder Lehrlingsgruppen bis zu Ratschlägen zur Rauschgiftsucht und Anweisungen, wie man ein Flugblatt herstellt.

In einem Fernsehinterview, das Walter Schmieding einen Tag nach der Beschlagnahme mit mir machte (live! ein mutiger Mann; s. Seite 51), verwies ich auf eine Solidaritätsaktion von 23 französischen Verlagen, die in einem ähnlichen Fall (Beschlagnahme eines Buchs von Carlos Marighela) ihrem Kollegen durch eine kollektive Ausgabe zu Hilfe kamen (erfolgreich). Leider vergeblich: Lateinamerika lag weiter weg als die RAF; mit zunehmender Nähe verliert sich die Zivilcourage ...

Das erfuhr ich zum zweiten Mal – und sozusagen als neutraler Beobachter – bei der Beerdigung (1972) meines Freundes Giangiacomo Feltrinelli (der als angeblicher Anarchist unter – man muß schon sagen – sehr unklaren Umständen umgekommen war) auf dem von einem Heer von Polizisten und Panzern umstellten Mailänder Zentralfriedhof: Von seinen sämtlichen italienischen Kollegen, bei denen er noch kurze Zeit zuvor in so hohem Ansehen gestanden hatte, hatten ganze zwei sich zu einer der allereinfachsten Verhaltensweisen entschließen können, so daß ich unvorbereitet und stellvertretend für die Verleger die Grabrede halten mußte.

Zur selben Zeit, im Sommer 1972, wurde die Arbeit innerhalb des Verlags schwierig. Den Gedichtband *Die Freiheit den Mund aufzumachen* von Erich Fried konnte ich nur mit Mühe durchsetzen, den Gedichtband *Für meine Genossen* von Wolf Biermann nur noch mit einer List: In einem Brief an den Autor nahm ich das Buch einfach an, ohne weiter jemanden zu fragen. Das ging übel aus: Ich bekam ein fünfseitiges Votum übergebraten, dessen Verfasser nicht die mindeste Qualifikation dafür besaß, und dem Buch wurde nachträglich eine peinliche »Gebrauchsanweisung« beigelegt. Ein neues Buch von Manganelli, nachdem mir der hedonistische Sinn stand, habe ich dann gar nicht mehr vorgeschlagen: Es war die Zeit des Gipsmarxismus und der Dokumentarliteratur, und sie hielt auch Einzug in unser Verlagskollektiv. Ich war ziemlich ratlos, während eine Mehrheit, die ›Fraktion‹, nun erst richtig tätig wurde, mit Lektoratssitzungen, Papers, Kollektivversammlungen und Rundbriefen an Autoren, »die Möglichkeiten der Collage und des ›Dokumentarischen‹ noch besser zu nutzen«.

Ziel war, auch das Lektorat zu ›kollektivieren‹, also Mehrheitsbeschlüssen zu unterwerfen. Die Verlagsverfassung sah aber ausdrücklich die Lektoratsautonomie vor, und zwar aus guten Gründen: Es ist völlig utopisch, daß alle Verlagsmitglieder alle eingehenden Manuskripte (etwa 1.200 im Jahr) lesen, es ist ebenso utopisch bei fremdsprachigen und politisch oder ästhetisch extrem innovativen Texten. Dennoch wurde am 24.3.1973 von der ›Fraktion‹ der Antrag auf Verfassungsänderung in diesem Punkt gestellt und, als er knapp an der Sperrminorität gescheitert war, drei Tage später mein Rücktritt gefordert.

Ich war zu diesem Zeitpunkt nur noch Mitgesellschafter des Verlages, genau 50 % – unbelehrt durch Enzensberger – hatte ich bereits den Mitarbeitern geschenkt. Der Verlag war immobilisiert.

Neun Jahre nach meiner Entlassung bei S. Fischer stand ich in dem von mir gegründeten Verlag vor derselben Frage: Ausscheiden oder Unterwerfung. Die Entscheidung war dieselbe. Allerdings machte die ›Fraktion‹ in diesem Moment einen Fehler: Sie lud hinter meinem Rücken die Autoren zu einer Generalversammlung ein und bot geschickt und zeitgemäß an, »in spätestens ein bis zwei Jahren die Beteiligung der Autoren am Verlag zu institutionalisieren«. Das hielt ich nicht für sinnvoll, weil die Interessen von Verlegern und Autoren unvereinbar sind: Autoren möchten selbstverständlich alles von sich (und ihren Freunden) gedruckt sehen, und Verleger müssen auswählen, das heißt ein ›Programm‹ machen. So versuchte ich, den Autoren in einer längeren Rede (gedruckt in *Freibeuter 10*) die Situation zu erklären und sie zu bewegen, dem vorgeschlagenen Modell (das oberflächlich gesehen ihren Interessen näherstand) nicht zuzustimmen.

Die ›Fraktion‹ schwieg überraschenderweise. Offensichtlich traute sie ihrem Modell eines Autorenverlags selbst nicht so richtig (sie gab es kurz danach auch auf). Jedenfalls haben die Autoren dann im eigentlichen Sinn den Verlag gerettet, das heißt die mit ihm von Beginn an verbundenen Absichten: Am Ende einer knapp zehnstündigen Diskussion empfahlen sie

Don Milani mit Schülern
der Scuola di Barbiana

Almanach Zwiebel 1973

Warum ist die Banane krumm?

die Spaltung und entschieden sich in der folgenden Abstimmung bis auf drei für einen neu entstehenden Verlag Klaus Wagenbach.

Die ›Fraktion‹ beharrte darauf, die GmbH »fortzuführen«, also schied ich aus, das vor Jahren eingebrachte Kapital wurde mir mit ›Entwertungsrate‹ zurückgezahlt, wovon ich die gesamten Buchbestände (bis auf die der drei Autoren) zurückkaufen mußte. Der Titel des Verlagsalmanachs wurde gestrichen; der Serientitel *Rotbücher* mußte abgegeben werden (obwohl sich kein einziger ihrer Autoren für die ›Fraktion‹ entschieden hatte), die Hälfte ihrer Autoren wurde gezwungen, ihre Bücher noch für ein Jahr durch die GmbH vertreiben zu lassen; ebenso mußte der *Rote Kalender* abgegeben werden. Aus der ›Kursbuch GmbH‹ schied ich aus (mit wiederum einer neuen Variante: Mein Anteil wurde auf den Mitherausgeber übertragen; der Verlag der ›Fraktion‹ wurde nicht mehr daran beteiligt). Insgesamt eine phantastische Operation, die nicht einen reichen Unternehmer und eine arme Kollektivfraktion zurückließ, sondern umgekehrt; Jahresumsatz 1973 Wagenbach: DM 663.000,– (ein Umsatzrückgang von über 60 % gegenüber dem Vorjahr), Jahresumsatz der ›Fraktion‹ DM 1.363.000,–.

Zwanzig Jahre später wurde der Verlag der ›Fraktion‹, der Rotbuch Verlag, sang- und klanglos verkauft, obwohl das seine eigene Verfassung verbot; aber die kannte wohl keiner mehr.

Es brauchte knapp zwei Jahre, bis die Scherben weggeräumt waren (z. B. sämtliche *Rotbücher* in die neue Reihe *Politik* umgebunden), und etwa sechs Jahre, bis der Verlag sich ökonomisch einigermaßen stabilisiert hatte. Aber er konnte wieder frei arbeiten, und davon machte ich sofort Gebrauch. Als Motto konnte ein Gedicht von Erich Fried gelten:

Gegenbeweis
Eine / Methode / die / in / dieser / Gesellschaft / Erfolge / aufweisen / kann / zwingt / uns / an / ihr / zu / zweifeln // aber / eine / Methode / mit / der / man / Schiffbruch / erleidet / muß / deshalb / noch / nicht / die / richtige / sein

Es hatte bereits unter der Kollektiverklärung im Verlagsalmanach 1969 gestanden und stand nun auf der letzten Seite des Verlagsalmanachs für

1973, der den neuen Titel *Zwiebel* trug. Die Zwiebel, so stand es auf der ersten Seite des Almanachs, sei eine Armenspeise, vielschichtig wie die Napoleonschnitte oder der Mensch, weitverbreitet und artenreich, würzig und tränentreibend.

Bleibt noch ein Nachtrag für diese Zeit: der sogenannte ›Fredenbeker Bananen-Aufstand‹. 1973 hatte eine Lehrerin in der Schule von Fredenbek, einem Bauerndorf in Norddeutschland, die *Quartplatte Warum ist die Banane krumm?* vorgespielt, eine Schallplatte für Kinder, für die ich zahlreiche deutsche Autoren um Texte gebeten hatte: Günter Bruno Fuchs, Christa Reinig, Floh de Cologne, Peter Bichsel, Wolf Biermann, Ernst Jandl, Günter Herburger und Reinhard Lettau. In den Pausen sprachen Kinder Abzählreime, und Peter Rühmkorf, ein kundiger Beobachter des Volksmundes, schob noch einmal ein Dutzend nach. Und da Kindermäuler in der Regel ungewaschen sind, empörten sich ein paar Fredenbeker Bürger über die ›Schmutzverse‹ und riefen zum Schulstreik auf. Die GEW veranstaltete dagegen eine Dorfversammlung, zu der sie auch Peter Rühmkorf und mich einlud. Der große Gasthaussaal war voll bis auf den letzten Platz, und nach einer kurzen Einführung wurde feierlich das Corpus delicti abgespielt, das immerhin auch ein paar durchaus politische Texte enthielt. Mir fiel das Herz in die Hose, aber dort war es gut aufgehoben, denn die Agitation gegen die Platte hatte zwar die politischen Texte gemeint, sich aber nach bewährter Manier nur gegen den ›Schweinkram‹ gerichtet. Die ersten Zuhörer, zumeist Bauern, schliefen ein. Auch die zweite Seite war zu Ende. Schweigen. Und in das Schweigen hinein die klare Stimme eines Bauern: »Un wann kummt nu dee Swinkram?« Das war der Sieg.

Angeregt worden war diese Arbeit mit Kindern durch den Bericht von einigen italienischen Schülern, Kindern toskanischer Bauern, Sitzenbleibern und Durchgefallenen, die selbst Schule gemacht und darüber einen Bericht geschrieben hatten, der in einem kleinen katholischen Florentiner Verlag erschienen war. Die Übersetzung – *Die Schülerschule*, mit einem Vorwort von Peter Bichsel – löste große Diskussionen aus, und so kam es zum Versuch der *Bananenplatte* und des *Roten Kalenders*, beide 1971, und schließlich, 1972 zum Kontakt mit dem »Theater für Kinder im Reichskabarett«, dem späteren »Grips Theater«, das seit 1969/70 versuchte, emanzipatorische Stücke für Kinder zu schreiben und aufzuführen, mit Texten und Musiken von Volker Ludwig und Birger Heymann. Es begann die umfangreiche Folge der *Grips-Platten* samt den nur die Lieder enthaltenden *Grips-Paraden*, ohne deren Ohrwürmer bald kein antiautoritärer Haushalt in Berlin und Umgebung mehr leben mochte, getreu dem GRIPSmotto:

Ein Kind ohne Kopf
ist ein Krüppel für's Leben

Ulrike Marie Meinhof   Mädchen im Heim

Der primäre Zusammenhang zwischen Heimleben und späterem Leben ist: Weil die Mädchen niemanden und nichts hatten und sich damit nicht abfinden wollten, kamen sie ins Heim. Daran, daß sie niemanden und nichts haben, hat das Heim nichts geändert.

In dem Alter, in dem andere sich von ihren Familien trennen und Freunde finden und neue Kontakte aufbauen, waren die Mädchen im Heim. Im Heim kann man keine dauerhaften Bindungen eingehen, weder mit Erziehern noch mit Zöglingen. Heim bedeutet Heimwechsel, Trennung von alten Freunden, neue Freunde, Trennung von den neuen Freunden, Trennung, Freunde, Trennung. Verwahrlosung – behaupten die Psychologen – sei unter anderem die Unfähigkeit, feste Bindungen einzugehen. Heim, das ist die Unmöglichkeit, Bindungen einzugehen und festzuhalten.

Mädchen im Heim bekommen keine Ausbildung. Sie arbeiten für 20 Pfennig in der Stunde in der Wäscherei, in der Heißmangel, in der Küche, im Garten, in der Nähstube. Industriearbeit im Heim besteht aus Tüten kleben, Lampenschirme montieren, Besteckkästen mit Seidenstoff füttern, Puppen anziehen – idiotisierende, ungelernte Industriearbeit.

Zur Diskriminierung dieser Jugendlichen gehört ihre Unglaubwürdigmachung. Das betrifft nicht nur sie, auch ihre Eltern und Freunde. In der Klassengesellschaft ist Armut Schande, der Kriminalität benachbart. Arme sind unglaubwürdig. Also wird man sagen, was hier berichtet werde, das sei unglaubwürdig. Dabei wird von seiten der Fachleute und Beamten mit dem Wahrheitsbegriff der Akten und Behördeneintragungen hantiert werden.

In den Akten steht: sexuell haltlos, Herumtreiberei, Unzucht gegen Entgelt, Arbeitsplatzwechsel. Oder: Verkehrt mit Ausländern, trägt Miniröcke. Oder: Renitent, aufsässig, verlogen. In den Akten steht alles, was gegen die Mädchen spricht, jedenfalls in den Augen derer, die die Akten anlegen.

Bambule

Peter Rühmkorf Aus dem Kindermund gezogen

Wir sind vom Idiotenclub
und laden herzlich ein
Bei uns ist jeder gern gesehn
nur dußlig muß er sein
Bei uns gilt die Parole
Stets doof bis in den Tod
Und wer bei uns der Doofste ist
Ist Oberidiot

Peter Rühmkorf

Goethe sprach zu Schiller
hol aus dem Arsch nen Triller
Schiller sprach zu Goethe
mein Arsch ist keine Flöte

Paulus schrieb an die Korinther
wer nicht mitkommt, der bleibt hinter
Jesus sprach: Es werde Licht
doch Petrus fand den Schalter nicht

Winnetou im Nachthemd
Kommt zu Old Shatterhand
Und sagt zu Old Shatterhand
Ich bin Winnetou im Nachthemd

Warum ist die Banane krumm?
Quartplatte

Peter Schneider Beat

Meine Herren, den Beat benötigen wir allerdings dringend, um unser Gleichgewicht zu finden. Wenn Sie uns die Ärsche schwingen sehen, dann halten Sie das nicht für Überschwang: wir versuchen lediglich uns einzupendeln, denn die Balance, die Sie uns mit auf den Weg gegeben haben, die hält uns nicht über Wasser. Verstehen Sie uns recht: Es ist verdammt schwer, Ihre gestärkten Hemden loszuwerden und Ihre idiotischen Schlipse, da muß man schon ein paar Lautsprecher im Rücken haben. Ja, meine Herren, wenn wir unsere Körper durchschütteln, dann sind wir imstande, Ihnen die Kotflügel einzufahren aus höchst angebrachtem Übermut, dann erscheint es möglich, die Mülleimer auf Ihrer Treppe auszuleeren. Diejenigen, die sich Ihre abartigen Vorstellungen vom Leben nicht gefallen lassen und ihr Auto nicht waschen, nachdem es geregnet hat, die haben Sie doch noch meistens in die Heilanstalt geschafft. Sie sehen ein, meine Herren, da braucht es schon einen ziemlich harten Schlag, um unsere Knie weich zu machen, da muß man schon sehr heftig schütteln, um Ihre mörderische Fürsorge loszuwerden.

Ansprachen

Kurt Bartsch   Sozialistischer Biedermeier

Zwischen Wand- und Widersprüchen
Machen sie es sich bequem.
Links ein Sofa, rechts ein Sofa
In der Mitte ein Emblem.

Auf der Lippe ein paar Thesen
Teppiche auch auf dem Klo.
Früher häufig Marx gelesen.
Aber jetzt auch so schon froh.

Denn das ›Kapital‹ trägt Zinsen:
Eignes Auto. Außen rot.
Einmal in der Woche Linsen.
Dafür Sekt zum Abendbrot.

Und sich noch betroffen fühlen
Von Kritik und Ironie.
Immer eine Schippe ziehen
Doch zur Schippe greifen nie.

Immer glauben, nur nicht denken
Und das Mäntelchen im Wind.
Wozu noch den Kopf verrenken
Wenn wir für den Frieden sind?

Brüder, seht die rote Fahne
Hängt bei uns zur Küche raus.
Außen Sonne, innen Sahne.
Nun sieht Marx wie Moritz aus.

Die Lachmaschine

RAF Revolution und jugendliche Gesellschaft

Ausgehend vom vorgefundenen Erwachsenenbild werden die Jugendlichen von der revolutionären Theorie nur als junge Erwachsene mit zeitlich begrenzten spezifischen Verhaltensmustern zur Kenntnis genommen. Übersehen wird dabei, daß sich heute im Gegensatz zu früher im Generationenkonflikt ein Widerspruch der kapitalistischen Produktionsweise ausprägt, der den traditionellen Anpassungs- und Integrationsprozeß in Frage stellt. Damit erfüllt sich aber eine wesentliche Bedingung für die soziale Revolution: die fortschreitende Desintegration der Gesellschaft.

Dazu einige Einzelheiten: die Autorität der älteren Generation hatte früher ihre rationale und zugleich materielle Grundlage in der Überlegenheit des Wissens und der Erfahrung der Älteren auf technologischem, soziotechnischem und wissenschaftlichem Gebiet. Durch die enorme Beschleunigung der sich in Permanenz auf diesen Gebieten vollziehenden Umwälzungen repräsentieren die Älteren heute überholtes Wissen, antiquierte Erfahrungen, unbrauchbare Verhaltensmuster (Dequalifikation durch »moralischen Verschleiß« von Wissen und Fertigkeiten). Der auf diesen Elementen gegründete Autoritätsanspruch ist – auch im Sinne profitorientierter Zweckrationalität – weitgehend irrational, also unbegründet, stellt ein soziales Trägheitsmoment dar, das zu dem vom Konkurrenzprinzip bestimmten kapitalistischen Akkumulationsprozeß in Widerspruch geraten ist. Der Autoritätsanspruch der Älteren ist in dieser Lage nur noch eine Waffe zur Verteidigung ihrer materiellen Interessen gegenüber den Jüngeren. Diese sind die Träger des für den kapitalistischen Verwertungsprozeß unentbehrlichen Wissens und der modernen technologischen Qualifikation und Soziopraktiken, die aus diesem Grunde die Älteren immer schneller aus ihren Positionen im Produktionsprozeß verdrängen, dequalifizieren und schließlich deklassieren.

Diese Tendenz beherrscht heute bereits die zweite wichtige Sphäre der kapitalistischen Reproduktion, die Konsumsphäre, in der die für das System lebensnotwendige Beschleunigung des Kapitalumschlages durch das jugendliche Element vermittelt wird – ein Umstand, der sich in den dominierenden Stereotypen der

Konsumreklame ausdrückt: »jung, dynamisch, neu, aufgeschlossen usw.«, die werbepsychologisch synonym sind.

Das notwendige Resultat dieser Entwicklung ist eine Änderung des Bewußtseins der Jugendlichen selbst, in dem sich die veränderte Rolle der Jugend im sozio-ökonomischen Prozeß, also ihr verändertes Sein im Spätkapitalismus widerspiegelt. Die revolutionäre Bedeutung des veränderten Bewußtseins hat sich in den Kämpfen der vergangenen Jahre umrißhaft gezeigt. Die daraus zu ziehenden theoretischen Schlußfolgerungen sind noch unzulänglich. Eines läßt sich jedoch schon mit Sicherheit feststellen: Es hat sich in den vergangenen Jahren ein eigenes gesellschaftliches Selbstbewußtsein der Jugend entwickelt, das sich nicht mehr auf die »Welt der Erwachsenen«, auf deren Erwartungshaltungen und Normvorstellungen bezieht. Die Idole der Jugend, nach denen sie sich formt, bewohnen nicht mehr die Welt der Erwachsenen, ja sie stehen meist in erbitterter Opposition zu dieser. Träumten früher die Jugendlichen davon, möglichst früh »erwachsen« zu sein, ihren erwachsenen Vorbildern gleich zu werden, so jagt ihnen heute diese Identifikation Angst ein. Sie fürchten sich davor, »auch mal so zu sein oder zu werden wie ihre ›Alten‹«.

Über den bewaffneten Kampf in Westeuropa

Klaus Wagenbach   Warum entstand die RAF?

Bereits wenige Jahre nach 1967 sahen große Teile der »Neuen Linken« kurzfristig nur noch zwei Möglichkeiten für ihre zukünftige politische Praxis: den militärischen Kampf (die Stadtguerilla der späteren RAF) oder den Aufbau marxistisch-leninistischer Parteien. Es ist heute [1978] schwer zu vermitteln, daß das zwei Seiten derselben Medaille waren.

Die als Antwort auf die Polizeigewalt zunehmende Gewaltförmigkeit der linken Demonstrationen (der zentrale Punkt vieler Diskussionen damals war die Frage nach der Gewalt nur gegen Sachen oder auch gegen Personen) schloß eine Fortführung als militärische Aktionen nicht grundsätzlich aus, und diese Einschätzung verband die RAF durchaus mit der KPD/AO der ersten Jahre.

Von beiden Seiten wurde jedenfalls die gesellschaftliche und politische Struktur der Bundesrepublik als so stabil angesehen, daß für die als notwendig erkannte radikale Veränderung die maximalen Kampfmittel eingesetzt werden mußten: der straff organisierte militärische Kampf oder die diszipliniertese Parteiorganisation. *Beide* Alternativen beriefen sich auf den Marxismus-Leninismus maoistischer Prägung.

Etwas Drittes gab es nicht (das heißt: damals noch nicht). Es gab nur die Möglichkeit des »Aussteigens« aus der APO – und davon machten allerdings Tausende Gebrauch. Es wurde ja auch durch eine »Generalamnestie« seitens der Staatsgewalt gefördert – wer sie in Anspruch nahm, dem wurde die Biographie bis dahin nicht nachgerechnet. Die Kehrseite dieser »Generalamnestie« hieß aber: Von nun an wird die Biographie nachgerechnet. Die übriggebliebene Linke war also vorgewarnt, was zu strafferen Organisationsformen führen mußte.

Warum gab es nichts Drittes? Der Grund dafür war eine – vollkommen berechtigte – psychologische Sperre: Die »Neue Linke« von 1967 war einerseits der Versuch, gegenüber einem autoritären Staat eine demokratische Gesellschaft durchzusetzen, andererseits aber auch ein Widerspruch zur Feigheit und Korruption der älteren Generation. Diesen Mangel an Zivilcourage, dieses politische Desinteresse hatten die jungen Linken nicht nur in den fünfziger Jahren zu Hause erfahren, sondern er starrt uns ja aus der ganzen deutschen Geschichte an, besonders aus den dreißiger Jahren.

Nachdem die Beamten der NS-Zeit von der Bundesrepublik übernommen und die Industriellen nicht entnazifiziert worden waren, sondern ihren »Besitz« zurückerhielten, durften nun auch wieder die alten NS-Offiziere der Republik dienen.

Die große Ruhe kehrte in die deutsche Bürgerfamilie ein, der Slogan »Keine Experimente«, mit dem Adenauer jede Wahl gewann. Wer diesen Kordon aus Resignation und Lüge, diesen Widerspruch zwischen Familiensinn und politischer Feigheit, zwischen innerfamiliärer Kommandogewalt und außerfamiliärem Untertanengeist durchbrechen wollte, der brauchte eben jenes Maß an persönlichem Mut und Autonomie, jenes Maximum an Abwehr gegenüber der Umwelt, das dann auch zur jeweils maximalen Abwehr durch die Umwelt führte, bis zur Erschießung von

Benno Ohnesorg durch einen Polizisten. Mit diesen Schüssen begann dann auch die Neue Linke, sich immer stärker über die Konfrontation zu begreifen. Die demokratischen, sozialistischen und utopischen Inhalte wurden schwächer, die Definition über »den Staat« und »die Bullen« wurde stärker. Damit begann die unselige Konkurrenz bei der Suche nach der extremsten Gegenposition. Es war auch ein Wettlauf gegen die eigene Angst.

Die quälenden Diskussionen in den Wohngemeinschaften stürzten jeden, der länger daran teilnahm, in Zweifel und Ängste, führten zu Spaltungen von Kollektiven und Wohngemeinschaften, zu Trennungen, Feindschaften und Verlust von Freunden. Die Zunahme des staatlichen, juristischen und polizeilichen Drucks verlangte von jedem Linken ein Maximum an politischer Autonomie, an Ich-Stärke; die zunehmend straffere Organisation innerhalb der Linken verlangte das Gegenteil: die Aufgabe der Individualität gegenüber den Kadern, die Ich-Schwäche, die Unterwerfung.

Das erklärt, warum viele Linke damals ihre Angst nicht zu formulieren wagten, weil sie sie für eben jene politische Feigheit und Schwäche hielten, die sie am deutschen Bürgertum mit Grund verachteten. Sie hatten Angst vor der Angst. Wir waren in dieser Zeit sehr entschieden und sehr ratlos. Es war kein Verdienst vieler älterer Linker (vom Bürgertum zu schweigen), sich damals von der Neuen Linken abgewandt zu haben, sondern ein schwerer Fehler. Damals entschieden sich – oft unwiderruflich – viele Biographien aufgrund zufälliger Begegnungen, und die noch bis heute anhaltende Verbitterung gegenüber manchen akademischen Linken, die ihr Wissen in wohlformulierten Distanzierungserklärungen ausbreiten, ist nur zu verstehen.

So konnte der Anspruch auf persönlichen Mut und Solidarität fast bedingungslos abgerufen werden von den Kadern der RAF und der KPD/AO als Anspruch auf militärische Disziplin und als Anspruch auf programmierte Basis- und Betriebsarbeit (und viele Genossen fanden ihre Angst, das heißt ihren Mut erst wieder, als die RAF die Antwort auf Fragen nach der Ermordung Unschuldiger schuldig blieb und das Unterwerfungszeremoniell unter ZK-Beschlüsse der KPD immer absurder wurde).

Jahrbuch Politik 8

Volker Ludwig   Das Grips-Lied

Wenn ich heimkomm'
und der Pappi brüllt: Hol mir die Pantoffeln rein
Sag' ich: nein
Und wenn Mammi schimpft:
Du mußt Pappi stets gehorsam sein
sag: nein
Keinen Finger mach' ich mehr krumm
wenn man mir nicht sagt, warum
Eines Tags
seh'n sie's ein
Das wird fein

Wenn ich groß bin
will ich etwas werden und nicht nur Hausfrau sein
Das wird schön
Dann darf keiner
einem was befehlen und keiner um sich schrei'n
Das wird schön
Keiner bildet sich ein,
mehr wert als ein andrer zu sein
Dazu braucht's
etwas Grips
Weiter nix

     Mannomann

Rainer Hachfeld und Volker Ludwig

Die Verbreitung von Büchern und die Legalität

Interview in der Sendung ›Aspekte‹ des ZDF, 1971

WALTER SCHMIEDING: Meine Damen und Herren, wir haben Klaus Wagenbach ins Studio gebeten, weil zwei Bücher des Verlages beschlagnahmt worden sind. Es sind dies einmal der sogenannte *Rote Kalender für Lehrlinge und Schüler* und es ist zweitens das Rotbuch 29: *Über den bewaffneten Kampf in Westeuropa.* Die Verfasser dieses Rotbuchs zählen sich selbst zur ›Roten Armee Fraktion‹, das heißt also: Sie sind Mitglieder der Gruppe Baader-Meinhof.

Herr Wagenbach, können Sie mir bitte sagen, welche Motive Ihren Verlag veranlaßt haben, ein Buch herauszubringen, dessen Verfasser zu einer von den Strafbehörden gesuchten Gruppe zählt?

KW: Es war in der Geschichte des Verlagswesens noch nie ein Argument gegen die Publikation eines Buches, daß sein Verfasser ein ›Krimineller‹ sei. Ich erinnere an Jean Genet, an Henry Jäger. Für den Verlag muß der Inhalt das Kriterium sein, und der Inhalt unseres Buches unterscheidet sich doch sehr von den einseitig kriminalisierenden Berichten. Und außerdem: sogenannte ›gemeine Kriminelle‹ sucht man doch in der Regel nicht mit tausend Mann. Man muß also zumindest akzeptieren, daß die RAF eine politische Theorie hat, und ich meine, es ist richtig, diese Theorie kennenzulernen.

WS: *Aber diese politische Theorie – das wäre der Unterschied etwa zu Büchern von Genet – ist ja nun verbunden mit der politischen Aktivität, das heißt, man wird Ihnen den Vorwurf machen (und hat ihn gemacht), daß sie sozusagen Propaganda für einen gewaltsamen Umsturz publizieren.*

KW: Der Vorwurf ist schon vielen Verlegern gemacht worden. Das bekannteste Beispiel in jüngster Zeit – Sie kennen wahrscheinlich den Fall – ist die Veröffentlichung des *Handbuch des Stadtguerillero* von Carlos Marighela durch den französischen Verlag Seuil. Das Buch wurde beschlagnahmt, der Verlag massiv angegriffen. In Frankreich ging der Fall so aus, daß 23 französische Verlage dieses Buch – das in der Gewaltfrage viel weiter geht als das von uns veröffentlichte – in einer gemeinsamen Ausgabe publizierten, und diese Ausgabe wurde nicht verboten. Es bleibt abzuwarten, ob sich die deutschen Verleger ebenso solidarisch mit uns zeigen und das Buch erneut mit uns gemeinsam veröffentlichen; dazu haben wir aufgerufen.

WS: *Herr Wagenbach, eine andere Frage, die sich in diesem Zusammenhang stellt: Die ›Rote Armee Fraktion‹ wird steckbrieflich gesucht. Sie sagen: Mit einem ungewöhnlichen Aufwand von Polizeimaßnahmen. Muß der Verlag, der ein solches Buch publiziert, nicht Kontakt haben zu der Gruppe? Gibt es Gründe, also die der Verdunklung, die die Staatsanwaltschaft gegen Sie geltend machen könnte?*

KW: Nein, das ist ganz ausgeschlossen. Wir sind ja doch kein ganz kleiner

Verlag mehr: Wir haben ein Vertriebsnetz, wir haben einen Postverkehr. Wir haben allerdings seit Monaten auch diese bekannten kleinen roten Volkswagen oder größeren blauen BMWs in der Straße – die Kriminalpolizei weiß also auch ganz genau, welche Besucher der Verlag hat.

WS: *Wie bitte, kommt der Verlag dann zu dem Manuskript des Buches?*

KW: Das Manuskript haben wir käuflich erworben, das heißt, es handelt sich um eine hektografierte Schrift, die in Berliner Buchhandlungen verkauft wurde. Diesen Text haben wir unverändert übernommen, weil wir eben meinten, daß er eine größere Verbreitung verdiene.

WS: *Sie haben sich definiert als einen linken Verlag. Verlangt das nicht, daß Sie sich in einem stärkeren Maß als beispielsweise ein kommerzieller Verlag identifizieren mit den Büchern, die Sie herausgeben?*

KW: Das ist richtig. Das war mir ein Prinzip des Verlages von Anfang an, Bücher zu publizieren, die ich für wichtig halte, unabhängig von den Folgen, das heißt erstmal: unabhängig von den ökonomischen Folgen. Sie wissen, wie viele Gedichtbände in den *Quartheften* erschienen ... und die ökonomischen Folgen eines Gedichtbandes sind ja bekannt. So gibt es auch in der Tat in dem Buch, über das wir hier sprechen, große Teile, mit denen wir uns identifizieren können, beispielsweise das Kapitel *Revolution und jugendliche Gesellschaft*, eine theoretische Erörterung, die durchaus in die sozialistische Theorie eingehen sollte.

WS: *Sie haben gesagt, daß Sie publizieren ohne Rücksicht auf die ökonomischen oder auch strafrechtlichen Folgen überhaupt. Würden Sie also daraus eine Freiheit von Verantwortung überhaupt konstruieren wollen?*

KW: Nein. Nur: Die Folgen von Büchern sind schwer abschätzbar. Wenn wir hier einmal die Frage der Verbreitung der Bibel erörtern würden – was kämen denn da alles für Folgen heraus? Das ist das eine.

Das andere ist: Man kann sich als Verleger keine Zensur einbauen, schon gar keine, die sich nach den momentanen Vorstellungen einer Gesellschaft richtet. Nehmen wir ein Beispiel, das auch alle Zuschauer kennen: die Titelbilder der Illustrierten ›Stern‹. Wenn die schönen Nackten, die heute die Titelseiten des ›Stern‹ zieren, an derselben Stelle vor zehn Jahren erschienen wären, wäre der ›Stern‹ damals beschlagnahmt worden. Das Gesetz hat sich in dieser Zeit nicht geändert, was sich geändert hat, ist die Auslegung des Gesetzes.

WS: *Sie würden also Ihre Arbeit verstanden wissen wollen sozusagen als Erweiterung des Legalitätsrahmens?*

KW: Das ist ganz klar. Es kann nicht das Interesse eines linken Verlages sein, den Legalitätsrahmen zu verengen.

WS: *Wie weit würden Sie diesen Legalitätsrahmen denn ziehen wollen?*

KW: Das kann man nur an einem konkreten Fall beschreiben. Also zum Beispiel an dem Kalender, den wir in einer hohen Auflage (70.000) für Lehrlinge und Schüler gemacht haben und der sofort zu einer massiven

Kampagne der Springer-Presse führte, mit der Forderung nach einem Verbot des Buches, der die Berliner Staatsanwaltschaft dann auch gefolgt ist.

Da monierte die Staatsanwaltschaft beispielsweise, daß wir zur »Veränderung von Kriegerdenkmälern« aufgerufen hätten, was ein Aufruf zur Sachbeschädigung sei. Wir halten aber angesichts der Millionen Toten eines faschistischen Krieges die Veränderung von Kriegerdenkmälern für dringend notwendig. Und es sind ja auch einige verändert worden: Ich erinnere an den Fall in Schleswig-Holstein, wo es sogar der Pfarrer war, der das durchsetzte. Und es geht dann doch weniger darum, ob eine solche Aktion innerhalb oder außerhalb der Legalität erfolgt, sondern darum, daß sie in Wahrung berechtigter Interessen erfolgt. Das muß man doch unterscheiden im einzelnen Fall: Was liegt vor?

Was liegt beispielsweise – um einen anderen Fall zu nennen – vor, wenn ein Meister (wie es bei Siemens passiert ist) einen Lehrling so lange am Ohr zieht, bis das Ohrläppchen reißt, und der Lehrling läßt dem Meister daraufhin eine kostbare Maschine auf den Fuß fallen? Wenn also im Kalender steht: ›Sich beim Umgang mit Maschinen mal irren‹, so kann man nicht sagen: Das ist Aufhetzung, sondern man muß fragen: In welchem Kontext? Eben diesen politischen Kontext leistet ja der ganze Kalender auf 128 Seiten. Und da will man uns an ein paar Zeilen aufhängen.

WS: *Sie haben erwähnt, daß die Staatsanwaltschaft einer massiven Hetze der Springer-Zeitungen gefolgt sei. Das ist Ihre Formulierung. Warum?*

KW: Aus Kenntnis der Berliner Verhältnisse.

WS: *Ich sage noch einmal: Das sind Ihre Formulierungen. Ich möchte mich mit Ihnen nicht streiten. Nur, das Recht der Publizisten des Wagenbach-Verlages, ihre Meinung zu publizieren, zur Veränderung aufzurufen, haben das die Publizisten von Zeitungen, die politisch anders orientiert sind, nicht?*

KW: Doch, selbstverständlich. Ich habe das nur als Quellenangabe gesagt. Und natürlich bestreite ich der Staatsanwaltschaft auch nicht das Recht, Zeitungen zu lesen und Schlüsse daraus zu ziehen. Aber ebenso natürlich läßt es auf die Justiz schließen, welchen Zeitungen sie Materialien für Strafanträge entnimmt.

WS: *Sie würden also den Richter danach beurteilen wollen, ob er, einmal provozierend gefragt, die ›Bild-Zeitung‹ oder das ›Kursbuch‹ liest?*

KW: Ich habe gesagt: Strafanträge. Ich glaube nicht, daß das ›Kursbuch‹ einem deutschen Staatsanwalt Anlaß gibt, daraus Strafanträge zu zimmern. Da bietet die ›Bild-Zeitung‹ mehr Material für jemanden, der gern Bücher verbieten möchte, zumal ein Buch, das in der Tat sehr verschiedene Meinungen provoziert und unter Ausnutzung eines in der Tat aufgeheizten Klimas. Und genauso stand es auch in der ›Berliner Morgenpost‹ und der ›SZ‹, und genauso hat es Matthias Walden in seinem Kommentar gesagt: daß wir, also der bekannte Baader-Meinhof-Verlag, jetzt auch noch einen Kalender machen, na, was wird das schon sein. Das gehört verboten.

WS: *Was mich immer wieder erstaunt, ist, daß die linken Verleger und Publizisten, die ausgezogen sind, die Gesellschaft zu verändern, daß die über die Abwehrmaßnahmen derjenigen, die sie attackieren, erstaunt sind.*

KW: Ich bin nicht erstaunt darüber.

WS: *Sie beklagen sich aber.*

KW: Das ist ein Problem für die sogenannte liberale Öffentlichkeit. Ob man in diesem Land Informationen verbreiten kann oder nicht. Und welche Informationen, nicht wahr? Und ob man zensieren will, oder sich eine freiwillige Zensur einbaut, oder das tut, was man für richtig hält.

WS: *Mich interessiert noch etwas. Sie haben von den berechtigten Interessen gesprochen, also daß die Beschädigung einer Maschine gerechtfertigt sei, wenn dem ein tätlicher Angriff auf den Lehrling vorausgegangen ist. Nur: Wer legt jeweils fest, wann diese Interessen berechtigt sind?*

KW: Richtig. Wer legt das fest?

WS: *Wenn Sie diese Interessen für berechtigt halten?*

KW: Wenn man so einen Kalender für Lehrlinge und Schüler macht, so ergeben sich daraus ein paar Probleme, die ich beschreiben will. Erstens die Verständlichkeit. Sie wissen ja: die Linke ist in ihren Texten nicht gerade immer allgemeinverständlich. Man muß also übersetzen ins Gemeindeutsche. Zweitens muß man sehr viel mit Lehrlingen und Schülern zusammenarbeiten, ihre Presse lesen, mit ihnen diskutieren. Wenn Sie das auch nur zwei Monate tun und sehen, wie das unten an der Basis aussieht, während wir hier oben diskutieren, so haben Sie schnell ein anderes Urteil über das Recht der Lehrlinge, sich gegen den Mißbrauch ihrer Lehre zu wehren, oder über das Recht der Schüler, sich gegen alt eingefahrene Schulstrukturen zu wehren.

Wir haben beispielsweise vor anderthalb Jahren ein Buch veröffentlicht, *Die Schülerschule*, geschrieben von italienischen Schülern, in Barbiana. Die haben selbst Schule gemacht, ohne Zensuren, ohne Klassenbücher. Das heißt: Das, was wir als – satirische – Forderung im ›Kalender‹ aufgenommen haben, die ›Enteignung von Klassenbüchern‹ (was uns die Staatsanwaltschaft wieder als kriminelles Delikt vorwirft), das haben die einfach gemacht. Das ist der primäre Weg: Selbstorganisation. Notwehr ist immer nur gegen etwas gerichtet, ein Hilfsmittel. Der Kalender diente aber primär der Selbstorganisation, mit seitenweise Adressen von Lehrlingszentren, Anwälten, Sexualberatungsstellen und Republikanischen Clubs, mit Rechtshilfen und Lektürelisten. Damit ihnen die Selbstorganisation erleichtert wird. Das finden die Herrschenden offenbar anstößig.

WS: *Sie werden sich darüber klar sein, daß dies nicht die letzten Widerstände sind, auf die Sie stoßen werden ...*

KW: Wahrscheinlich nicht.

Zensur von außen und innen
1974–1978

Solche Bücher läßt du drucken!
Teurer Freund, du bist verloren!
Willst du Geld und Ehre haben,
mußt du dich gehörig ducken.

Manch teurer Freund hat sie mir damals geschickt, die ironischen Verse von Heinrich Heine, aber es wurden auch teure Jahre. Und es ging auch um viel Geld und Ehre, das erstere hatte ich zu berappen (es summierte sich am Ende zu einer riesigen Rechnung, über 150.000 Mark, die Gefängnisstrafen nicht gerechnet), bei der Ehre hingegen handelte es sich um die der Gerichte, vor allem aber die der Polizei. Es gab Zeiten, da war ich über Monate hinweg mehr mit Schriftsätzen und Gerichtsverhandlungen beschäftigt als mit Büchern. Von kleineren Bataillen abgesehen, waren es insgesamt vier Prozesse:

Der erste, 1974, wegen der beiden Zeilen »Benno Ohnesorg ermordet« und »Georg von Rauch ermordet« im *Roten Kalender 73*. Angestrengt vom Berliner Polizeipräsidenten Hübner, der durch diese Formulierungen die EHRE der Polizei angetastet sah, weil die Studenten von der Polizei zwar erschossen, aber nicht »ermordet« worden seien. Ein gebildeter Richter wies (wie schon ein Kollege in Hamburg) die Klage ab, weil die Bezeichnung »Mord« im Sprachgebrauch nur die moralische Verurteilung ausdrücke, nicht die juristische Wertung. Der Polizeipräsident legte Revision ein.

Der zweite Prozeß, ebenfalls 1974, angestrengt von der Staatsanwaltschaft (nach öffentlicher Aufforderung durch die Springer-Presse), bezog sich auf das bereits 1971 beschlagnahmte *Rotbuch 29*, also das politische Manifest der RAF. Der Prozeß war natürlich bewußt verzögert worden, um das Buch erst einmal drei Jahre zu sequestrieren, und im Lauf dieser Zeit schmolzen die meisten Anklagepunkte zusammen. Zum Teil waren sie sogar erfunden, wie zum Beispiel ein angebliches Zitat über anzugreifende »Staatsanwälte«, das offenbar nur deswegen in die Beschlagnahmeverfügung geschmuggelt worden war, um dem vorgesetzten Staatsanwalt eine unmittelbare körperliche Bedrohung zu suggerieren. Oder das Lieblingszitat des Staatsanwalts: »Für alles Reaktionäre gilt, daß es nicht fällt, wenn man es nicht niederschlägt« – er mußte mehrfach darauf hingewiesen werden, daß es sich um ein Zitat Mao Tse-tungs handelte, bis er es aus der Anklageschrift wieder entfernte, die sich am Ende nur noch an ein paar Zeilen klammerte und daran, daß ich im genannten Fernsehinterview mit Walter Schmieding »zugegeben« hätte, das Buch für »wichtig« zu halten. Das genügte für acht Monate Gefängnis und die Verfahrenskosten. Die restlichen Exemplare des Buches wurden dann um eine Seite erleichtert, diese Seite wurde gekürzt um die anstößigen Zeilen, in der Druckerei des Gefängnisses Berlin-Tegel neu gedruckt und wieder eingeklebt – es entstand die ominöse *Edition Tegel.*

Beim dritten Prozeß, wiederum 1974, gegen den 1971 beschlagnahmten *Roten Kalender 72,* schmolz die Anklageschrift ähnlich zusammen, am Ende auf 7 (!) Zeilen, in denen zu Gewalt aufgerufen worden sei, zum Beispiel handele es sich bei der Aufforderung um die »Veränderung von Kriegerdenkmälern offensichtlich um deren Beschädigung oder Zerstörung« – da wurden sie wirklich greifbar, die Angstträume des beamteten Spießers, der sich Veränderung nur als Sachbeschädigung vorstellen kann ...

Gleichwohl: Vier Monate Gefängnis, samt Verfahrens- und Beschlagnahmekosten. Nicht von ungefähr wurden alle Anträge von Otto Schily (meinem Anwalt in diesem und allen anderen Prozessen) abgelehnt, vergleichbare Bücher heranzuziehen (Begründung: Schily möge doch Strafanzeige gegen die betreffenden Verlage stellen). Nicht von ungefähr waren sämtliche ›politischen‹ Staatsanwälte zur Urteilsverkündung erschienen, und nicht von ungefähr hieß es darin, es werde diesmal noch »nicht für erforderlich erachtet, dem Angeklagten die Ausübung seines Berufes zu untersagen«. Mit anderen Worten: Die Staatsanwaltschaft (denn sie war es ja, die ex officio Anklage erhoben hatte) entscheidet nach politischer Opportunität, wen sie anklagt, und das Strafmaß richtet sich nach dem Umfeld, in dem der Text erscheint.

Das heißt: Bestraft wird eine (zu bestimmter Zeit und unter bestimmten Umständen nicht opportune) politische Haltung.

Besonders deutlich wurde das auch im vierten Prozeß, 1975, der Revision in Sachen »Mord«, die der Berliner Polizeipräsident angestrengt hatte und in deren Vorfeld ein der Staatsanwaltschaft willfährigeres Gericht bereits klarmachte, daß für den Begriff »Mord« nicht der gemeindeutsche, sondern ausschließlich der juristische Sprachgebrauch zu gelten habe. Damit erübrigte sich bereits der eine Punkt der Anklage wegen der Zeile »Benno Ohnesorg ermordet«, denn hier war der Todesschütze längst freigesprochen worden (was zwar auch im *Roten Kalender* gestanden und also schon einen Hinweis auf den Sprachgebrauch gegeben hatte), war also nur noch ein schuldloser (da im »psychogenen Ausnahmezustand« befindlich) uniformierter Erschießer.

Das stand bei dem Polizisten, der 1971 Georg von Rauch erschoß, nicht fest, denn die Staatsanwaltschaft hatte wenige Monate nach der Erschießung einfach »das Verfahren eingestellt«. Es wurde nun wieder aufgenommen, mit dem Unterschied, daß die Kosten nicht der Staat zu zahlen hatte, sondern ich als Kritiker der Polizei. Und diesen Unterschied genoß die Staatsanwaltschaft sichtlich: »Wenn der Verlag Klaus Wagenbach wegen der Kostenlast liquidieren muß, dann ist das eben so« – diesen Satz erlaubte sich der Staatsanwalt im Schlußplädoyer.

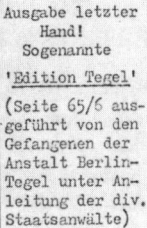

Mit Otto Schily vor dem Berliner Landgericht — *Aufkleber für die »Edition Tegel«* — *Rudi Dutschke*

Freilich: Diese Kostenlast war nur die eine Seite. Über die andere Seite konnte ich damals nicht sprechen, sie hat mich aber viel stärker betroffen: die mangelnde Solidarität derjenigen, mit denen ich so lange zusammengearbeitet hatte. Der sykophantische Kommentar der »Frankfurter Allgemeinen Zeitung« kam der Wahrheit näher als gemeint: »Nicht etwa das Verlagskollektiv stand drei Jahre später vor Gericht, sondern Wagenbach allein. Und er allein wurde verurteilt.« Das famose Kollektiv führte kommentarlos den (erfolgreichen) *Roten Kalender* weiter und machte nicht einmal den Versuch, einen Teil der Kostenlast zu übernehmen.

Das Verhalten der meisten Linken war glücklicherweise entgegengesetzt. So kam Rudi Dutschke öfters zu den Prozeßterminen und auch zu uns nach Hause, noch immer nicht recht genesen von den Folgen des Attentats und unter Gleichgewichtsstörungen leidend. Einmal stürzte er dabei auf den Kaninchenstall meiner Tochter, was aber das Kaninchen überlebte und meine Tochter ihm verzieh – abgesehen davon, daß Rudi ohnehin nicht jemand war, dem man böse sein konnte. Freudestrahlend stürmte er ins Zimmer, redete sofort los, mit kehliger, dunkler, unverkennbarer Stimme, ließ sich aber leicht unterbrechen, nahm den Einwand auf, aber nicht, wie die meisten Genossen, um ihn sofort zu widerlegen, sondern er baute ihn versuchsweise in die eigenen Überlegungen ein, um erst später zu überprüfen, ob er da überhaupt hineinpaßte, wenn nicht, hatte es der Gesprächspartner bis dahin meist schon selbst eingesehen. Ein stets unruhiger, sanfter, aufmerksamer Freund, von unerhörtem Gott- oder besser Menschenvertrauen übrigens; einmal rief er mich nach Mitternacht an und fragte: »Ich stehe in Bremen am Hauptbahnhof, bei wem, meinst du, kann ich übernachten?«

Ein anderes Beispiel für Solidarität: Zwei mir Unbekannte, Helga Reidemeister und Christa Wachenfeld, hatten den gesamten Rauch-Prozeß protokolliert, womit plötzlich die Möglichkeit bestand, ein ›Buch zum Prozeß‹ zu machen. Denn normalerweise richten sich solche Zensurprozesse ja gegen ein bestimmtes Buch, auf das also damit auch die allgemeine und auflagenerhöhende (!) Aufmerksamkeit gelenkt wird, so daß der Verlag vermittels dieser ›Skandalprämie‹ oft nachträglich den Prozeß finanzieren kann. Das war in meinem Fall nicht möglich. Also machten wir anhand der Prozeßprotokolle ein dokumentierendes Buch, gegen das wiederum ein Ermittlungsverfahren eingeleitet, dann aber eingestellt wurde. Der Verkauf brachte etwas Geld ein, andere Freunde veranstalteten eine öffentliche Sammlung, die Gerichtskosten haben wir über zwei Jahre verteilt abgestottert, Otto Schily schickte die Rechnung erst fünf Jahre später, der Verlag kam durch.

Woher ich in dieser Zeit den Mut gefunden habe, eine neue Buchserie zu beginnen – *Wagenbachs Taschenbücherei* –, weiß ich nicht. Ich weiß nur, daß ich damals einerseits für mehrere Jahre nicht die Bilanzen angesehen habe, andererseits fest davon überzeugt war, daß allgemein (und insbesondere unter den Linken) eine »Auflockerung ästhetischer und politischer Verfestigungen« dringend vonnöten sei.

»Der Anlaß für die *Taschenbücherei* war«, so schrieb ich damals den Buchhändlern, »Unzufriedenheit mit der Einengung der literarischen Diskussion auf den ›Realismus‹ und mit der Erstarrung des Denkens der Linken in abstrakte, unhistorische Begriffe.« Und in der *Zwiebel*, ein paar Monate später und etwas heiterer: »Wir haben uns gedacht, wenn viele Kollegen ihre Taschenbuchreihen nach links verschlanken und nach rechts verfetten, dann könnte es vielleicht ein bißchen Platz geben auf unserem Stammplatz, immer den beiden Leit- und Magensprüchen entlang: Laßt uns Denken anstiften statt vorschreiben. Auch das Wappentier der Reihe, das Karnickel, verzichtet großmütig auf Angriffswaffen. Heiteres Hecken, Aufmerksamkeit, Wühltalent, List und Tempo genügen dem stets neugierigen Vieh zum Überleben.«

Neben ihren normalen Pflichten der Demokratisierung wichtiger Bücher vergab denn die Taschenbücherei auch Aufträge für politische Lockerungsübungen oder Wühlarbeiten auf nationalem Boden: Streitschriften von Ulrike Meinhof oder Lothar Baier, Erich Fried oder Barbara Sichtermann, Wilfried Gottschalch oder Peter Brückner, Horst Günther oder Friederike Hausmann; die Importe – von Carlo Ginzburg bis Norberto Bobbio – nicht zu vergessen. Viele schlugen den Genossen der rigiden Fraktionen auf den Magen, manche blieben nicht ohne Folgen für den Verlag. Ich erzähle nur das übelste Beispiel von Gedankenpolizei, wozu eine Vorgeschichte gehört.

Wenige Monate vor ihrer Verhaftung hatte ich Ulrike Meinhof im Untergrund besucht, mit einem fertig ausgearbeiteten Plan für die Flucht in ein außereuropäisches Land; leider ist es mir nicht gelungen, sie zu überreden. Die Kontakte brachen dann ab, bis zum Tod Ulrikes in Stammheim. Wenige Tage darauf wurde ich angerufen, ob ich die Grabrede halten könne; ich sagte zu. Es war nachts, die Beerdigung war am anderen Morgen – ich war der letzte, den man gefragt hatte: Man mißtraute offensichtlich meiner ›Linientreue‹. Ich fürchte, meine Grabrede, die allgemein eher verständnislos aufgenommen wurde, hat den Verdacht derart mangelnder ›Linientreue‹ wohl bestätigt. Den Genossen ging es um den Nachweis des Mordes, mir hingegen genügten »die deutschen Verhältnisse«; diese Formulierung nahm Peter

Das erste Taschenbuch   Peter Brückner mit Studenten   Karnickel
aus der Frühzeit

Brückner dann auf für sein Buch *Ulrike Meinhof und die deutschen Verhält-nisse,* das er in wenigen Monaten schrieb.

Peter Brückner hatte ich schon in der Studentenbewegung kennengelernt, und er war, ohne daß wir es richtig merkten, langsam Autor des Verlags geworden. Seit 1976 war er, bis zu seinem Tod 1982, mein wichtigster politi-scher Gesprächspartner und einer meiner besten Freunde. Ein langer Mensch, anscheinend ohne Ende, aber das fiel nicht weiter auf, denn er ging oder stand fast stets gebeugt, kam einem also entgegen, auch sonst: lächelnd, wenn er sich besonders freute, wurde er sogar richtig verlegen. Ziemlich lotterhaft gekleidet, aber in vielem auch anspruchsvoll, seien es Accessoires, Orte, Essen, Kunst. Gestenreich redend, mit langen Pausen, nachdenklich, hypotaxenreich. Sein intellektueller Mut war außerordentlich, gerade im eigenen Ambiente – so sagte er 1975 in einem Interview: »Ich hät-te 1961/62 wahrscheinlich mit ebenso gutem Gewissen wie 1967 gesagt: ›Ich bin Kommunist.‹ 1969 neigte ich schon eher dazu, mich einen Sozialisten zu nennen. 1971 habe ich mich das erste Mal als einen bürgerlichen Intellek-tuellen an der Seite der Arbeiterbewegung bezeichnet. Heute würde ich sagen: ein bürgerlicher Intellektueller, der sich auf die Seite der historisch emanzipativen Kräfte stellt.« Das war beispielhaft innerhalb einer Linken, die eben doch sehr deutsch war – entweder Umfall über Nacht oder treu bis in den Tod. Und das war wohl auch der Grund, warum dieser liebenswürdige Mann auf viele so provozierend wirkte, auf andere Leute (wie beispielsweise die niedersächsische kultusministerielle Bürokratie, die ihm fast für ein Jahr-zehnt Lehrverbot erteilte) wie auch auf die eigenen.

Was Wunder, daß sein Buch über Ulrike argwöhnisch erwartet wurde. Wenige Tage vor der Veröffentlichung, im Oktober 1976, erhielt ich unange-meldeten Besuch. Es wurde mir erklärt, das Buch dürfe nicht erscheinen, so-lange nicht bestimmte Thesen, die es, wie man aus den Druckfahnen wisse, vertrete, verändert würden. Es handle sich um die These vom ›Selbstmord‹ Ulrike Meinhofs und um beleidigende Analysen der RAF. Als ich mich wei-gerte, wurde mir ein von Gudrun Ensslin unterschriebener Zettel vorgelegt, mit massiven, unmißverständlichen Drohungen. Ich warf den Besucher hin-

Mit Barbara Herzbruch

Thomas Schmid,
Zeichnung von Reinhard Stangl

aus. Aber ich wußte, daß ich im Verlag mit einem Spitzel zu rechnen hatte, mit dem ich vorsichtshalber sogar noch eine Weile kooperieren mußte. Als dann die Auslieferung des Buches mit einer einstweiligen Verfügung gestoppt wurde, die sogar von einem bürgerlich-reputierlichen Anwalt beantragt worden war, habe ich außerhalb des Verlags Hilfe suchen müssen, im damals noch existierenden Verband linker Buchhändler, der eine außerordentliche Generalversammlung einberief und die Freigabe des Buchs dadurch erzwang, daß er erklärte, andernfalls die Schriften der RAF nicht mehr zu verbreiten. Auch die heikle Situation im Verlag konnte einige Wochen später, wenngleich nicht ganz ohne Querelen, gelöst werden.

Bezeichnenderweise vertritt das Buch von Peter Brückner gar nicht die Meinung, Ulrike Meinhof habe sich umgebracht, wohl aber verurteilt es den Totalitätsanspruch der RAF: »... entweder Schwein oder Mensch. Entweder Überleben um jeden Preis oder Kampf bis zum Tod.« Brückner fragt, was an dieser Haltung – verbunden zudem noch mit dem Begriff der »Ehre« – denn »zwingend sozialistisch sein soll«: diese Frage wollte man nicht hören.

Zur selben Zeit machte ich noch eine andere bittere Erfahrung: Wolf Biermann war von den DDR-Behörden ausgebürgert worden, und ich dachte nun in meiner Naivität, daß er mich besuchen würde. Er wollte aber (wie es Klaus Rainer Röhl formulierte) »lieber beim Genossen Neven Du Mont und bei den Genossen vom amerikanischen CBS-Konzern veröffentlichen«, und so ging alles den kapitalistischen Gang; seinen ersten Verlag hat Biermann nicht nur nie betreten, sondern juristisch auch ganz abzuschütteln versucht, indem er vor Westberliner Richtern (da wußte er schon, was er tat) erklärte, er wolle in einen »weniger politischen Verlag«.

Dem Verlag ging es in dieser Zeit nicht besonders gut, er war nicht nur innerhalb der Linken umstritten, sondern auch im ›bürgerlichen‹ Lager als »Baader-Meinhof-Verlag« unten durch. Es waren die Jahre des Stammheimer Prozesses (die Reden der Verteidiger erschienen als Band in der Reihe Politik) und des »Deutschen Herbstes« (auf den Peter Brückner antwortete mit dem »Versuch, uns und anderen die Bundesrepublik zu erklären«).

Ich hatte, wie manchesmal zuvor, ein wenig Glück. Barbara Herzbruch

Erich Fried,
mit (frischem) Lorbeer

Preis der Sieben auf der Buchmesse

(später die Mitherausgeberin des *Freibeuter*) kehrte der akademischen Öde den Rücken und wandte sich der freien Wirtschaft zu, zwei Jahre danach lernte ich Thomas Schmid kennen, anläßlich einer Diskussion *Über den Mangel an politischer Kultur in Deutschland* (so der Titel des 1978 erschienenen Buches); er kam dann später ebenfalls in den Verlag. Inge Feltrinelli schließlich lud mich in einen Kreis von sieben Verlegern aus verschiedenen Ländern ein, mit dem wir den »Preis der Sieben« gründeten, einen Geldpreis mit der Verpflichtung aller Beteiligten, das Buch gleichzeitig zu veröffentlichen. Eine sehr schöne Idee und ein angenehmes (noch heute miteinander befreundetes) Gremium, aber leider haben wir den Preis nur einmal (an Erich Fried, für seine *100 Gedichte ohne Vaterland*) verliehen ...

Ökonomisches Glück hatte ich schließlich auch, Ende 1978, mit den *Freibeuterschriften* von Pier Paolo Pasolini, einem Buch, auf dessen italienische Ausgabe ich schon 1975 aufmerksam gemacht worden war und um dessen Übersetzung ich mich sofort bemüht hatte. Allerdings erhielt ich vom Originalverlag die betrübliche Auskunft, es lägen bereits sechs Optionen von deutschen Verlagen vor. Nach zwei (!) Jahren kam dann die überraschende Nachricht, alle sechs Verlage hätten keinen Gebrauch von der Option gemacht – und es sah zuerst auch ganz so aus, als hätten sie recht damit getan. Denn obwohl die deutsche Ausgabe um einige nur Italienern verständliche Texte erleichtert, mit zahlreichen Erläuterungen, einer Biographie und einem Vorwort versehen worden war (und vor allem: mit einem lächerlichen Ladenpreis), bestellten die Buchhändler nur 1200 Exemplare, die für einige Zeit reichten. Erst um die Jahreswende 1978/79 setzten die Buschtrommeln der engagierten Leser ein, danach auch die ersten Rezensionen, so daß das Buch bald eine Auflage von 50.000 Exemplaren erreichte. Es war eines der wenigen Bücher des Verlags, die ich (voller Entzücken: der Traum des Verlegers!) Leute auf offener Straße habe lesen sehen. Ich bin aber sicher, daß, hätte ich es schon 1976 publizieren dürfen, kein Erfolg daraus geworden wäre, erst drei Jahre später waren bei uns die Köpfe locker genug, kontroversen Überlegungen über das Zerrbild der Aufklärung im Konsumismus zu folgen.

Richard Schmid   Nicht Mord sagen

Für die jetzt so hochbegehrte »Innere Sicherheit« scheint mir die innere Sicherheit der Polizei besonders nötig, die zur Zeit ihre Mißerfolge und sonstigen Frustrationen mit Hilfe von Beleidigungsklagen gegenüber kritischen Publizisten zu kompensieren sucht.

Die Berliner Polizei hat im Fall Wagenbach damit auch Erfolg gehabt: sie hat in der Berufungsinstanz eine Verurteilung wegen Beleidigung erreicht. Wagenbach hatte im Hinblick auf den Tod von Benno Ohnesorg und Georg von Rauch das Wort »Mord« gebraucht. Andere hatten das auch, ein in London lebender deutscher Lyriker (Erich Fried) und ein Nobelpreisträger (Heinrich Böll); aber wichtig war, den unbequemen Berliner Verleger zu treffen. Zwar ist die Anklage wegen Beleidigung von Kollektiven wie »Berliner Polizei« ein zweifelhaftes Mittel zur Wiederherstellung der Ehre. Ein besseres Mittel ist, wie François Mitterrand bei den gegenwärtigen Auseinandersetzungen über Exzesse der französischen Polizei gesagt hat, die Anerkennung und Behebung begangener Fehler.

Die erste Instanz hatte Wagenbach freigesprochen, weil er mit seiner Kritik ein berechtigtes Interesse im Sinne des Paragraphen 193 Strafgesetzbuch wahrgenommen habe. Das Berufungsgericht hat nun aber doch an dem Wort »Mord« Anstoß genommen: bei richtiger Anwendung des Paragraphen 193 wäre das überflüssig gewesen, denn der deckt auch beleidigende Behauptungen. So ist aber doch noch jene Einheitsfront von Justiz und Polizei zustande gekommen, die in Deutschland alte Tradition ist. Die rechtlich getrennten Gewalten vereinigen sich wieder vor Gericht. Und die Justiz erkennt nicht, welche verhängnisvollen Folgen es haben kann, wenn auf staatliches Unrecht keine öffentliche Sanktion stattfindet, sondern allenfalls, wie bei dem in Stuttgart sinnlos Erschossenen still ein paar hunderttausend Mark gezahlt werden. In Frankreich ließen sich wohl die Gerichte nicht gefallen, daß ein Polizeichef die Ermittlung der Wahrheit dadurch blockiert, daß er wichtigen Augenzeugen bei dem Vorgang der Erschießung keine Aussagegenehmigung gibt. Das ist jetzt in Berlin geschehen. Ist nicht anzunehmen, daß gerade das Geheimnis, welches der Polizeipräsident schützen wollte, die Wahrheit enthielt?   DIE ZEIT, 1975

Rudi Dutschke   Zusammenspiel

Die Zerstörung der möglich gewordenen sozialistischen Wendung in der ČSSR durch die SU-Regierung und die Zerstörung des sozialistischen Anfangs in Chile durch das nationale und internationale Kapital beweisen die kooperative Bekämpfung der subversiven Sozialisten und Kommunisten durch die beiden Großstaaten. Eine sozialistische Weiterentwicklung in der ČSSR hätte die sorgsam gehegte antikommunistische Neurose des »Westens« gefährdet und hätte die bürokratischen Strukturen der staatssozialistischen Länder in Bewegung gebracht. Eine Ausdehnung der sozialistischen Sektoren in Chile wiederum hätte das amerikanisch-imperialistische Übergewicht in Lateinamerika schwerer angeknackt als die Weiterexistenz des isolierten Kuba. Darum ist das Zusammenspiel der nichtidentischen-identischen Systeme eine politische Konsequenz, um der latenten Weltrevolution ein System politisch-militärischer Riegel vorzuschieben. Wer als Sozialist Solidarität mit Chile sagt, muß auch über die Unterdrückung der Arbeiterklasse in der ČSSR sprechen, ohne aber natürlich die Unterschiede in der Vernichtung von Menschen und Ideen zu vergessen. Das eine ohne das andere zu sehen ist politisch ebenso falsch, wie von den studentischen Unruhen zu schwärmen und die Lage der Lohnabhängigen nicht zu kennen. Versuch, Lenin auf die Füße zu stellen

Klaus Wagenbach   Grabrede für Ulrike Meinhof

Der jetzige politische Zustand in Deutschland soll zu tun haben – so die offizielle These – mit der »Bedrohung der Demokratie durch terroristische Gruppen«. Für diese Gruppen war Ulrike Meinhof das Symbol. Es ist deswegen vollkommen absurd, wenn jetzt die Staatsgewalt so tut, als habe der Tod von Ulrike Meinhof nichts mit unseren Zuständen zu tun.

Die offiziellen Stellen mögen nachzuweisen versuchen, daß der Tod Ulrike Meinhofs ein ›Selbstmord‹ gewesen sei. Sie werden damit nicht unsere deutschen Zustände aus der Welt schaffen: Ein massives, lange vor irgendwelchen ›terroristischen Gruppen‹ –

1968 – geschaffenes »Notstandsgesetz«. Ein noch viel länger zurückliegendes Verbot der kommunistischen Partei und die mit ihm verbundenen Verfolgungen. Neuerdings die Verordnung zum Schutz der Beamten vor Linken jeder Art. Und schließlich das wenige Wochen alte Gesetz gegen die »Befürwortung von Gewalt«.

Was Ulrike Meinhof umgebracht hat, waren die deutschen Verhältnisse. Der Extremismus derjenigen, die alles für extremistisch erklären, was eine Veränderung der Verhältnisse auch nur zur Diskussion stellt.

Ulrike Meinhof, geboren in der Mitte der dreißiger Jahre, war alt genug, um sinnliche Erscheinungsformen des Nazismus noch wahrzunehmen. In den fünfziger Jahren wuchs sie bei Renate Riemeck auf, einer Antifaschistin, die für die ›Friedensbewegung‹ arbeitete, eine Organisation, die die Wiederbewaffnung zu verhindern suchte. Auch die Sozialdemokraten waren damals gegen die Wiederbewaffnung – heute, angesichts eines sozialdemokratischen Verteidigungsministers, mögen sie ebenso ungern daran erinnert werden wie an ihre ersten Nachkriegsprogramme. Als die Bundeswehr durchgesetzt worden war, wurde die Kampagne gegen die Wiederbewaffnung abgelöst von der »Kampagne gegen den Atomtod«, an der in der ersten Zeit die Sozialdemokratie ebenfalls beteiligt war. Erst in der zweiten Hälfte der fünfziger Jahre fand praktisch der Bruch innerhalb der Linken statt: Die Sozialdemokratie schied aus der »Kampagne« aus und nahm Kurs auf NATO und Godesberger Programm.

Dies waren die ersten politischen Erfahrungen Ulrike Meinhofs. Im folgenden Jahrzehnt – von der Mitte der fünfziger bis zur Mitte der sechziger Jahre – wurde Ulrike Meinhof innerhalb weniger Jahre zur bedeutendsten linken Journalistin der Bundesrepublik. *Sie* war es, die am klarsten die Enttäuschungen über die reaktionäre Entwicklung der Sozialdemokratie formulierte. Sie kämpfte gegen den Krieg in Algerien, gegen die Notstandsgesetze und gegen die ›Große Koalition‹. Sie agitierte für die Beendigung des Krieges in Vietnam und für eine andere ›Ostpolitik‹. Sie widmete sich schließlich zwei Grundfragen des Marxismus: der Klassenanalyse und der Frage der revolutionären Gewalt:

Wer gehört zur ausgebeuteten und unterdrückten Klasse? Und, damit verbunden, wie ist die Befreiung dieser Klasse durchzusetzen? Es waren Überlegungen, die von den Betroffenen ausgingen, vom tatsächlichen Elend, nicht von der theoretischen Entfremdung. Und da waren es die Randgruppen, die in den Blick gerieten: Die Eingesperrten, die Fürsorgezöglinge, die Weggelaufenen und Durchgedrehten. Ulrike Meinhof nahm damit sehr früh etwas wahr, was wir heute erst zu begreifen beginnen: die psychischen Kosten des Kapitalismus, die *innere* Verelendung.

Ulrike Meinhof berichtete viele Jahre über Gefängnisse und Fürsorgeheime, sie arbeitete in Stadtteilen und sie war Beobachterin in Prozessen. 1970 ging sie in den Untergrund und propagierte den bewaffneten Kampf für die Veränderung der Verhältnisse.

Auch diese Entscheidung hat mit unseren deutschen Verhältnissen zu tun: Die Polizei hatte zu dieser Zeit – 1970 – die ersten Demonstranten erschossen, der Kampf gegen die Notstandsgesetze war vergeblich gewesen, der Bombenterror in Vietnam war auf dem Höhepunkt, die politische Kritik in den Medien wurde immer stärker zensiert.

Die rasende Wut der Staatsgewalt gegen die »Rote Armee Fraktion« haben wir alle erlebt. Die »Baader-Meinhof-Bande« wurde zum ›Staatsfeind Nr. 1‹ erklärt, ganze Stadtviertel abgeriegelt, Tausende von Personen Tag und Nacht vom ›Staatsschutz‹ überwacht, Hunderte von Wohnungen durchsucht – am Ende machte sich die Polizei nicht einmal mehr die Mühe zu klingeln und einen Durchsuchungsbefehl vorzuweisen: sie trat einfach die Tür ein und nahm sämtliche Bewohner und Papiere mit. Und schließlich: Die Polizei tötete während der zweijährigen Fahndung mehr Menschen als die fünf, die bei den Attentaten der »Roten Armee Fraktion« getötet wurden.

Wir haben erlebt, wie die politische Zielrichtung der Attentate geleugnet wurde und weiter nach den ›Kriminellen‹ gefahndet wurde, obwohl bereits der Umfang der Fahndungen diese Behauptung widerlegte. Wir haben erlebt, wie die politischen Manifeste der Gruppe unterdrückt wurden. Wir haben schließlich erlebt, wie der Prozeß gegen Ulrike Meinhof geführt wurde.

Ulrike Meinhof war eine der klarsten Kritikerinnen des Kapitalismus in der Bundesrepublik. Diejenigen, die ihre Taten als ›Anarchistin‹ kritisieren, sind fast stets diejenigen, die sie in den Jahren zuvor als Kritikerin bekämpften und lächerlich machten.

Das wollen wir nicht vergessen. Es sind unsere Verhältnisse, die wir nicht vergessen wollen. Ulrike Meinhof starb am 8. Mai. An diesem Tag wurde vor 31 Jahren der Krieg beendet. An diesem Tag eröffneten die Christdemokraten den diesjährigen Bundestagswahlkampf mit der Parole »Freiheit oder Sozialismus«!

Wir sagen, mit Rosa Luxemburg und Ulrike Meinhof: »Freiheit und Sozialismus!«

Und diejenigen unter uns, denen vielleicht die Entschiedenheit und Strenge Ulrike Meinhofs zu fremd ist, erinnern wir an die beiden Zeilen von Bert Brecht:

»Ach, wir / Die wir den Boden bereiten wollten für Freundlichkeit
Konnten selber nicht freundlich sein.«   1976

Pier Paolo Pasolini   Herz

Der Intellektuelle hat zunächst einmal die Pflicht, immer wieder die eigene Funktion in Frage zu stellen, vor allem da, wo sie am wenigsten fragwürdig scheint: d. h. in ihren Grundannahmen von Aufklärung, Antiklerikalismus und Rationalismus.

Aus Trägheit, aus Faulheit, aus mangelndem Bewußtsein – aus der fatalen Pflicht heraus, sich konsequent zeigen zu müssen – riskieren viele Intellektuelle wie ich und Calvino, von einer realen Geschichte überrollt zu werden, die sie schlagartig zu vergilbten Gestalten, zu Wachsfiguren ihrer selbst werden läßt.

Die herrschende Macht ist heute nicht mehr klerikalfaschistisch, repressiv. Ihr gegenüber können wir nicht mehr die Argumente benutzen, die wir immer und immer wieder gegen die klerikal-faschistische, gegen die repressive Herrschaft ins Feld geführt haben (und die uns so vertraut, ja geradezu ans Herz gewachsen waren).

Die neue konsumistische und permissive Herrschaft hat sich gerade unserer geistigen Errungenschaften – des Antiklerikalismus, der Aufklärung, des Rationalismus – bedient, um sich daraus ihr Gebäude von falschem Antiklerikalismus, falscher Aufgeklärtheit, falscher Rationalität zu zimmern. Sie hat sich unserer »Entweihungen« bedient, um eine Vergangenheit mit all den entsetzlichen und idiotischen Heiligtümern loszuwerden, die sie nicht mehr braucht.

Zum Ausgleich jedoch hat diese neue Herrschaft ihr einzig mögliches Heiligtum aufs äußerste gesteigert: das Heiligtum, das im Ritus des Konsums und im Fetisch der Ware besteht. Alle Hindernisse sind aus dem Wege geräumt. Die neuen Mächte brauchen keine Religionen mehr, keine Ideale und ähnliches, um das zu verhüllen, was Marx enthüllt hatte.

In diesem Zusammenhang sind die alten Argumente von uns Antiklerikalen, Aufklärern, Rationalisten nicht nur stumpf und unnütz geworden, sondern im Gegenteil, sie stützen das herrschende Konzept. Zu sagen, das Leben sei nicht heilig und Gefühle seien etwas Dummes, heißt, den Produzenten einen enormen Gefallen tun. Es ist das, was man »Eulen nach Athen tragen« nennt. Die neuen Italiener wissen nicht, was sie mit dem Heiligen anfangen sollen, sie sind alle ganz modern (wenn nicht von ihrem Bewußtsein her, so doch in ihrem Handeln); und sie sind dabei, sich schnellstens von Gefühlen zu befreien.

Was macht es denn möglich, daß heute politische Massaker, einmal geplant, auch durchführbar sind – ganz konkret, die Handgriffe, die Ausführung? Die Antwort ist furchtbar einfach: Es fehlt der Sinn dafür, daß das Leben der anderen heilig ist, und im eigenen Leben gibt es keine Gefühle mehr. Was macht die grauenhaften und in diesem Sinn eindrucksvollen Aktionen möglich, aus denen die neue Kriminalität besteht? Es ist wiederum furchtbar einfach: Eine Einstellung, die das Leben der anderen als ein Nichts und das eigene Herz lediglich als einen Muskel betrachtet.

Im Gegensatz zu Calvino meine ich deshalb, daß man heute – ohne mit unserer geistigen Tradition des Humanismus und Rationalismus zu brechen – die Angst, die man einst zu Recht hatte – das Heilige zu beglaubigen oder ein Herz zu haben –, verlieren muß.

Freibeuterschriften

Von links nach rechts: Pier Paolo Pasolini, Alberto Moravia, Michelangelo Antonioni

Eine Arbeitsbeschreibung

Die Alternative, die dieser Verlag Autoren und Lesern bieten will, ist leicht zu beschreiben:

- Kaum oder gar nicht bekannte Autoren sollen ihre Texte angemessen, zensurfrei und billig veröffentlichen können.
- Die politischen Texte sollen nicht gemeinsame Sache mit den Idealen einer Profit- und Fabrikgesellschaft machen.
- Widerstand soll von uns erwartet werden dürfen gegen die Einebnung oder Abstumpfung des ästhetischen und politischen Denkens und gegen den Verlust des historischen Bewußtsein.
- Die Leser sollen sich auf die Unabhängigkeit und die Kontinuität unserer Entscheidungen verlassen können.

Leicht beschrieben, schwer zu machen.

Zwiebel 12 (1976)

»Betriebsausflug zur Pythia des Tiergartens zwecks Bilanzerläuterung«.
So hieß die Unterschrift, die wir diesem Foto (1974) in der Vorschau für den Buchhandel gaben – das richtete sich natürlich gegen die rigiden Fraktionen im Mao-Jäckchen.

Verschwinden, Erscheinen
– zwei Furien
1979–1987

Im fünfzehnten Jahr des Verlages waren die *Quarthefte* bei Nummer hundert angelangt, ein willkommener Grund zum Feiern. Nach den hergebrachten Sitten des Verlags am besten mit einer Anthologie: deutsche Autoren zu deutschen Zuständen. Gedacht war an eine Art *Sonder-Tintenfisch* zur politischen Situation – der »Deutsche Herbst« und seine Folgen. Ich habe dann doch sehr schnell begreifen müssen, wie unvollständig eine bloße Momentaufnahme wäre, wie weit vielmehr der Disput der Schriftsteller mit dem Staat zurückreicht, in diesem Fall mindestens bis 1945.

Dafür reichte meine Bibliothek nicht aus, und ich fuhr nach Marbach, um in dem mir vertrauten, angenehmen Deutschen Literaturarchiv weiterzuarbeiten. Aus den vorgenommenen Tagen wurden Wochen, aus der vorgehabten Ergänzung ein anderes Buch, nur der Titel blieb der gleiche: *Vaterland, Muttersprache*. Ermöglicht haben es freilich die Buchhändler, denn während ich im Staub der deutschen Nachkriegsgeschichte herumkroch, gaben sie die fabelhaftesten Bestellungen auf, bis zu hundert und mehr Exemplare pro wohlgesonnenem Sortimenterkopf! Die einzige Schwierigkeit war nur, daß sich diese Bestellungen auf ein Buch zu einem propagandistischen Ladenpreis von DM 9,80 bezogen, mit einem Umfang von 192 Seiten, der keineswegs zu halten war. Die Telefonate zwischen Marbach und Berlin zogen sich so in die Länge, wie das Buch in die Breite ging. Am Ende haben wir jede Vorsicht fahren lassen – *Vaterland, Muttersprache* wurde (mit der Hilfe unseres damaligen Lehrlings Winfried Stephan) das umfangreichste und zugleich billigste *Quartheft*: 352 Seiten, DM 12,80.

Es brachte mir die erste öffentliche Anerkennung ein, den Preis der deutschen Kritiker, ohne Geld, wie von Heinrich Heine vorgesehen, aber dafür mit EHRE (die diesmal nicht die der Polizei war) ausgestattet, mit dem Herkommen, als Gegengabe eine Rede zu halten, in der ich, sehr erfreut, auch die Absichten des Verlages so wahrheitsgemäß wie möglich erlogen habe (siehe Seite 74 ff.).

Die von den Buchhändlern vorerst nur imaginierten Leser stellten sich bei *Vaterland, Muttersprache* dann auch wirklich ein, 70.000 insgesamt, die uns damit nicht nur vor einem größeren ökonomischen blauen Auge bewahrten, sondern – zusammen mit Pasolinis *Freibeuterschriften* – den schmalen Verlagssäckel sogar derart auffüllten, daß wir uns noch im Herbst desselben Jahres revanchieren konnten mit einem langgehegten Ver-Lustobjekt, dem *Freibeuter*, einer »Vierteljahreszeitschrift für Kultur und Politik« (Betonung auf ›und‹).

Der Erfolg von Pasolinis *Freibeuterschriften* hat auch insofern dazu beigetragen, als er vorhandenes Terrain für libertäres Denken anzudeuten schien. Sicher konnte man dessen nicht sein (wie oft beruht der Erfolg eines Buches auf Mißverständnissen!), aber bis dahin hatte es ja so ausgesehen, als zerfalle die Linke nur noch, in Eskapisten, Theoriefeinde, linkshaberische Planstelleninhaber. Wollte eine Zeitschrift demgegenüber ermutigend und anstiftend wirken, mußte sie nicht nur manch säuberlich und deutsch voneinander Getrenntes zusammenbringen, von verschiedenen Seiten zündeln, sondern auch außerhalb der deutschen Misere nach Argumenten und Heiterkeit suchen.

Mit allem haben wir sofort in der ersten Nummer begonnen, was nicht nur objektiv ziemlich ungescheit war (der *Freibeuter* wurde ja in einer Periode allgemeinen Zeitschriftensterbens gegründet), sondern uns auch subjektiv öfters überforderte. Neugierige Leser und die angesprochenen Freunde des Verlags haben der Zeitschrift dann die schöne Erstauflage von 21.000 Exemplaren, also ihr Weitererscheinen gestattet. Samt einem ausschweifenden Fest in Berlin.

Für das Feiern von Festen war uns ohnehin jeder Anlaß recht – ob Kafkas Geburtstag, *Freibeuter*gründung oder Sturm auf die Bastille – und möglichst verschiedene Orte: Waldwiesen, wilhelminische Ausflugslokale, Stückguthallen, Inseln, Pumpenhäuser. Und manchmal kamen bis zu zweitausend Leute. Zu meiner Beruhigung, denn so war ich sowohl sicher, daß sich jeder gewitzte Lehrling hatte einmogeln können, als auch sicher, daß ich gar nicht jeden kennen konnte, als Gastgeber also entschuldigt und frei zum Mitfeiern war.

Schon die Konzeption des *Freibeuter* war typisch gewesen für die Veränderung der Arbeitsweise des Verlags in dieser Zeit – immer mehr Bücher mußten vom Verlag initiiert werden. War er noch wenige Jahre zuvor von Freunden und Genossen mit Projekten überschüttet, förmlich instrumentalisiert worden, so drohte ihm nun das Schicksal so vieler linker Verlage: Deformation zum Sekteninstrument oder Isolation.

Durch die Struktur der *Taschenbücherei* und des *Freibeuter* konnte der Verlag dieser Gefahr entgehen, freilich nicht ohne den Preis einer außergewöhnlichen Verstärkung der Anstrengungen des Lektorats, das immer mehr Projekte nicht nur anzetteln, sondern bis ins einzelne erarbeiten mußte. Das seit Bestehen andere Verhältnis zu den Autoren hat dabei natürlich die Kontakte erleichtert – die Autoren waren seit jeher gewöhnt, den Verlag an jedem hellichten Arbeitstag zu besuchen und Diskussionen vom Papierzaun zu brechen.

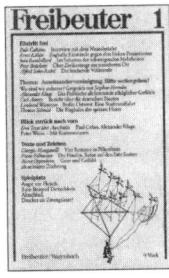

Quartheft 101   Freibeuter Nr. 1   Quartheft 100   Barbara Sichtermann

Natürlich hatten die Veränderungen im Verlag auch mit den Veränderungen in der Gesellschaft zu tun, mit dem neuen Egotrip: Hineinhorchen statt Zuhören. Überall gab es plötzlich Bücher zur Selbstbetrachtung und Innenreparatur – 1980 haben wir den Vertretern sogar einmal eine Buch-Travestie untergeschoben, *Die strenge, geile Mutter*, samt einem erfundenen Klappentext: »... zerstört wird das gewohnte Bild der ›fließenden‹ Mutter, entgegengehalten wird ihm die geschichtliche Wahrheit – die dominierende, vergewaltigende, inzestuöse Mutter, die das, was sie nicht hat, von Vätern, Brüdern, Söhnen einfordert, sie in eine außerfamiliäre – mit dem Schuld-Tabu des Don-Juanismus belegte – sexuelle Anarchie treibt ...«

Ja, so wurde geschwafelt damals, da hatte es eine Buchserie Politik schwer, aber so wenig Autoren es noch zur »Theorie der Neuen Linken und der Außerparlamentarischen Opposition« gab, so wenig Leser gab es; auch der Buchhandel ließ die Reihe fallen. Wir schlossen also die Buchserie ab und integrierten mit der Zeit die wichtigsten Titel (List ist im Verlagsgewerbe nicht nur erlaubt, sondern überlebensnotwendig) in die *Taschenbücherei* oder in das 1981 entstandene *Allgemeine Programm*.

Die Erweiterung des Verlags um ein *Allgemeines Programm* war nicht nur notwendig, um auch umfangreiche, wissenschaftliche und großformatige Bücher veröffentlichen zu können, deren Absichten denen des Verlages entsprachen, sondern diese Absichten wurden gleichzeitig von vielen anderen Verlagen aufgegeben, so daß es plötzlich auf unserem angestammten Arbeitsgebiet viel freies Feld gab. Kunst- und Sozialgeschichtliches, Philosophisches und Politisch-Analytisches – sobald es diesen linken, aufklärerischen, emanzipatorischen oder auch nur freimütig-spekulativen Hautgout hatte, geriet es in den Sog der konservativen ›Wende‹ und fiel leicht unter die Büchertische. Dort sammelten wir es auf, im Ausland wie hierorts, und versuchten, es unter die Leser zu bringen. Das war nicht ganz leicht, denn manche dieser Bücher waren aus durchaus ökonomischen Motiven fallengelassen worden: hohe Produktionskosten, geringe Auflagenerwartung.

Zu Hilfe kam uns bei der Verbreitung das früher vielberedete ›Verlagsprofil‹, das im heutigen Verlagswesen ja eher nur noch spitzmäulig gehandelt wird. Ich halte das für einen großen Fehler und einen Zynismus gegenüber dem Leser. Es gibt Leser, die schütteln sich bei der Nennung des Verlagsnamens, und andere, die den Buchhändler ausdrücklich nach unseren Büchern fragen. Das ist richtig und nicht etwa falsch. Die Demokratie des Buchmarkts stellt sich durch eine Vielzahl von Meinungen her, nicht durch eine Beliebigkeit allerorten.

Das schließt weder Narreteien noch private Schrullen aus, im Gegenteil: Unsere Leser haben sowohl ein reichlich närrisches *Handbuch für das allgemeine Kaninchenwesen anläßlich hundertfacher Vermehrung der Taschenbücherei* (1983; mit den schönsten Zeichnungen des Wappentiers von Horst Rudolph) goutiert als auch ein im selben Jahr erschienenes, ganz und gar besessenes Bilderbuch zum hundertsten Geburtstag Franz Kafkas, mit über fünfhundert Fotografien, deren Vervollständigung mich in den Monaten zuvor noch an die merkwürdigsten Orte geraten ließ, beispielsweise in Fabriken, die Kafka als Beamter zu kontrollieren hatte und die damals fast alle noch zu besichtigen waren, in seinen ehemaligen vier nordböhmischen »Bezirkshauptmannschaften«. Solchen Abweichungen folgen neugierige Leser ebensogern wie anderen Anstiftungserzeugnissen, auch wenn sie ein wenig abseits ihrer ›momentanen Interessen liegen mögen.

Und bei den ›Abweichungen‹ legten wir 1984, im zwanzigsten Verlagsjahr, noch einmal ordentlich zu, mit einem Sammelband *Die Linke neu denken!*, mit Ausrufezeichen, und der literarischen Gegenfrage von Michael Krüger: *Was tun?*, mit Fragezeichen. Mit der Wiederentdeckung von Georg Simmel und Djuna Barnes. Mit einem Rätselbuch aus dem neuen Spanien, Javier Tomeos *Der Marquis schreibt einen unerhörten Brief,* und einer wissenschaftlichen Wanderung durch ein altes Thema, Alain Corbins Sozialgeschichte des Geruchs, *Pesthauch und Blütenduft.* Aber gerade diese ungewöhnlichen und experimentellen Bücher wurden Erfolge (was wir glücklicherweise bei der Zwanzigjahresfeier noch nicht wußten – sie wäre sonst womöglich noch euphorischer und anschließend explosiver geworden: Ort der Feier war diesmal die obengenannte Stückguthalle, die kurz darauf geschlossen wurde – nebenan lagerten Druckgasflaschen).

In den frühen achtziger Jahren war sie sichtbarer geworden, die italienische ›Gewichtung‹ des Verlages, im Herbst 1984 war sie nicht mehr zu übersehen und am Ende auch erfolgreich, mit Peter Burkes *Die Renaissance in Italien,* mit den *Nachdenklichen Hühnern* Luigi Malerbas und mit Carlo Emilio Gaddas *Wunder Italiens.* 1985 folgte ein literarischer Reiseführer durch das heutige Italien, *Italienische Reise,* 1987 das umfangreichste Projekt, eine zweibändige *Italienische Kunst,* entwickelt aus der gleichnamigen Ausgabe des italienischen Verlags Einaudi. So schlichen wir uns ein, aus der Belletristik in die Kunstgeschichte und aus der Kunst- in die Sozialgeschichte und aus dieser in die politische Kultur in Italien.

Will ein Meinungsverlag nicht zum Gemeindeverlag verkommen, muß er

Jörg Wallenstein und Rainer Groothuis   WAT 100   Mit Heinrich von Berenberg

dieses ›Einschleichen‹ neuer Ideen, Darstellungsweisen oder Arbeitsfelder bewußt fördern. Das gilt selbstverständlich auch für Personen: So kam 1983 Heinrich von Berenberg zu uns, als Volontär für ein paar Monate, um dann mit den schönsten Vorschlägen aus Geschichte und Literatur (insbesondere der spanischen und englischen) später viele Jahre unser Lektor zu sein.

Ebenso wie ein damals extrem junger Mann, Rainer Groothuis, der mich 1981 auf der Buchmesse ansprach, ob er nicht eine Weile in der Herstellung aushelfen könne, Geschäftsführer wurde und für fast zwei Jahrzehnte das Erscheinungsbild des Verlages mitbestimmte, wie beispielsweise die 1987 begonnene Serie *SVLTO*.

SVLTO habe ich öfters scherzhaft als meine »Rache am Buchhändler« bezeichnet: Als Verleger von Broschüren, Taschenbüchern und Paperbacks hatte ich mir über zwanzig Jahre lang ihr Jammern nach Leinenbänden an- hören müssen, konnte aber den Verdacht nicht loswerden, daß sich dahinter auch die krude Lust nach dem höheren Ladenpreis verberge. Also griffen wir zu einem extrem schlanken Format (passend in jede Jackentasche und doch darüber hinausragend, mithin diebstahlsicher), einem knallroten Leinen (da- mit keine Mißverständnisse möglich sind), einem niedrigen Ladenpreis (das war die Rache), und versuchten so, unsere Konterbande nicht nur unter auf- merksame Leser, sondern auch auf den bürgerlichen Kaffeetisch zu bringen.

»Mit dieser zwanzigsten Ausgabe des literarischen Jahrbuchs verabschie- den sich die beiden Herausgeber vorläufig von ihren Lesern« – so stand es leider in der Vorbemerkung zum *Tintenfisch* 1987. Mit dem vorsichtigen »vor- läufig« wollten wir uns aber ein Schlupfloch lassen für Zeiten, in denen wie- der eine deutsche Literatur geschrieben werden würde, die diesen Namen verdient. Bei so öffentlichem Abtritt pflegt sich in der Regel zumindest ein Lästermaul oder wenigstens ein Grabredner einzufinden: Immerhin wurde da nach zwanzig Jahren das bekannteste, vielumstrittene und -geliebte Jahr- buch für zeitgenössische deutsche Literatur eingestellt. Aber das kritische Echo auf unseren Entschluß war wie eine Bestätigung; es fand nicht statt. Mit den einfachen Worten von Kurt Wolff: »In einer unschöpferischen Zeit ist der Verleger zur Ohnmacht verurteilt.«

Klaus Wagenbach   Über einige Absichten des Verlages

(Rede zum Kritikerpreis der Literatur 1979)

Dies ist der erste Preis, den ich erhalte, und da mir zugleich bedeutet wurde, es sei Brauch, dazu einiges zu sagen, nutze ich also die günstige Gelegenheit zu einer kollegialen Sonntagsrede.

Insofern freue ich mich, daß ich diesen Preis in Berlin erhalte, dem Sitz des Verlages, und der ist nicht zufällig, er hat mit den Absichten zu tun: als ich 1965 den Verlag gründete, war ich ja frei in der Wahl des Standortes. Die meisten von Ihnen werden wissen, daß dieser Ort dem Verlag ziemlich teuer zu stehen kam. In West-Berlin mußte ich viel Zeit in den architektonisch ja nicht gerade berückenden Sälen des Landgerichts zubringen, stets in Begleitung meines lieben Freundes Otto Schily – und wir haben alle Prozesse (und alle wegen Gedrucktem!) redlich verloren; Ost-Berlin steuerte ein siebenjähriges Durchreiseverbot bei, so lernte ich meine Flugangst überwinden und machte – notgedrungen, weil angeschnallt – viele Bekanntschaften.

Berlin hatte den Vorteil, daß man sich hier ziemlich sicher auf deutschem Boden befindet: Während man in Frankfurt eher in Chicago ist, in Düsseldorf etwa zwischen Japan und Bottrop, in Hamburg sich entscheiden muß zwischen Bond Street und Hans Albers, in München immerfort mit der Organisation von Freizeit beschäftigt ist, weiß man in Berlin genau: Hier bist du zu Hause, unter Deutschen, da gibt's Ärger, man kennt sich einfach zu gut.

Alles ist da: die Ordnung und der Größenwahnsinn, altdeutscher Stuck und neudeutsches Plastikuniversum, Wüstenrot und Betonsilo, Herrenmensch samt Schäferhund. Der Kalte Krieg heißt hier Springer wie überall, die zwischen 1933 und 1945 Geborenen heißen Hartfest oder Sieglinde wie überall. Die sozialistische Gleichmacherei heißt Goldbroiler, die kapitalistische Wienerwald und wegen der berühmten deutschen Fraache machen hier die Straßen öfters einen Knick. An diesen Knicks liegen meist Kneipen, die so lange offen bleiben wie die deutsche Fraache und in denen Leute verkehren, die man sofort als Landsleute erkennt: sie tragen gesundes Schuhwerk und wetterfeste Kleidung über kräftigen Körpern, haben eine solide Kost hinter sich, aufrechte Gedanken in sich und das deutsche Lied vor sich.

Als Verleger zeitgenössischer Literatur und als Linker kann man aber ohne ein Verhältnis zu seinem Volk und seiner Geschichte nicht arbeiten. Ich sage *Verhältnis,* das schließt Konsens und Dissens ein. Reden wir also vom Dissens, das heißt von Anarchie, Geschichtsbewußtsein, Hedonismus.

Diese drei Begriffe bezeichnen ungefähr die Absichten des Verlages. Sehr heterogene Absichten, die ganz offensichtlich nur für die Veröffentlichung von Büchern für deutsche Leser gelten können – wäre ich französischer oder italienischer Verleger, müßten die Absichten ganz anders formuliert werden.

Es sind auch durchaus nicht traditionell ›linke‹ Kategorien, sondern zum Teil bürgerliche, was damit zusammenhängt, daß die deutsche Linke – im Gegensatz zu fast allen anderen Ländern Europas – deswegen nicht auf begrenzte Bündnisse mit einem radikal liberalen oder konservativen Bürgertum zählen kann, weil es so gut wie nicht existent ist. Ich erinnere nur an den Satz de Gaulles, als man ihm gegenüber erwähnte, Jean-Paul Sartre müsse verhaftet werden, weil er nicht nur die Redaktion der Zeitschrift ›Cause du peuple‹ übernommen hatte (die verboten worden und deren Redakteure bereits verhaftet waren), sondern die Zeitschrift auch auf den Straßen von Paris verkaufte. De Gaulle sagte lediglich: »Einen Voltaire verhaftet man nicht.« Da haben Sie alles zusammen: Den Hedonismus einer luxurierenden Oberschicht, ein über 200 Jahre zurückreichendes Geschichtsbewußtsein und die Anarchie eines Staatspräsidenten, der die Strafgesetze der Republik bricht.

Wenn ich also Hedonismus sage, so meint das weder eine solche Haltung noch jenen von Pasolini zu recht kritisierten zwanghaften Konsumismus, sondern den deutschen Kontext, das Syndrom des Uniformen, den vernünftelnden Gebrauchswert, die Genußunfähigkeit, die Angst vor Individualität, das Mißverständnis von Literatur als ausschließlich politischer Botschaft. Hedonismus enthält ein Moment der Selbstbestimmung, ein Stück Zivilcourage – und beides ist bei uns ja nicht gerade volkstümlich, ebensowenig wie die Literatur.

Die Literatur aber, und damit bin ich beim zweiten Punkt, erzählt Geschichten. Darauf hat Alfred Andersch seinerzeit beharrt, als ein Teil der deutschen Linken den »Tod der bürgerlichen Literatur« verkündete (die neuere Literatur kann aber, wie ein Kommunist, Stephan Hermlin, noch 1978 formulierte, »kaum etwas anderes sein als spätbürgerlich«): In einem Moment, als die Bourgeoisie – erodierend in die allgemeine Angestellten-Unkultur ebenso wie die Arbeiterklasse – eines ihrer bedeutendsten Produkte, eben die ›bürgerliche Literatur‹, bereits preisgegeben hatte, als da also ein Teil der deutschen Linken sozusagen noch einmal nachtrat, widersprach Andersch mit der Bemerkung, Literatur erzähle Geschichten von Menschen, und wer die nicht hören wolle, sei ihm verdächtig. Mit Recht. Denn wer Geschichten von Menschen nicht hören will, will nichts von der Geschichte wissen, und darin war jener genannte Teil der deutschen Linken nicht links, sondern sehr deutsch. Deswegen, scheint mir, ist ein deutscher Verleger besonders verpflichtet, Geschichten und Geschichte zu veröffentlichen, denn, wie Bloch sagte (und zwar deutlich in bezug auf uns), wer seine Geschichte nicht kennt, ist verdammt, sie zu wiederholen. Da seien Kleist, Büchner, Heine, Marx und Kafka vor.

Schließlich: die Anarchie. Es ist ja bekanntlich schwer, die deutsche Seele – die ohnehin knietief in den »Müttern« steckt – zu ergründen, aber eins steht fest: Eine ihrer Hauptbestandteile ist Ordnung, Disziplin, Regelmäßigkeit, Gefolgschaftstreue. Zu den absoluten Gegenbildern, die von solchen kollektiven Untiefen ins nationale Bewußtsein geschickt werden, gehört die Anarchie.

In dem mir lieben, schönen positivistischen *Etymologischen Wörterbuch* von Kluge/Götze (1881) wird ›Anarchie‹ definiert mit »Zustand ohne Anführer«. Wer möchte gegen eine solche Definition einen Stein aufheben, außer uns, die wir in einem »Zustand ohne Anführer« offenbar nicht leben können? Das Wort ›Anarchist‹ wurde übrigens durch Joseph Görres in die deutsche Sprache gebracht, der sich 1798 in dem von ihm herausgegebenen »Roten Blatt« darüber mokierte, daß man »aus meinem Namen und meinen Haaren zu beweisen suche, ich sei ein Anarchist«. Görres war damals 22 Jahre alt, im besten Terroristenalter, würde man heute sagen – auch die neuerliche Erklärung des Anarchismus durch die Haartracht scheint also so neu nicht. Und das »Rote Blatt« dieses älteren Kollegen von mir wurde natürlich auch sofort verboten. Und diesen frühen Görres wollen die heutigen christlichen Konservativen, zu deren Hausphilosophen der späte Görres ja gehört, ebensowenig wahrhaben wie das Ahlener Programm der CDU.

Noch eine Definition, und zwar eine der frühesten, im berühmten »Grammatisch-kritischen Wörterbuch der Hochdeutschen Mundart« von Adelung (1793): »Anarchie ist derjenige Zustand einer bürgerlichen Gesellschaft, nach welchem sie kein gemeinsames Oberhaupt hat, und eine solche bürgerliche Gesellschaft selbst, im Gegensatz des Staates im engeren Verstande.« Das muß man sich einmal vorstellen, was da im öffentlichen deutschen Denken inzwischen geschehen sein muß, seit Adelung die Anarchie für eine Form der bürgerlichen Gesellschaft erklärte und das auch noch »im Gegensatz zum Staat im engeren Verstande«. Was da geschehen ist, mag eine letzte lexikographische Erklärung belegen, die von Meyers Konversations-Lexikon von 1874: »Frankreich war häufig ein Schauplatz der Anarchie; es scheint dem Germanenthum vorbehalten zu sein, die richtige Vereinigung von Herrschaft (Macht, Gewalt) und Freiheit zu finden.«

An diesem begrifflichen und politischen Imperialismus haben die letzten hundert Jahre deutscher Geschichte gerüttelt, den politischen kräftig verbogen, den begrifflichen etwas lädiert, aufgehoben haben sie ihn nicht – ich erinnere nur daran, in welcher Weise die ›Herrschaft‹ noch heute, vor aller Augen, mit einem der bedeutendsten deutschen Intellektuellen, Peter Brückner, umspringt. Das ist eben der Unterschied zwischen dem Konservativen de Gaulle und dem Konservativen Carstens.

Daraus resultieren also die drei genannten Absichten des Verlages, die eigentlich ganz normale Pflichten eines deutschen Intellektuellen sind, wenn er diesem Land, sei es auch kritisch, zugetan ist.

Und es sind sehr angenehme Pflichten, weswegen ich meinen Beruf nach so vielen Jahren immer noch mit großer, ja geradezu leidenschaftlicher Lust ausübe. Da wird einem ein ordentliches, eher puritanisches Volk mit kräftig gestörter nationaler Identität sozusagen in den Schoß gelegt und man erhält als Intellektueller den Widerpart zugesprochen. Das ist ja fast eine Gnade! Denn natürlich ist es viel lustiger, für mehr Gesellschaft einzutreten und weniger Staat, mehr Geschichten und Geschichte erzählen zu dürfen als weniger, so radikal sein zu dürfen wie in anderen Ländern die Konservativen, freier als gesetzlich vorgeschrieben, liberaler als die Polizei erlaubt.

Stephan Hermlin   Wie ich einen Freund verlor

Erich M. war der jüngste Sohn einer Arbeiterfamilie, in deren Wohnküche ich so oft wie möglich saß. Ich begegnete neuen Menschen, sie waren für mich voller Geheimnisse, wenn sie auch nur von alltäglichen Dingen sprachen. Erichs Vater hatte bei Spartakus gekämpft, er sprach selten, sah erschöpft aus und hatte es, wie Erich sagte, auf der Lunge. Die beiden Brüder Erichs arbeiteten als Spezialisten in der Sowjetunion, bei Elektrosawod.

Es war die Epoche des ersten Fünfjahresplans, ich betrachtete mit stummer Begeisterung in illustrierten Zeitschriften die Bilder der neuen Städte, die Le Corbusier und Ernst May bauten. Wenn Erichs Brüder gelegentlich nach Berlin kamen, wurden wir nicht müde, ihnen Fragen zu stellen. Sie berichteten vom Moskauer Alltag ohne Furcht, Mängel beim Namen zu nennen. Not und Hunger vermochten nicht, die Sowjetunion in unseren Augen herabzusetzen; sie waren das Erbe der Vergangenheit, einer korrupten Gesellschaft, von Krieg und aufgezwungenem Bürgerkrieg. Auch bei uns gab es jetzt Hunger. Er war das Ergebnis der Völlerei der Wenigen. Dort bereitete ein Land, das keine Arbeitslosen kannte, den Überfluß für alle vor. Es gab dort Wohnungsnot, aber schon waren jene Städte im Bau, die ich in meinen Träumen und später in einem Gedicht die weißen Städte nannte, weil ich sie weiß und vollkommen auf den Fotografien in der »Arbeiter-Illustrierten« sah; bei uns gab es genug Wohnungen, aber täglich wurden Hunderte exmittiert, weil sie die Mieten nicht mehr bezahlen konnten. Wir lachten über die Berichte von der russischen Not in den bürgerlichen Zeitungen, denn wir wußten, daß es drüben schnell aufwärts gehen würde, während bei uns der Kapitalismus am Ende war.

Es war Anfang Februar, nur wenige Tage nach der Machtergreifung Hitlers, als ich, durch eine Nebenstraße der Kaiserallee gehend, Trommeln und Gesang hörte. Ich blieb stehen und erblickte nach wenigen Sekunden ein Fähnlein der Hitlerjugend, das singend in meine Straße einschwenkte. In dem zweifelhaften Deutsch mancher Soldatenlieder hieß es da:

Daß das Vaterland nicht untergeh',
Drum starben stürmend sie bei La Bassée.

Das Lied hatte ich nie zuvor gehört. Melodie und Text blieben mir fest im Gedächtnis, wenn auch Jahr um Jahr verging, und ebenso das rasche Schwenken der linken Flügelmänner um die Ecke, und der Flügelmann in der zweiten Reihe, laut singend im braunen Hemd und die dicke Mütze auf dem Kopf, war mein Freund Erich M. Er sah mich und wurde blutrot, und gleichzeitig fühlte ich, daß ich erblaßte. Er sah gerade vor sich hin. Nur ein paar Stunden oder Tage hatten genügt, ihn so zu verwandeln. Ich war siebzehn Jahre alt und begriff es nicht, aber ich lernte es begreifen, als er schon lange an mir vorbeigezogen war. Er war der erste, zahllose sah ich folgen. Unbezähmbar ist der Drang, bei den Stärkeren zu sein.

Abendlicht

Erich Fried   Was es ist

Es ist Unsinn
sagt die Vernunft
Es ist was es ist
sagt die Liebe

Es ist Unglück
sagt die Berechnung
Es ist nichts als Schmerz
sagt die Angst
Es ist aussichtslos
sagt die Einsicht
Es ist was es ist
sagt die Liebe

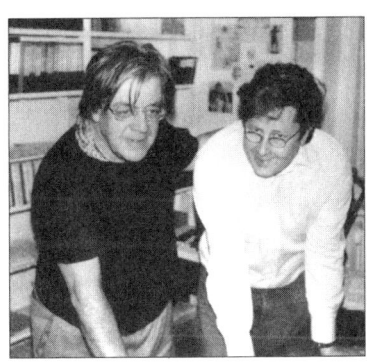

Mit Erich Fried in den neuen Verlagsräumen
in der Ahornstraße, 1987

Es ist lächerlich
sagt der Stolz
Es ist leichtsinnig
sagt die Vorsicht
Es ist unmöglich
sagt die Erfahrung
Es ist was es ist
sagt die Liebe

Es ist was es ist

Alexander Kluge
Das Politische als Intensität alltäglicher Gefühle

Wenn Sie die drei Hauptgruppen menschlicher Arbeitskraft – die Stabilität, die Innenausstattung der Motive, an der die Hauptarbeit geschieht, die Arbeit in den Betrieben und Berufen und die Arbeit in den Beziehungen – zusammennehmen und einmal errechnen, wieviel dies etwa sein mag, dann bleibt etwa 1,5 % der menschlichen gesellschaftlichen Arbeitskraft für das Politische übrig. Und die teilt sich jetzt wieder ein in links, rechts, Mitte; wird verwaltet in Form von Irrtümern, politischer Halbproduktion, wiederum eingeteilt in Außerparlamentarische, Exekutive, Parlamente und die Justiz, die angeblich keine Politik macht. Und dies alles mit der falschen Konzeption, Politik sei ein Sachgebiet. Während es doch ein besonderer Intensitätsgrad von allem und jedem ist, jedem alltäglichen Gefühl, jeder Praxis. Fontane würde hieraus für den Umgang mit der Sprache, also für Literatur, schließen, daß es Zeit ist, diese Disproportionen gründlich zu verändern, daß also Schriftsteller nicht dadurch politisch werden, daß sie sich an eine politische Praxis halten, sondern daß sie in Form von Geschichten das, was als unpolitisch gilt, aber ein Politikum ist, endlich einbringen helfen.

Diese Disproportion ist in allen Ländern vorhanden. In Deutschland aber ist sie spezifisch, ist Ursache für eine ganze Reihe von Katastrophen. Sehen Sie, es ist durchaus unpraktisch, wenn die Erschütterung deutscher Familien, die im Jahre 1942 etwas Wichtiges für die Opfer in Auschwitz bedeutet hätte, im Jahre 1979 nachgeholt wird; denn heute ist es eine im wesentlichen unbrauchbare, nämlich zeitlose Form von Erschütterung. Diese Tatsache, daß wir in unserem Land immer an den falschen Momenten erschüttert sind und an den richtigen Momenten diese Erschütterung nicht bringen – und ich rede jetzt von etwas sehr Schlimmem – ist Folge davon, daß wir das Politische als Sachgebiet, das die anderen für uns besorgen, und nicht als einen Intensitätsgrad unserer eigenen Gefühle auffassen.

Freibeuter 1

Aus »Franz Kafka – Bilder aus seinem Leben«

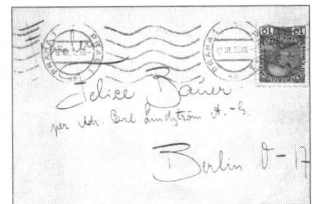

Links und rechts oben: Das wütende Kind und der ernste Gymnasiast; dazwischen die Familie (Vater sitzend, links daneben die Mutter)

Mitte rechts: Der Versicherungsbeamte und ein Briefumschlag an seine ›ewige‹ Braut

Links: Vor dem Elternhaus in Prag

Barbara Sichtermann   Fetisch Verständlichkeit

Heute stößt, wer unter den Fremdwörtern nicht bloß die inzwischen wohlbekannten benützt, wer Sätze mit Unter- und Nebengeschossen zu konstruieren wagt, auf einen stereotypen Vorwurf: er/sie sei nicht verständlich. Ich fürchte: die Verständlichkeit, die da gefordert wird, wäre zunächst mal das Einverständnis darüber, daß man sich lieber wechselseitig bestätigen als befragen, daß man lieber Gewohntes wiederholen als »etwas Neues lernen« wolle, daß man die Geborgenheit des vertrauten und nicht die Kühle des fremden Wortes suche. Kurz: Die heute gängige Kritik an der Aufklärung akademischen alt-linken Zuschnitts, und die plausibel scheint, weil sie etwas so Erstrebenswertes und Demokratisches einklagt wie Allgemeinverständlichkeit – diese Kritik könnte nach Art einer self-fulfilling prophecy wirken, also das herbeiführen, was sie beklagt. Es gab eine Zeit, in der die Wörter nicht fremd genug sein konnten – und doch ›massenhaft‹ gehört wurden.

Aber abgesehen von der historischen Konstellation – der Antrag: »Sag das doch mal einfacher«, ist ein unsittlicher. Wäre doch das Einfache einfach! Es zählt zu den Binsenweisheiten, daß der einfache Ausdruck der allerschwerste ist. Nicht alles, was einfach ist, ist ja Ausdruck. Ausdruck, der mit Gewalt einfach sein will, gerät manieristisch, er ist schließlich nicht weniger ›schwer verständlich‹ als der gehorsam sich auf verschlungene Fährte komplizierter Zusammenhänge begebende ›keuchende‹ Gedanke. Ferner: Zwischen einem Gedanken und seinem Ausdruck liegt ein Stück Arbeit. Warum nicht den Gedanken so präsentieren, daß er von der ihm in eine Formulierung hineinhelfenden Arbeit etwas mitteilt?

Die Stunde des spontanen Verstehens ist der ›öffentlichen Arbeit des Denkens‹ gemäß. (Mit ›verstehen‹ meine ich nicht oder nicht nur ›akzeptieren‹, sondern auch ›streiten wollen‹.) Die traditionelle linke Diskussion aber neigt dazu, den Konsens-Plausch zu präferieren und das harte Brot der Auseinandersetzung um grundsätzliche Positionen seiner Schwerverdaulichkeit wegen liegen zu lassen. Ich will nicht klagen. Ich will aber daran erinnern, daß Unverständnis auch immer mitproduziert wird von dem, der guten Gewissens nichts versteht.   Freibeuter 16

Carlo Ginzburg   Spurensicherung

Dasselbe Indizienparadigma, das dazu gebraucht wurde, immer subtilere und kapillarere Formen sozialer Kontrolle zu erarbeiten, kann ein Mittel werden, um die ideologischen Nebel zu lichten, die die komplexe soziale Struktur des Spätkapitalismus immer mehr verschleiern. Wenn die Forderung nach systematischer Erkenntnis auch immer anmaßender zu werden scheint, sollte deshalb die Idee von einer Totalität noch nicht aufgegeben werden. Im Gegenteil: die Existenz eines tiefen Zusammenhangs, der die Phänomene der Oberfläche erklärt, sollte man gerade dann betonen, wenn man behauptet, daß eine direkte Kenntnis dieses Zusammenhangs unmöglich ist. Wenn auch die Realität »undurchsichtig« ist, so gibt es doch besondere Bereiche – Spuren-Indizien –, die sich entziffern lassen.

Aber kann ein Indizienparadigma konsequent sein? Die quantitative und antianthropozentrische Ausrichtung der Naturwissenschaften seit Galilei hat die Humanwissenschaften in ein Dilemma gebracht: entweder sie akzeptieren eine wissenschaftlich unabgesicherte Haltung, um zu wichtigen Ergebnissen zu kommen, oder sie geben sich eine wissenschaftlich abgesicherte Ordnung, um zu Ergebnissen von geringerer Bedeutung zu kommen. Nur der Linguistik ist es im Laufe dieses Jahrhunderts gelungen, sich diesem Dilemma zu entziehen; deshalb stellt sie auch für andere Disziplinen ein – mehr oder weniger vollendetes – Modell dar.

Es ist jedoch nicht nur zweifelhaft, ob diese Art von Konsequenz erreichbar ist – es ist auch zweifelhaft, ob sie überhaupt wünschenswert ist für die Formen von Wissen, die an die tägliche Erfahrung oder genauer: an alle Situationen gebunden sind, in denen Einzigartigkeit und Unersetzbarkeit der Faktoren in den Augen der betroffenen Personen entscheidend sind. Irgend jemand hat einmal gesagt, daß die Verliebtheit eine Überbewertung unwesentlicher Unterschiede zwischen einer Frau und den anderen (oder einem Mann und den anderen) sei. Doch das gilt auch für Kunstwerke oder Pferde. In solchen Situationen erscheint die elastische Härte (man lasse uns dieses Oxymoron durchgehen!) des Indizienparadigmas als unzerstörbar. Es handelt sich hier um Formen eines tendenziell stummen Wissens – und zwar deswegen, weil sich seine Regeln nicht dazu eignen, ausgesprochen oder gar formuliert zu werden. Niemand erlernt den Beruf des Kenners oder Diagnostikers, wenn er sich darauf beschränkt, schon vorformulierte Regeln in der Praxis anzuwenden. Bei diesem Wissenstyp spielen unwägbare Elemente, spielen Imponderabilien eine Rolle: Spürsinn, Augenmaß und Intuition.   Spurensicherungen

Peter Burke   Ein anderes Bild der Renaissance

Für Jacob Burckhardt war 1860 die Renaissance noch eine im wesentlichen moderne Epoche – eine moderne Kultur, hervorgebracht von einer modernen Gesellschaft. Heute erscheint uns die Renaissance nicht mehr modern. Dieser Wandel ist zum Teil Ergebnis einer mehr als hundertjährigen Erforschung der Kontinuitäten zwischen Mittelalter und Renaissance, vor allem aber beruht er auf einer Veränderung in unserer Auffassung der Moderne. Seit 1860 ist die klassische Tradition verblaßt, und viele Agrargesellschaften sind dabei, sich in urbane Industriegesellschaften zu verwandeln. Im 15. und 16. Jahrhundert arbeiteten die meisten Italiener auf dem Land, viele konnten weder lesen noch schreiben, und sie alle waren auf tierische und menschliche Energiequellen angewiesen.

Ein wesentliches Merkmal der italienischen Renaissance ist die Zurückweisung der Tradition. Ihr entspricht in der bildenden Kunst die Kritik Filaretes und Vasaris an dem, was sie den »griechischen« oder »deutschen« Stil nennen, also an der »Gotik«. Filarete behauptete sogar, die Barbaren hätten diesen Stil nach Italien gebracht. Diese respektlose Einstellung zur Tradition deutet darauf hin, daß ein Grund für die zentrale Rolle Italiens bei den kulturellen Wandlungen des 15. Jahrhunderts darin bestand, daß dieses Land an der Gotik weniger Anteil genommen hatte als etwa Frankreich, Deutschland oder England.

Und doch: Die Italiener der Renaissance kamen nicht ganz ohne Tradition aus, sie fanden sie in der Antike. Die Bewunderung der Antike erlaubte es ihnen, die eigene Tradition mit dem Argument zu attackieren, sie sei selbst ein Bruch mit der Tradition. Wenn

Filarete von »moderner« Architektur spricht, dann meint er den gotischen Stil, den er ablehnte. Damit nahm er eine ähnliche Position ein wie die meisten Rebellen, Revolutionäre und Reformer im Europa der frühen Neuzeit, die den Anspruch erhoben, die eigentlichen Bewahrer zu sein.

Man kann nicht erwarten, daß die Zeitgenossen die eigenen Leistungen zutreffend beschreiben. Wie so oft bei kulturellen Wandlungsprozessen wurde das Neue dem Alten hinzugefügt, dieses wurde durch jenes aber nicht ersetzt; der Kulturwandel vollzog sich »additiv«, nicht »substitutiv«. Der Humanismus machte das Interesse an der scholastischen Philosophie keineswegs zunichte. Venus tritt auf, aber die Jungfrau Maria tritt deshalb nicht ab; beide Gestalten und beide Traditionen existieren nebeneinander und beeinflussen einander.

Ein weiteres Merkmal der italienischen Kultur in dieser Zeit besteht darin, daß sie, verglichen mit dem Mittelalter, eher säkular, weltzugewandt war. Man hat freilich das Tempo dieser Säkularisierung häufig übertrieben. Eine Stichprobenuntersuchung ergibt, daß der Anteil der Bilder mit weltlichen Themen von 5 % um das Jahr 1420 auf 20 % um das Jahr 1530 anstieg. »Säkularisierung« bedeutet hier also nur, daß die Minderheit weltlicher Bilder etwas größer wurde.

Es sieht so aus, als dürfe man keinem der scheinbar so offenkundigen Merkmale der italienischen Renaissance – Blüte der Kunst, Ursprung der Moderne, Realismus, Säkularisierung, Individualismus – absolute Bedeutung beimessen.

Die Renaissance in Italien

Mit Salvatore Settis auf einer Buchpräsentation der zweibändigen »Italienischen Kunst«

Peter Burke

Carlo Ginzburg

Gianni Celati   Vogelfrei

Kurz vor dem letzten Weltkrieg kam in die Gegend um Porto-
maggiore, Provinz Ferrara, ein Mann, der kreuz und quer in der
ganzen Gegend Stoffe, Nadeln und Nähseiden feilbot. Der Mann
reiste mit einem Automobil Marke Balilla, hatte seinen Borsalino
tief ins Gesicht gezogen, lächelte immer und war nie um ein Wort
verlegen. Er schlief im Auto oder in den Scheunen, aß bei seinen
Kunden, rechnete den Preis für die Mahlzeit auf die Einkäufe an
und nahm statt Geld auch Mehl, Bohnen oder Mais. Damals gab
es auf dem Land noch keine Bars, und so versammelte der Mann
abends zum Zeitvertreib eine ganze Pächterfamilie um sich und
erzählte Geschichten.

Eines Abends, bevor er in die Scheune schlafen ging, streichel-
te er ein kleines Mädchen, das ihn mit weit aufgerissenen Augen
ansah und das er offensichtlich mit seinen Geschichten sehr
beeindruckt hatte. In der Nacht drangen zwei Männer in die
Scheune ein und schlugen den fliegenden Händler fast tot, es
gelang ihm nur mit Mühe, in sein Auto zu springen und zu flüch-
ten. Dann hörte man nichts mehr von ihm.

Etwa zwanzig Jahre später kam ein Einäugiger in dieselbe Ge-
gend. Er fragte überall herum und sagte schließlich, als er vor einem
Gehöft stand, hier hätte er vor zwanzig Jahren sein Auge verloren.
Zwei Männer hätten ihn in der Nacht angegriffen, weil er in ihren
Augen abartig war, und während er aus der Scheune geflohen sei,
hätten sie ihn ins Auge getroffen.

Die Frau auf der Schwelle des Gehöftes, die ihn lange angesehen und seiner Erzählung zugehört hatte, sagte, sie erinnerte sich
an alles. Sie war das kleine Mädchen, das der Mann an jenem
Abend gestreichelt hatte, sie erinnerte sich an seine Geschichten
und an die Abende, an denen sie um den Küchentisch gesessen
hatten. Sie hatte einen Pächter geheiratet, der sehr viel älter war
als sie und der sie etliche Jahre lang geschlagen und mißhandelt
hatte und schließlich an einem Bluthusten erstickt war. Wahrscheinlich war es derselbe Pächter, der auch den fliegenden
Händler mit einer Schaufel geschlagen hatte, so daß er das Auge
verlor.

Während sie miteinander redeten, verheimlichte die Frau keineswegs, daß sie ihren verstorbenen Ehemann wegen seiner Brutalität immer noch haßte und daß sie dem unglückseligen ehemaligen fliegenden Händler zugetan war. Sie hatte ihm in ihrer Küche etwas zu trinken angeboten und redete gern mit ihm. In dieser Gegend, so sagte sie, würde ein Mann nie ein kleines Mädchen streicheln; denn die Männer müssen immer hart erscheinen und alle finster anblicken, damit sie nicht von den anderen Männern auf frischer Tat ertappt werden.

Bevor der Einäugige wieder wegging, gestand er, schon unter der Tür, der Frau, daß er soeben aus dem Gefängnis kam, wo er achtzehn Jahre verblieben war. Er hatte ein kleines Mädchen erwürgt.

In den langen Jahren der Haft, so fügte er sofort hinzu, hatten sich alle seine Vorstellungen und Gefühle, seine Wünsche und Gemütszustände vollkommen gewandelt. Jetzt war er froh, der Justiz seine Schuld bezahlt zu haben, weil er sich dadurch hatte daran gewöhnen können, sich immer und überall als vogelfrei zu betrachten.

Die Frau auf der Schwelle hatte sich nicht vom Fleck gerührt, aber sie sah dem Mann nicht mehr ins Gesicht wie vorher, sondern sah auf den Boden. Da ging der Einäugige zu seinem Auto auf der Tenne, und als er beim Auto angekommen war, drehte er sich um, weil er noch einmal mit ihr reden wollte. Alle Dinge sehen anders aus, sagte er zu ihr, wenn man sich vogelfrei fühlt, wenn man nicht mehr denkt, daß man sich verstecken und so irgendwo in Sicherheit bringen kann.   Erzähler der Ebenen

Ermanno Cavazzoni   *Javier Tomeo*   *Gianni Celati*

Javier Tomeo Ratschlag eines älteren Herrn an seinen Diener Bautista über den Umgang mit Frauen im allgemeinen und Doña Beatriz im besonderen

Jetzt sind Sie allein, eingehüllt in ein peinliches Schweigen. Die Initiative geht von Doña Beatriz aus, wie ich Ihnen schon sagte. Sie seufzt tief auf und zwinkert Ihnen zu. Sie kneifen, und sie insistiert. Sie seufzt erneut, nähert sich Ihnen und versetzt Ihnen einen kleinen Schubser mit der Hüfte. (Ein Stoß, der in Anbetracht der Umfänglichkeit ihrer Hüften geringfügig, ja kaum mehr als ein Streifen sein dürfte.) Wir wollen einmal sehen: Was würden Sie angesichts einer solchen Provokation tun, Bautista? Wie würden Sie reagieren? Ich möchte Ihnen nicht verhehlen, daß Sie sich in einem argen Dilemma befinden, mein Freund. Sie sehen schon, wohin Sie auch schauen, überall lauern Gefahren. Denn wenn Doña Beatriz sich Ihnen schmeichelnd nähert und Sie den Drückeberger spielen, kann sie in Zorn geraten. Das ist schlecht. Sie wissen ja, was in solchen Fällen geschieht. Die Frauen vermögen demjenigen zu verzeihen, der sich bei ihnen vergißt, niemals jedoch dem, der eine günstige Gelegenheit nicht nutzt. Wenn die Frau Gräfin Ihnen also zuzwinkert und Sie errötend den Blick zu Boden senken, würden Sie Gefahr laufen, sie zu Ihrer schlimmsten Feindin zu machen. Die Alternative, vor der Sie stehen, ist folgende: den Handschuh dieser Liebesfehde aufheben oder ihn nicht aufheben; das heißt, sich der Laune von Doña Beatriz fügen oder ihr vom ersten Augenblick jede Illusion nehmen. Was meinen Sie, Bautista? Ich glaube, daß es in gewisser Weise vorzuziehen wäre, wenn Sie auf das Liebeswerben dieser Frau eingingen. Weshalb nicht? Was können Sie verlieren? Vorwärts also, mein tapferer Romeo! Wenn die Frau Gräfin Ihnen tatsächlich zuzwinkert, dann antworten Sie ihr, ohne zu erröten, auf der Stelle mit einem leidenschaftlichen Blick. Was von diesem Augenblick an geschehen kann, ist ein Rätsel, denn die Frauen haben keinen Hang zur Logik, sie funktionieren mit Wechselstrom.

Der Marquis schreibt einen unerhörten Brief

Lothar Baier   Die neue Unschuld

Es ist nicht leicht, die neue Unschuld bei der Arbeit zu beobachten; daß man sich kleinmachen muß, wenn man rein bleiben will, das hat sie gelernt. Ein Zipfel von ihr ist aber in einem Interview zum Vorschein gekommen, das die ›taz‹ mit Jorge Semprun führte, einem Mann, dessen Vergangenheit als bewaffneter Widerstandskämpfer und als Führungsmitglied der Kommunistischen Partei Spaniens den Sinn für die Unschuld natürlich herausfordern muß. Sempruns Auskunft, er habe, als Kommunist, zusammen mit anderen spanischen, französischen und italienischen Kommunisten, wirklich geglaubt, »die kommunistische Bewegung im Westen verändern zu können«, weckt in den Interviewern keineswegs Neugier. Sie wollen nicht wissen, welche Anhaltspunkte es für Semprun damals gegeben hat, an die Reformierbarkeit der kommunistischen Bewegung zu glauben. Wichtig ist nur, daß der Glaube ein Irrtum war; da ist die Unschuld ganz in ihrem Element:

»Warum kamen Sie erst so spät darauf? In den 50er Jahren gab es doch schon genügend Literatur über den Stalinismus, die Gulags.«

Eine aufschlußreiche Formulierung. Denn sie deutet darauf hin, daß die Frage nach dem Handeln sich auf die Frage nach dem Irrtum reduziert und daß sie sich nur noch in den Begriffen eines literarischen Rezeptionsproblems stellt. Es kommt nur darauf an, im richtigen Moment die richtigen Bücher zu lesen, dann bleiben uns Täuschungen erspart. Unter dem unerbittlichen Blick der Unschuldigen weicht die Geschichte auf, wird dann geglättet und durch die Mangel gedreht, bis sie zu Papier geworden ist. Unverständlich bleibt der neuen Unschuld eine Erkenntnis, die Peter Brückner (in Psychologie und Geschichte) aus den Affektstürmen gewann, deren Ausläufer die Deklaration der Menschenrechte 1789 begleiteten: »Wer in bestimmten geschichtlichen Augenblicken den Kopf nicht verliert, der hat keinen Kopf.« In der stillgestellten Geschichte, deren Produkt die neue Unschuld ist, gibt es keine »bestimmten geschichtlichen Situationen« mehr, die den Kopf verlieren lassen. Die Geschichte ist ganz zur Literatur geworden, in der man sich à la carte zusammenstellt, was einem schmeckt: die nouvelle cuisine des posthistoire.   Gleichheitszeichen

Luigi Malerba   Robert Pinget

Friederike Hausmann   Luis Buñuel

Carlo Emilio Gadda   Roberto Longhi   Lothar Baier

Leonardo Sciascia   Mit Carlos Barral und Inge Feltrinelli auf dem zehnjährigen Jubiläum
des Verlags Anagrama in Barcelona, 1977

Vom Geist der Zeiten
1988–1995

Die von Kurt Wolff beschworenen Ohnmachten sind glücklicherweise nicht nur vorübergehend, sondern finden auch nicht an allen Orten verlegerischen Interesses zugleich statt. So bat ich beispielsweise schon 1985 Ulrich Raulff, ein Taschenbuch über die ›Neue Geschichtsschreibung‹ zusammenzustellen, das ein Jahr später unter dem Titel *Vom Umschreiben der Geschichte* erschien. Ein bescheidenes Büchlein, das dennoch die Erschließung eines neuen Arbeitsfeldes signalisierte: Mikrogeschichte, Mentalitätsgeschichte, historische Anthropologie. Zwar war der Boden mit zwei außerordentlichen Büchern vorbereitet – Carlo Ginzburgs *Erkundungen über Piero* und Giorgiones ›Gewitter‹ von Salvatore Settis –, aber jetzt kamen Giovanni Levi und Alain Corbin hinzu, Natalie Zemon Davis und Georges Duby, Peter Brown und Roger Chartier, Yosef Yerushalmi, Jonathan Spence und Arlette Farge. Wenn gesagt worden ist, viele dieser Werke seien die »eigentlichen Romane unseres Jahrhunderts«, so gibt es dafür zumindest zwei gute Gründe. Einmal das Sichentfernen dieser Geschichtsschreibung von den sogenannten Hauptereignissen und ihr größeres Interesse an den tatsächlichen Lebensumständen der Leute, feierlicher ausgedrückt: an der Selbstkonstitution des Subjekts. Zweitens gestand diese Geschichtsschreibung offener ihre Unfähigkeit ein, alles und jedes erklären zu können, das heißt, sie bestand auch auf der Fremdheit von Geschichte, sah sich – wie es Paul Veyne schön bezeichnet hat – als »Wörterbuch der Unterschiede«. Kurz: Diese Geschichtsschreibung degradiert diejenigen, die vor uns gelebt haben, nicht zu wissenschaftlichen Abstrakta oder stummem Personal oder bloßen Vorläufern unserer herrlichen Zeiten, sondern erzählt, was anders war. Das Begreifen, warum etwas anders und fremd ist, macht eigene Gedanken.

Es scheint so, daß auch die Humanwissenschaften sich sowohl von den Allmachts- wie von den Ohnmachtsphantasien zu verabschieden beginnen. In Büchern gesprochen, bedeutet das auch den Abschied vom opus magnum, das die Welt erklären will, und das Willkommen für offenere Darstellungsweisen.

An diesem Punkt der Überlegungen haben wir, 1988, eine neue (innerhalb kürzester Frist mehrfach nachgeahmte) Buchserie gegründet, die *Kleine Kul-*

Ulrich Raulff (links)   Aby Warburg in der KKB   Alain Corbin

turwissenschaftliche Bibliothek, die dem wissenschaftlichen Essay gewidmet
ist. Eine Sammlung anstiftender Arbeitshefte, ebenso offen für wissenschaftliche Versuchsanordnungen wie für das, was Aby Warburg die »gute
Nachbarschaft« (zu anderen Wissenschaften und Kulturen) nannte.

Es zeigte sich sofort, daß insbesondere der aus anderen Sprachen über-
setzte wissenschaftliche Essay offenbar Neuland war: Unter den ersten
zwanzig Titeln waren sechzehn fremdsprachige; elf stellten die Autoren im
deutschsprachigen Gebiet überhaupt zum erstenmal vor. Und wir kamen mit
so außerordentlichen Autoren wie Montgomery Watt, Pierre Nora, Enrico
Castelnuovo, Krzysztof Pomian, Arnaldo Momigliano, Yosef Hayim Yerushalmi oder Keith Thomas zusammen. Die Bilanz am Ende des ersten Jahres
hat uns dann allerdings auch klargemacht, warum dieses Feld von den Verlegern bislang eher gemieden worden war: zu viele Honorare und zu geringe
Auflagen – das schlägt sich eher in Zu- als in Überschüssen nieder. Für deren
Beobachtung war und ist im Verlag freilich Petra Biesenkamp zuständig, seit
je gleichmäßig gelassen und heiter, und also geht es weiter.

Wie viele Bücher aber brauchen Zuschüsse! Faustregel bei uns: Etwa zwei
Drittel aller Neuerscheinungen. Von denen allerdings hie und da eine zweite
oder auch erst die dritte Auflage dann doch noch die Kasse ein wenig auffri-
schen kann, so geschehen 1989 ausgerechnet bei der Gesamtausgabe aller
Shakespeare-Übersetzungen Erich Frieds, als wir (drei umfangreiche Bände
samt Begleitbuch!) kalkulatorisch schon alle Hoffnung hatten fahren lassen.

Im Prinzip heißt es aber doch eher, die durch die schönsten Verlustprojek-
te zu erwartenden Bilanzlöcher ein wenig vorsorglich zu stopfen, wenigstens
versuchsweise. Durch Anmessen neuer Hosen zum Beispiel: 1987 veröffent-
lichten wir Doris Lessings *Das Leben meiner Mutter* als Taschenbuch, mit
dem listigen (es waren damals, nicht nur im Film, afrikanische Jahre) Unter-
titel »Mit Bildern aus Afrika«; die List war erfolgreich. Nach etwa 5–7 Jahren
ließ der Erfolg nach. Wir haben dann mitten in einer Auflage das Taschenbuch vom Markt genommen und den gleichen Text als (teurere) *SVLTO*-Aus-
gabe neu veröffentlicht, diesmal nicht mit Bildern aus Afrika, sondern mit
einem Bild von Mutter und Tochter – und so, in rotem Leinen, als Mutter-

Natalie Zemon Davis   Georges Duby   Yosef Hayim Yerushalmi   Arnaldo Momigliano

Tochter-Bericht, war das Buch sofort wieder erfolgreich. »Tiderne skifter«, sagt mein freundlicher dänischer Kollege Claus Clausen und hat auch – nach Bob Dylan – seinen Verlag so genannt: Die Zeiten ändern sich.

Der anscheinend näherliegende ökonomische Rettungsversuch, die Erhöhung des Ladenpreises, ist nur mit großer Vorsicht zu empfehlen, weil Bücherkäufer fast jedes Buch für zu teuer halten. Ein empfehlenswerterer Rettungsversuch hingegen ist die Anthologie, und die Leser des Verlags kennen und lieben sie ja auch, von den früheren *Tintenfischen* zum *Lesebuch* bis zu *Kafkas Prag* (welch letzteres uns ein Unternehmen finanzieren half, für das kein österreichischer und kein deutscher Staat oder Fonds einen Zuschuß geben mochte: die vierbändige Werkausgabe von Erich Fried).

Anthologien müssen allerdings zum richtigen Zeitpunkt erscheinen. So schneiderten wir 1989 der außerordentlich erfolgreichen *Italienischen Reise* mit viel Geduld eine *Deutsche Demokratische Reise* nach; sie erschien fast auf den Tag genau zur Öffnung der Mauer, als kein Mensch sich mehr für die Befindlichkeiten der DDR-Bewohner interessieren zu müssen glaubte. Ich konnte das zuerst nicht glauben und bat zwei besonders erfahrene linke Autoren um zwei Bücher: Barbara Sichtermann um eine kleine Marx-Anthologie *(Der tote Hund beißt)* und Lothar Baier um ein Buch zum abstrusen Tempo der Wiedervereinigung *(Volk ohne Zeit)*. Beides wurden keine Erfolge. Was freilich auch mit dem Geist der Zeiten zu tun hat, denn die Zeiten, in denen ein Buch eines unbekannten Autors über einen unbekannten Aufruhr in einer unbekannten Stadt (1972: Ferraris, *Die 100 Tage von Reggio*) eine Startauflage von 15.000 Exemplaren hatte, waren vorbei.

Und das hatte keineswegs nur zur Ursache, daß manche Linke ihr politisches Interesse aufgegeben hatten, sondern es lag auch, nach 1989, am Wegfall eines intellektuellen Kampfplatzes. Der in der DDR besonders hoch angesetzt und gehandelt worden war: da hatte ja die gesamte Nomenklatura vor einem Gedicht oder einer Handvoll Prosa gezittert, und das gesamte ›Leseland DDR‹ hatte sich von diesem Zittern anstecken lassen. Der Schüttelfrost ging geradezu schlagartig vorbei: noch über zehn Jahre nach der Vereinigung liegt der Umsatzanteil unserer Bücher in der ehemaligen DDR bei

Luigi Pintor

Doris Lessings »Das Leben meiner Mutter«
als Taschenbuch   als SVLTO

Susanne Schüssler

knapp 4 % (statt 20 %). Dabei hatte ich mir, notabene, die allerschönsten Umsatzsteigerungen erhofft, wo wir doch jahrzehntelang Tausende von Exemplaren unserer schärfsten Ware (von Biermann bis Dutschke) kostenlos in die DDR geschickt hatten, in der sie zudem noch fortwährend weitergereicht und -kopiert worden waren ... Aber auch bei uns nahm durch den Wegfall der Hochschätzung von Literatur im Nachbarstaat die Aufmerksamkeit in litteris nicht gerade zu, im Gegenteil: es wurde eher nachgetreten.

Das sind politische Ohnmachten, die ich nur zähneknirschend ertrage, das heißt eigentlich nicht ertrage, wie die immer wiederholten Versuche zeigen, von der Veröffentlichung des schönen Erinnerungsbuches von Luigi Pintor (*Servabo*, 1992) oder Pasolinis Ideologie-Satire (*Große Vögel, kleine Vögel*, 1992) bis zur Gründung eines Essay-Jahrbuchs (*Kopfnuß*, 1993 – wir mußten es nach drei Ausgaben wieder einstellen) und der Publikation von Norberto Bobbios großer Streitschrift *Rechts und Links* (1994). Alles Versuche, auch bei uns ein paar wichtigen politischen Begriffen wieder aufzuhelfen.

Dem diente auch die 1994 bis zum Ende der Zweistaatlichkeit fortgeführte Neuausgabe der Anthologie zur Auseinandersetzung zwischen Schriftstellern und Staat, *Vaterland, Muttersprache*, ein Buch, das sich also wandelte vom hundertsten *Quartheft* zum zehnten Titel einer neuen Serie, *Quartbücher*, die wir 1990 mit Pasolinis *Ragazzi di vita* begonnen hatten. Geblieben ist es natürlich ein Lesebuch, in dem man nicht nur unseren Staat, sondern auch die Haltung einzelner Schriftsteller über Jahrzehnte hinweg verfolgen und besser begreifen kann als manch schnell urteilender Journalist.

Fortgeführt hatte die Anthologie, wiederum in Marbach, eine junge Germanistin, Susanne Schüssler, die sich 1990 in den Verlag »eingeschlichen« hatte, wie schon so viele vor ihr. Heute (seit 2002) leitet sie ihn. 1995 erreichte den Verlag nach längerer Zeit auch wieder ein sogenannter Bestseller. In der Rede zum dreißigjährigen Jubiläum (siehe Seite 103) hatte ich noch keck behaupten können, »daß in den sieben Jahren eines literarischen Quartetts noch nie ein Buch des Verlages gezogen wurde« – wenige Monate später traf es dann *Die nackten Masken* von Luigi Malerba.

Franco Sacchetti   Was die Frau will

Es ist noch nicht lange her, da kam ein Doktor der Rechte namens Messer Amerigo degli Amerighi von Pesaro, ein sehr schöner und auch in seiner Wissenschaft sehr beschlagener Mann, als Richter nach Florenz. Und nachdem er sich nach seiner Ankunft unserer Körperschaft mit der üblichen Feierlichkeit und den gebräuchlichen Worten vorgestellt hatte, trat er sein Amt an. Da gerade ein neues Gesetz erlassen war, das sich gegen den Putz der Frauen richtete, wurde einige Tage später nach ihm geschickt und ihm in Erinnerung gebracht, auf Grund jener Verfügung möglichst schnell vorzugehen, und er antwortete, es werde geschehen. Einige Tage später ließen die Signoren den Richter holen und sprachen ihm ihre Verwunderung über die nachlässige Weise aus, mit der er die Verordnungen gegen die Frauen zur Geltung bringe. Da antwortete Messer Amerigo folgendermaßen: »Meine Signoren, ich habe Zeit meines Lebens studiert, um mir die Rechte anzueignen, und jetzt, da ich glaubte, einiges zu wissen, finde ich, daß ich nichts weiß; denn als ich nach dem Putz fahndete, der euren Frauen durch die Verordnungen, die ihr mir zur Kenntnis gebracht habt, verboten ist, hörte ich von ihnen derartige Einwände, wie ich sie noch in keinem Gesetz vorgesehen fand.«

Da sagte einer von den Signoren: »Wir haben es unternommen, gegen eine Mauer zu kämpfen.« Worauf ein anderer bemerkte: »Vergeßt nicht, daß die Römer, die die ganze Welt besiegt haben, nichts gegen ihre Frauen ausrichten konnten. Diese stürmten nämlich, um die Verordnungen gegen ihren Schmuck zu beseitigen, auf das Kapitol. Sie besiegten die Römer und setzten durch, was sie wollten.« Und nachdem nun noch der eine und der andere seine Meinung abgegeben hatte, wurde Messer Amerigo im Namen der Körperschaft gesagt, er möge darauf bedacht sein, das zu tun, was gut sei, und im übrigen die Dinge laufen lassen. Darum sagt der Friauler: »Was die Frau will, will auch der Mann; und was der Mann will, geht in Rauch auf.«

Die wandernden Leuchtkäfer

W. Montgomery Watt   Die Araber, das Papier
und die Kunst des angenehmen Lebens

Der heutige Reisende, bezaubert von der Schönheit des Alcázar in
Sevilla oder der Alhambra, ahnt etwas von dem luxuriösen Leben
derjenigen, die hier einst gelebt haben; und wer sich auf die Literatur einläßt, gewinnt weitere Eindrücke von diesem Stil des angenehmen Lebens aus Erzählungen und Gedichten.

Natürlich gab es im islamischen Spanien zahlreiche Industrien,
die Luxusgüter sowohl für den Eigenbedarf als auch für den Export
produzierten. Dazu gehörten hinreißende Textilien aus Wolle, Leinen oder Seide; manches davon ist erhalten geblieben. Pelze dienten
als Kleiderbesatz oder wurden zu Kleidungsstücken verarbeitet. Die
keramische Industrie war hochentwickelt, und aus dem Osten kamen Techniken wie das Bemalen von Kacheln. Das Geheimnis der
Kristallglasverarbeitung wurde in der zweiten Hälfte des 9. Jahrhunderts in Córdoba entdeckt.

Zum ›angenehmen Leben‹ gehörte aber auch die Kenntnis von
Büchern, denn für die Araber war durch den Gebrauch von Papier
der Besitz von Büchern erleichtert worden. Das Papier wurde in
China erfunden; um die Mitte des 8. Jahrhunderts sollen einige chinesische Handwerksleute aus arabischer Gefangenschaft freige-
kommen sein, nachdem sie das Geheimnis der Papierherstellung
gelüftet hatten. Schon bald erkannte man die Bedeutung des
Papiers, zumal es viel billiger war als ägyptischer Papyrus. Etwa im
Jahr 800 baute der Wesir des Hārūn ar-Rašīd, Yaḥyā der Barmakide,
die erste Papiermühle in Bagdad. Die Erzeugung von Papier breite-
te sich in Richtung Westen über Syrien und Nordafrika bis nach
Spanien hin aus und wurde allgemein gebräuchlich. Als großes
Kuriosum brachten noch französische Wallfahrer im 12. Jahrhundert Papierstückchen aus Compostela mit nach Hause, obgleich
Roger II. von Sizilien schon 1090 Papier für eines seiner Schrift-
stücke benutzt hatte. Von Spanien und Sizilien ging die Verwen-
dung von Papier nach Westeuropa über, doch erst im 14. Jahrhundert wurden Papiermühlen in Deutschland und Italien gebaut.

Luigi Malerba   Eine hundertprozentig wahre Geschichte

Die öffentliche Schande ist um so brennender, wenn die Begeben-
heit, die ihr zugrunde liegt, sich in einer kleinen Stadt zugetragen
hat. Deshalb spielt diese Geschichte in Parma, im hochgelegenen
und eleganten Teil der Stadt. Die Protagonisten nenne ich nach
reiflicher Überlegung Marta und Raniero.

Der Ehemann Martas ist ein bekannter Chirurg. Für eine un-
treue Ehefrau ist das der ideale Beruf: Marta ruft im Krankenhaus
an, und wenn er gerade zu operieren begonnen hat, weiß sie, daß
er mindestens zwei Stunden dort festgenagelt ist.

Raniero ist mit der Tochter eines liberalen und wohlhabenden
Rechtsanwaltes verheiratet, und die beiden wohnen in einer Villa in
Vicofertile, einige Kilometer außerhalb der Stadt. Heute abend hat
sich Marta mit einer Freundin verplaudert und kommt zu spät zum
Rendezvous mit Raniero. Draußen hat es zu schneien begonnen,
und vom Bett aus können sie durch die niedrigen Fenster die
Schneeflocken sehen. Topy, Martas Dackel, rast wie immer vor
Eifersucht, wenn seine Herrin mit Raniero im Bett liegt, jault und
läuft im Zimmer auf und ab. Inzwischen jault auch Marta im Bett,
und Topy verbeißt sich in den Gummischlauch des Gasofens, zerrt
wütend daran, bis er ihn aus dem Metallrahmen gerissen hat.

Raniero streckt schließlich entspannt und befriedigt den Arm
aus dem Bett, um sich Zigaretten zu holen. Jetzt endlich kann er
das Streichholz anzü...

Die Spaziergänger auf der Viale Solferino sehen plötzlich oben im
Dunklen eine große grünliche Flamme, auf die der Krach einer Explo-
sion folgt, und dann regnet es Scherben, Dachziegel, Balken, Schutt.

Noch keine Stunde ist vergangen und die Telefonleitungen sind
blockiert, die ganze Stadt bespricht den Vorfall und fragt sich, ob
ihn die ›Gazzetta‹ erwähnen wird. Im Lauf der folgenden Tage wird
bekannt, daß ihr Mann (der berühmte Chirurg) und seine Frau
(Tochter des reichen Rechtsanwaltes) die Scheidung verlangen.

Personen und Handlung dieser Erzählung sind frei erfunden. Es
wäre eine absurde Forderung, daß jemand, der eine Geschichte
erfindet, darauf achten müsse, daß sich in Wirklichkeit keine Fälle
zugetragen haben, die dem von ihm Erfundenen ähneln. Somit sei

ein für allemal klargestellt: die Mansarden-Geschichte ist nichts anderes als eine Erfindung von mir, geboren aus dem Bedürfnis, meine Klatsch- und Rachegelüste zu stillen, aber niemand zwingt mich, zu meiner Rechtfertigung auch die persönlichen Gefühle darzulegen, die mich bewogen haben, diese Geschichte zu schreiben.

Silberkopf

Norberto Bobbio   Rechts und Links

Das am häufigsten zur Unterscheidung von rechts und links angewandte Kriterium ist das der unterschiedlichen Haltung, die die in einer Gesellschaft lebenden Menschen im Hinblick auf das Ideal der Gleichheit einnehmen. Der Begriff der Gleichheit ist relativ, nicht absolut. Er ist relativ in bezug auf wenigstens drei Variablen, die man immer vor Augen haben muß, wenn die Rede auf die größere oder geringere Wünschbarkeit der Gleichheit kommt: die Subjekte, unter denen die Güter verteilt werden sollen; die zu verteilenden Güter; das Kriterium, auf Grund dessen die Verteilung vorgenommen wird. Kein Verteilungsprojekt kann der Antwort auf die folgenden drei Fragen ausweichen: Gleichheit ja, aber »unter wem?«, »worin?«, »auf Grund welchen Kriteriums?«.

Wenn man sagt, die Linke sei egalitaristisch und die Rechte nicht-egalitaristisch, bedeutet das durchaus nicht, daß man, wenn man zur Linken gehören will, die Maxime ausgibt, alle Menschen seien gleich in allem, unabhängig von jeglichem Unterscheidungsmerkmal. Sie sind gleich unter bestimmten Gesichtspunkten und

Natalia Ginzburg

Norberto Bobbio,
Zeichnung von Tullio Pericoli

ungleich unter anderen. Um das gängigste Beispiel zu nennen: im Hinblick auf den Tod sind sie alle gleich, weil alle sterblich sind, aber im Hinblick auf die Art und Weise des Sterbens sind sie ungleich, weil jeder auf andere Weise stirbt.

Die augenscheinliche Widersprüchlichkeit dieser beiden Feststellungen – »Die Menschen sind gleich«, »Die Menschen sind ungleich« – hängt ausschließlich von dem ab, was man beobachtet. Also gut: man kann diejenigen durchaus als Egalitarier bezeichnen, die, ohne zu verkennen, daß die Menschen ebenso gleich wie ungleich sind, eher dem größere Bedeutung beimessen, was sie gleich statt ungleich macht, um sie zu beurteilen und ihnen Rechte und Pflichten zu übertragen; Nichtegalitarier diejenigen, die, von der gleichen Feststellung ausgehend, um desselben Zieles willen dem größere Bedeutung beimessen, was die Menschen ungleich statt gleich macht. Es handelt sich dabei um einen Gegensatz zwischen subtilen Entscheidungsmöglichkeiten, die ihre Wurzeln in historischen, gesellschaftlichen, kulturellen, auch familiären und vielleicht biologischen Bedingungen haben. Die Rechte ist viel eher geneigt, das Natürliche und die zweite Natur zu akzeptieren, die sich in Gewohnheit, in Tradition, in der Kraft des Vergangenen ausdrückt. Der Artifizialismus der Linken gibt nicht einmal vor den offensichtlich natürlichen Ungleichheiten auf, denen, die nicht der Gesellschaft zugeschrieben werden können.

Ich sage nicht, eine größere Gleichheit sei etwas Gutes und eine größere Ungleichheit etwas Schlechtes. Ich will nicht einmal behaupten, daß eine größere Gleichheit immer und in jedem Fall anderen Gütern wie der Freiheit, dem Wohlstand, dem Frieden vorzuziehen sei. Mittels dieser historischen Hinweise will ich lediglich bekräftigen, daß, wenn es ein charakteristisches Element in den Doktrinen und Bewegungen gibt, die sich links nennen und als solche allgemein anerkannt werden, dies der Egalitarismus ist.

Rechts und Links

Natalia Ginzburg   Mein Vater: Simpeleien

Wenn, als ich noch ein Kind war, meine Geschwister oder ich bei Tisch ein Glas umstießen oder ein Messer fallen ließen, dann donnerte die Stimme meines Vaters: Benehmt euch nicht rüpelhaft!

Wenn wir die Sauce mit Brot auftunkten, rief er: Schleckt die Teller nicht aus! Macht kein Geschmier! Macht keine Sudeleien!

Geschmier und Sudeleien waren für meinen Vater auch die modernen Bilder, die er nicht leiden konnte.

Er pflegte bei Tisch die Leute, die er während des Tages gesehen hatte, zu kommentieren. Er war sehr streng in seinen Urteilen und bezeichnete fast alle als Dummköpfe. Ein Dummkopf war für ihn wie »ein Simpel«. Der scheint mir ein schöner Simpel, sagte er von einem neuen Bekannten. Neben den »Simpeln« gab es auch die »Neger«. Ein »Neger« war für meinen Vater, wer sich linkisch, ungeschickt und schüchtern benahm, wer sich unpassend kleidete, wer nicht bergsteigen konnte und wer keine Fremdsprachen kannte.

Jede Handlung oder Gebärde, die ihm unpassend erschien, bezeichnete er als »eine Negerei«. Seid keine Neger! Macht keine Negereien! rief er ständig. Die Stufenleiter der Negereien war groß: Bergsteigen mit Stadtschuhen, ein Gespräch anfangen mit einem Reisegefährten im Zug oder einem Passanten auf der Straße, vom Fenster aus mit den Nachbarn schwatzen, die Schuhe im Wohnzimmer auszuziehen, um sich die Füße am Heizkörper zu wärmen, sich beim Bergsteigen über Durst, Müdigkeit oder Blasen an den Füßen beklagen, auf die Wanderungen gekochte und ölige Speisen mitnehmen oder Servietten, um die Hände abzuwischen.

Auf die Bergwanderungen durfte man nur Fontinakäse, Marmelade, Birnen und hartgekochte Eier mitnehmen und nur Tee trinken, den mein Vater selber auf dem Spirituskocher zubereitete.

Eine Negerei war es, wenn man den Kopf mit einem Taschentuch oder Strohhut vor der Sonne schützte, Regenkapuzen trug oder Schals, alles Kleidungsstücke, die meiner Mutter lieb waren und die sie am Morgen vor dem Aufbruch für uns und sich in den Rucksack einzuschmuggeln versuchte, die mein Vater aber, wenn sie ihm in die Hände gerieten, zornig wegwarf.

Wenn wir auf den Wanderungen unsere genagelten Bergschuhe, die so schwer wie Blei waren, unsere wollenen Socken, Mützen und Gletscherbrillen auf der Stirn trugen, wenn die Sonne senkrecht auf unsere schweißbedeckten Köpfe brannte, dann betrachteten wir neidisch »die Neger«, die in leichten Tennisschuhen aufstiegen oder an den Tischen des Chalets Schlagsahne verzehrten.

Familienlexikon

Jurek Becker   Gedächtnis verloren – Verstand verloren

Ich behaupte ja nicht, daß eine faschistische Machtergreifung vor der Tür steht. Aber diese Sache zum Schnee von gestern zu erklären, dazu gehört auch eine starke schönfärberische Energie. Eine Passage, mit der Martin Walser in seinem Text »Über Deutschland reden« besonders deutlich unter sein Niveau gerät, hat folgenden Wortlaut:

»An dieser Stelle mache ich gern den Fehler, meinen Widersachern vorzuwerfen, sie verewigten den Faschismus dadurch, daß sie auf antifaschistischen Haltungen bestünden ...«

Muß man eine solche Geschmacklosigkeit übergehen, nur weil ihr Autor kokett ankündigt, er mache nun einen Fehler? Mir scheint, daß er an dieser Stelle dem gesunden Volksempfinden sehr nahe kommt: Frauen sorgen für immer neue Vergewaltigungen, indem sie mit langen Haaren und kurzen Röcken herumlaufen; Juden halten mit ihrem jüdischen Getue den Antisemitismus am Leben; und die Antifaschisten haben nicht genug Verstand, zu erkennen, daß es längst keinen Faschismus mehr gäbe, wenn sie mit ihren Überreaktionen aufhören könnten. Einmal war ich Zeuge, wie ein Hundebesitzer zum Vater eines gebissenen Mädchens sagte: »Wenn Ihre Tochter stehengeblieben wäre wie ein vernünftiger Mensch, wäre das nicht passiert.«

Zur Not hätte man sich den zuletzt zitierten Walserschen Satz als Unbedachtheit erklären können, als eine Grube, in die Aphorismussucht einen Autor hat stürzen lassen. Doch diese Hoffnung macht er sofort zunichte: »Darüber müssen einmal Geschichtsschreiber sich wundern: Wie viele bedeutende Leute Jahrzehnte nach der Erledigung des Faschismus ihren Zorn und ihr gutes Gewissen lebenslänglich durch antifaschistische Regungen belebten ...«

Hier komme ich mit meinem Ärger nicht mehr aus, denn das ist empörend. Walser tut, als wäre Faschismus eine Streitigkeit innerhalb der Familie gewesen und als litten alle, die nicht müde werden, vor ihm zu warnen, an Einfallslosigkeit. Als fräßen sie von einer dummen Sache das Gras ab, das längst darüber gewachsen ist.

Tut mir leid, aber von meiner Familie sind an die zwanzig Personen vergast oder erschlagen oder verhungert worden, irgendwie spielt das für mich noch eine Rolle. Ich habe nicht so kuschelige Kindheitserinnerungen wie Walser. Sollte das der Grund sein, warum Deutschland eher seinesgleichen gehört als meinesgleichen?

Ich kann es nicht ändern, wenn er an dieser Stelle die Augen verdreht, weil ich schon wieder mit diesen langweiligen Geschichten von gestern komme. Vielleicht tröstet es ihn, zu hören, daß sie nicht nur ihm nicht gefallen, sondern auch mir nicht. Vielleicht muß er aber auch begreifen, daß es noch andere Empfindlichkeiten gibt als die eine, die er so sparsam vorführt.

Ich habe mich in Wut geschrieben und muß aufpassen, daß mir der Bremsweg nicht zu lang wird. Es hat ja wenig Sinn, Satz für Satz einer Rede zu zitieren, um sodann das Fragwürdige daran ans Licht zu zerren; und wenn es Sinn hat, dann ist es auf Dauer doch öde. Dabei wimmelt Walsers Text von Stellen, deren bloße Wiederholung wie üble Nachrede erscheint. Nationalistisches Geschwafel wird ja nicht dadurch erträglicher, daß der Redner zuvor einige schöne Bücher geschrieben hat. Umgekehrt: Ich muß mich dagegen wehren, daß mir diese Bücher nicht plötzlich in einem neuen Licht erscheinen.

Ohne Zweifel gibt es Themen, über die sich kaum vorurteilsfrei debattieren läßt, ohne Zweifel gehört das Thema »Deutsche Einheit« dazu, für mich. Fast jedesmal, wenn ich an solchen Gesprächen teilnahm, konnte ich eine Merkwürdigkeit beobachten: daß die anderen, die Vereinigungswilligen, auch noch ganz andere Positionen vertraten, die mir verdächtig vorkommen, und zwar stets dieselben. Sie fühlen sich, so lange nach Kriegsende, als Opfer der Sieger, herumgestoßen; für sie ist Faschismus ein erledigtes, enthauptetes exotisches Ungeheuer, nicht eine Möglichkeit, die gegenwärtig ist und im Auge behalten werden muß; sie sind Geschichtssentimentalisten; sie glauben, im vereinten Deutschland würden sie den Gerüchen und Geschmäcken ihrer Kindheit wiederbegegnen; sie haben ein (für meine Begriffe) übersteigertes Bedürfnis nach Verwurzeltsein, daher bluten sie aus Wunden, die niemand außer ihnen wahrnimmt. Sie können es nicht bei konservativen Ansichten belassen, sie müssen immer gleich reaktionär werden.

Vaterland, Muttersprache

Klaus Wagenbach   Meinung und Kontinuität

Aus der Rede zum dreißigjährigen Jubiläum, 1994

Der Verlag ist vor 30 Jahren freiwillig, ohne Einladung und Zuschüsse nach Berlin gekommen. Er ist ein Verlag in Berlin, aber kein Berliner Verlag. Er wird sich auch künftig nicht regionalisieren, sondern ein internationaler Verlag bleiben. Für die Hauptstadtentscheidung ist er dankbar, weil sie helfen wird, den Westberliner Schrebergarten aufzulösen.

Der Verlag ist und bleibt ein Meinungsverlag. Und er vertritt – im Gegensatz zu mancherorts eingerissenen Sitten – seine Meinung auf eigene Kosten. Die Meinung besteht darin, auch jetzt, nach dem glücklichen Jahr 1989, unsere Gesellschaft samt sozialer Marktwirtschaft nicht vorlaut zu feiern, sondern nachdenklicher zu betrachten. Und die Laune, die zu diesem Denken gehört, die schöne Literatur also, soll weit sein und nicht eng, unternehmungslustig machen statt nur betroffen, Licht verbreiten, auch wenn mal der Strom ausfällt. Da es aber auch bei uns in Deutschland viele trübe Tassen, Dunkelmänner und Schlafmützen gibt, ist der Import von Geschirr, Beleuchtungskörpern und Wachmachern aus dem Ausland notwendig. Ich denke dabei besonders an einen südlichen Nachbarn, der keineswegs nur aus der Toskana besteht. Obwohl ich darauf hinweisen muß, daß wir Mitbegründer der Toskanafraktion sind, freilich mit dem Zusatz meines Freundes Otto Schily, daß es sich bei der Toskana um einen Arbeiter- und Bauernstaat handelt; das hat die DDR offenbar zu spät erfahren.

Wir wollen mit der äußeren Form der Bücher unseren Respekt vor Autoren und Lesern ausdrücken. Ich will nicht sagen: deutsches Design und italienische Präzision, aber so ungefähr. Ein praktischer Protest gegen die Wegwerfgesellschaft. Unsere Bücher sagen: Faß mal an, riech mal, willkommen Eselsohr, hallo Bleistift – wenn Du willst, bleib ich länger bei Dir.

Ein solcher Verlag ist auf dauernden Widerspruch und dauernde Zuneigung angewiesen, auf aufmerksame Komplizen unter Kritikern, Buchhändlern und Lesern. Die ihn beobachten, auf Irrwegen folgen oder nicht folgen. Entscheidend ist dabei die Kontinuität.

Die Arbeit unseres Verlages unterscheidet sich ja eben dadurch von der vieler anderer. Sie ist kein Lotterielos, und es ist deswegen auch kein Zufall, daß in den sieben Jahren eines literarischen Quartetts noch nie ein Buch des Verlages gezogen wurde. Kontinuität bedeutet auch, daß die Arbeit des Verlages im Kontext gesehen werden muß, im Kontext der eigenen Arbeit und Geschichte: Sie selbst wissen, daß dies zuerst ein Ost-West-Verlag zu unpassender Zeit war, dann ein Verlag der Studentenbewegung, den die Westberliner Justiz zu ersticken versuchte, dann ein Verlag, der durch freibeuterischen Import Bewegung in die Köpfe jener Freunde zu bringen suchte, die beim Marsch durch die Institutionen in denselben eingeschlafen waren, dann ein Verlag, der die Provokationen der Kulturwissenschaften verbreiten half, und heute, mit Ihrer Hilfe, ein richtiger ordentlicher, auf vielen Gebieten tätiger Verlag, der auch das Wagnis größerer Projekte auf sich nehmen kann.

Ja, so leben sie, die Verleger!
Hier auf einem Gartenfest zum dreißigjährigen Jubiläum (1985) des Verlags Feltrinelli.
Sitzend, von links: Christoph Schlotterer, Antoine Gallimard, Inge Feltrinelli, Matthew Evans, K.W.
Stehend: Ignazio Cardenal, Tom Maschler, Ed Victor, Jorge de Heralde, Rob van Gennep, Peter Meyer,
Giulio Enaudi, Antonio Lopez, Christian Bourgois

Günther Busch   Zur Zukunft der Bücher

Bücher zu machen ist stets ein schwieriges, riskantes Unterfangen
gewesen. Sie bedürfen langer Bewegungsfristen, dem stehen das
Geschäftspostulat beschleunigter Veräußerung und eine merkliche
Zerstreuung der Leseraufmerksamkeit mehr und mehr entgegen.
Und Bücher sind, nach wie vor, an Minderheiten adressiert. Gegenüber jedermann beharren sie auf dem Gebrauch seiner Einbil-
dungskraft, der Anstrengung seines Denkvermögens. Sie entfesseln
Fragen. Zum Beispiel, wie und warum wir zu dem geworden sind,
was wir sind; was wir verlorengegeben oder verdrängt haben, um
Frieden zu schließen mit den Bedingungen, unter denen wir leben,
reden, schweigen; wozu wir fähig sind und was wir mit unseren
Fähigkeiten anzurichten bzw. auszurichten vermocht haben; was
der Fortschritt des Wissens kostet und welchen Preis das Nichtwis-
sen fordert; worin wir tatsächlich frei sind in unserm Handeln und
zu welchem Ende die Realität gedacht werden kann. Es sind dies
Fragen der menschlichen Selbstauffassung und Selbstaufklärung,
formuliert unter den Verhältnissen der modernen Zivilisation und
im Lichte ihrer Ausdrucksmittel, ihrer Verhaltensmuster, ihres
Erklärungsnotstands und ihrer hoch verwundbaren Erfindungs-
leistungen.

Daran wieder einmal zu erinnern, ohne sich zuvor der Ratschläge
der Marketingwirte und ihrer Taschenrechner vergewissert zu haben, ist, obwohl altmodisch, sehr nützlich. In Büchern nämlich, den
belangvollen jedenfalls, materialisiert sich eines der faszinierend-
sten geistigen Experiment der Menschengattung: die Welt zu entziffern, unsere Erfahrungen mit ihr zu deuten, unsere Geschicht-
lichkeit zu erhellen. Dieses Experiment ist nicht abgeschlossen, ja,
es gibt gute Gründe zu vermuten, daß es, solange mit offenem
Visier gedacht und geschrieben werden wird, immer wieder aufgenommen werden muß. Inmitten einer ahnungslos gewordenen
Wirklichkeit gemahnt es uns an das, was unverwirklicht ist. Es
bestreitet den Zustand, in dem sich die Dinge und wir uns befinden, die Anmaßung des Selbstverständlichen und des Endgültigen.

Warum also Bücher? Weil sie uns in der Befangenheit unabhängig werden lassen; weil sie das kollektive Gedächtnis wachhalten,

das vollends abzuschaffen die heutige Gesellschaft keinen Aufwand scheut; weil sie uns daran hindern, in tauben Gewißheiten grau, gedankenarm und einfallslos zu werden; weil die Verlockung, mit Buchstaben uns selbst und die Dinge umzugraben, so bald kein Ende nehmen darf.   Wieso Bücher?

Djuna Barnes   Gegen die Natur

Ich hasse die Natur. Die Natur und die Einfachheit.

Ich habe sie immer gehaßt. Ich fühle, daß ich sie immer hassen werde. Ich habe die Einfachheit schon in der Wiege gehabt. Ich neigte im zarten Alter von sechs Monaten zu Perioden grimmigen Schweigens, weil ich wußte, daß mich eine einzige Sicherheitsnadel zusammenhält. Ich hätte gerne gefühlt, daß meine Persönlichkeit mindestens drei Sicherheitsnadeln verlangt. O ja, wie hätte ich geschwelgt in dem Bewußtsein, daß ich, als einziges Baby in meiner Gemeinde, drei Sicherheitsnadeln brauche, die verhindern, daß ich mich auswickle.

Ich wuchs in Unruhe auf. Mit siebzehn hatte ich genug von den Durchschnittshelden in Büchern. Ich sehnte mich nach einem, der sich an seine eigene Geburt oder an eine ähnliche Kleinigkeit erinnert.

Mit neunzehn war ich nachgerade unwahrscheinlich. Mit dreiundzwanzig trug ich Burne-Jones-Kleider und reckte meinen Hals, bis er wehtat. Ich trug zwei grüne Daumenringe, und niemand außer dem Gärtner unseres Orchideenhauses, der an sonderbares und unerklärliches Wachstum gewöhnt war, wagte mich anzusprechen.

Mit fünfundzwanzig Jahren lehnte ich mich an jede Gartenurne im Umkreis von sechs Meilen. Ich sprach geringschätzig zu Vogel, Vieh und Lurch. Ich war auf Raumgewinnung aus.

Ich wuchs. Selbstverständlich war das alles sehr schwierig für meine Freunde. Meine Tee-Einladungen erreichten einen derart hohen Grad der Spannung, daß am Ende der Pastor eine Predigt über mich hielt. Er nannte die Predigt »Überspanne die E-Saite nicht« – ich habe vergessen, auf was für eine Moral sie hinauslief.

Ich bin stolz auf mein goldnes Haar und meine hohen Absätze

und die rotbraunen Handschuhe, und an der Art, wie meine Nasenlöcher beben, ist zu erkennen, daß ich gar köstlich gelitten habe an Fragen wie dieser: Wem hat Conrad mehr abgewonnen, den Frauen oder der See?

Ich vertrete fortschrittliche Ideen, aber keine pöbelhaft fortschrittlichen. Ich halte mich schön der Zeit voraus, wobei ich am vorteilhaftesten aussehe; den Kopf halb über die Schulter zurückgewandt, winke ich meiner Generation.

Ich bin eine kultivierte Frau. Es ist nicht zu bestreiten, daß ich viel gereist bin. In allem, was ich tue, ist ein Quentchen Europäisches: Beispielsweise versuche ich immer, wenigstens ein Land zwischen mich und meine politischen Überzeugungen zu legen – das ist unüblich bei einer Frau, geben Sie es zu.

Außerdem habe ich gute Manieren. An meinem Gang kann man sehen, daß ich Napoleons Gruft und das Grabmal von Oscar Wilde besucht habe und die Wachsfiguren im deutschen Gruselkabinett. Es ist etwas an der Art, wie ich im Sessel sitze, was Ihnen eine Ahnung davon gibt, daß ich die Satteltechnik der Jeanne D'Arc in allen besseren französischen Ortschaften studiert habe; und nur jemand, der die große Treppe der Opera mit besonders ehrfürchtigem Schritt emporgestiegen ist, könnte die Füße mit dem Gefühl von Verhängnis heben, das ich ihm einflöße, wenn ich die meinen hebe.

Verführer an allen Ecken und Enden

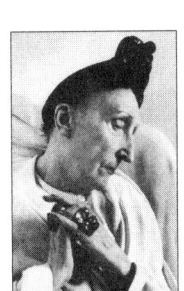

Edith Sitwell   *Zeichnung von Djuna Barnes*   *Djuna Barnes*

Michael Krüger   Flüchtig

1

Hinterm Schuppen, wo ein magerer Rasen
über dem ruhenden Hangschutt liegt, wächst,
seit der Schnee zergangen und der Boden –
Lehm und Ton, mit Sand und Kies vermengt –
wieder sichtbar, eine Pflanze, die es vorher
hier nicht gab. Auch der Briefträger, an Post
nicht interessiert, dafür botanisch beschlagen,
steht kopfschüttelnd vor dem zottig-drüsig
behaarten Stiel und der kopfigen Narbe,
streicht über den gelb gefärbten Unterwulst
und sagt, die Rechnungen übergebend: Kulturflüchter.

2

Und weiter oben, der Sonne schon näher,
zeigt er mir Pflanzen mit gewimperten Blättern,
zierlich geadert, deren Kronen, gegen den Saum zu,
violette Drüsenpunkte zieren. Nur in Braunau,
sagt er, bisher, und das Geblök der Lämmer,
die das Seltene achtlos zupfen, scheint ihm
recht zu geben. Die Pflanzen wandern schneller,
die Chemie macht ihnen Beine, das sieht man
an den dreizipfeligen Unterlippen hier an der
Blumenkrone. Stierbeutel, Fetter Maulaufreißer,
sagt er und ist mit seiner Tasche schon davon.

Idyllen und Illusionen

Unabhängig ins Jahrtausend
1996–2004

Um die Mitte der neunziger Jahre zeigte sich, daß die Interessen der Buch-
kaufhäuser (resp. Buchketten) und der Einzelbuchhandlungen immer deutlicher auseinanderdriften. Dort die Konzentration auf das Gängige, den be-
rüchtigten ›Schnelldreher‹, auf der anderen Seite entweder der (meist übel
endende) Versuch, es den Großen gleich zu tun, oder aber wohlsortierter Widerstand: die Rückbesinnung auf Charakter und Profil. Um diese Buchhandlungen zu stützen, haben wir 1996 zum erstenmal (und seitdem stetig) eine
Liste von Buchhandlungen in der *Zwiebel* veröffentlicht, die mindestens etwa
zwanzig Prozent (ja, man soll nicht hochmütig sein!) unserer lieferbaren
Bücher am Lager haben. Entgegen allen Untergangsprognosen hat sich übrigens die Zahl dieser Buchhandlungen kaum verändert, sie liegt stets zwischen 300 und 310 (in Österreich und der Schweiz bei je 20).

Auch die CD-ROM-betrunkene Buchmesse 1996, auf der die Verbands-
funktionäre den Mattscheiben die ersten Plätze einräumten, ist Vergangenheit, ebenso wie das mit gewaltigem Medienaufwand 1999 vorgestellte
»rocket-e-book«. Selten habe ich so vielen geradezu katastrophensüchtigen
Journalisten damals Interviews über die Zukunft des Buches geben müssen;
der Deutsche und seine Untergangsstimmungen ... Vier Jahre später war
alles vorbei, das Eselsohr hatte gesiegt. Aber nur in diesem Fall – was die
Folgen der Konzernbildung für die Gesellschaft angeht, bleiben die Warnun-
gen André Schiffrins in seinem Buch *Verlage ohne Verleger* bestehen. Und das
sind Gefahren keineswegs nur für das Neue, sondern das gilt auch für das
allseitige Interesse, die Pflege der umfassenden Halbbildung, der der *Freibeuter* seine Beutezüge widmete – wir mußten ihn, mit großer Trauer, nach
zwanzig Jahren einstellen.

Dagegen wurden 1997 den *Taschenbüchern* mehr als eine neue Hose ver-
paßt, es war auch eine inhaltliche Wendung, die wir damals so beschrieben:
»Wir wollen an der allgemeinen Läppischkeit ebensowenig teilnehmen wie
an den verbreiteten Erinnerungs- und Gedächtnisstörungen.« Das bezog
sich zuerst auf die italienische Literatur des zwanzigsten Jahrhunderts, und
da waren Schatzgräberbegeisterung und Wiedersehensfreude groß: Luigi
Pirandello, Carlo Emilio Gadda, Vitaliano Brancati, Mario Soldati, Alberto

Elsa Morante　　　*Paolo Flores d'Arcais*　　*Luigi Pirandello*　　　*Goffredo Parise*

Moravia, Tommaso Landolfi, Elio Vittorini, Gianni Rodari, Elsa Morante, Goffredo Parise – bei vielen Autoren hatten wir Glück und konnten ihnen zu neuen Lesern verhelfen, so wie es uns schon mit Pasolini, Malerba oder Natalia Ginzburg gelungen war. Das hing natürlich auch mit dem Erfolg anderer Italien-bezogener *Taschenbücher* zusammen: Brillis kulturgeschichtliche Reisebücher, Mantellis kurze Geschichte des Faschismus, Friederike Hausmanns immer wieder fortgeführte Nachkriegsgeschichte Italiens oder die beiden Polemiken von Paolo Flores d'Arcais, die, zwar italienisch, zugleich die Brücke herstellten zu anderen eingreifenden Essays von Wolfgang Ullrich, Josef H. Reichholf oder Ulrich K. Preuß.

Meine Freude an Anthologien habe ich nicht nur im *Taschenbuch* ausgelebt (etwa in *Die weite Reise* – Lügengeschichten am Mittelmeer), sondern auch weiter im *SVLTO*. Ich nenne nur zwei Beispiele: einmal *Nach Italien! Anleitung für eine glückliche Reise*, ein Lesebuch, das von der Vorstellung ausging, was wohl ein gutwilliger, wenn auch etwas kenntnisloser Reisender im Stau am Brenner lesen möge zur Information über italienische Kochtöpfe, Straßen, Literatur, Ansichten, Gesten (mit Abbildungen!) oder Redensarten. Es wurde (und blieb) ein großer Erfolg, der auch dem zweiten Projekt beschieden war, obwohl die Idee falsch und die Arbeit mühsam war:

Ich dachte mir (auch gerade noch einmal Vater geworden), daß es in diesem so unerhört kinderfreundlichen Land eine ebenso unerhörte Menge an Geschichten für Kinder von bedeutenden Autoren geben müsse. Weit gefehlt. Ganze drei Autoren hatten mehrere Geschichten für Kinder geschrieben – Alberto Moravia, Luigi Malerba und natürlich Gianni Rodari. Alle anderen oft nur eine – von Italo Calvino über Stefano Benni bis Gianni Celati und Antonio Tabucchi. Die Italiener treibt offenbar nicht unser ›furor paedagogicus‹ und so hat dieses Buch ganz konsequent auch nur eine deutsche Ausgabe.

Das vergangene Jahrhundert beschlossen zwei sehr erfolgreiche Bücher und ein geglückter Umzug. Die Bücher waren Michel Houellebecqs *Ausweitung der Kampfzone* und Andrea Camilleris *Der unschickliche Antrag*, den Umzug bescherte uns, verspätet, der Hauptstadtbeschluß: Das Haus am Nollendorfplatz, in dem der Verlag viele Jahre arbeitete, wurde kroatische

Elio Vittorini
Zeichnung Tullio Pericoli   Tiziano Scarpa   Stefano Benni   Andrea Camilleri

Botschaft, wir mußten weichen, wollten aber nicht in die Neue Mitte wegen zu erwartender Miet- und anderer, gedanklicher, Erhöhungen. Auch hier hatten wir Glück und gerieten an den Ludwigkirchplatz in freundliche, geradezu professionelle Gegend.

Das neue Jahrtausend feierten wir mit zwei ungewöhnlichen Büchern und einem mißratenen Projekt. Das eine Buch war Horst Bredekamps *Sankt Peter in Rom und das Prinzip der produktiven Zerstörung,* ein – wenn auch über Jahrhunderte – naheliegendes Paradigma für Abriß als Aufbau. Das zweite Buch war eine auf den ersten Blick unscheinbare Erzählung einer jungen schottischen Autorin, Alison Louise Kennedys *Gleissendes Glück,* dem nicht nur viele neuere Bücher dieser Autorin folgten, sondern auch andere junge Autoren, von Tiziano Scarpa und Thomas Lang bis Ricardo Piglia, Martin Page, Hans Aschenwald oder Josan Hatero.

Aber auch ältere Autoren schlossen sich dem Verlag an: der Altmeister der mexikanischen Literatur, Sergio Pitol, der englische Exzentriker Alan Bennett, der spanische Romancier und politische Essayist Manuel Vázquez Montalbán, der große, liebenswürdige Theatermacher George Tabori. Da wird schon sichtbar, was ein unabhängiger Verlag auffangen und entdecken kann.

Das mißratene Projekt zeigt allerdings, wie schwierig es wird, wenn verschiedene unabhängige Verlage sich zusammenzurotten versuchen: einigen unabhängigen Verlagen hatte ich einen gemeinsamen Prospekt vorgeschlagen, in dem jeder einige seiner schwierigsten, anspruchsvollsten Bücher präsentieren und der allen unseren Büchern beigelegt werden sollte. Ein Prospekt also, der ausschließlich für die anspruchsvollen Leser in den wohlsortierten Buchhandlungen bestimmt war. Es kamen neun Verlage zusammen, samt vielen heiteren Sitzungen, aber der Verlegerberg gebar eine Maus, einen unscheinbaren, charakter- und also wirkungslosen Prospekt. Der Grund lag in eben jener Charakterstärke unabhängiger Verlage, die sich in diesem Fall weder einem Auswahlgremium beugen wollten, noch darauf verzichten mochten, schnell noch einen aktuellen Lieblingstitel in den Prospekt zu schmuggeln, der da gar nicht hineingehörte. Wie leicht stellen dagegen gewiefte Marktschreier einen Prospekt mit Billigware in Millionenauflage zusammen ...

Sergio Pitol   *A. L. Kennedy*   *Horst Bredekamp*

In derselben Zeit begann ich darüber nachzudenken, wer den Verlag in Zukunft führen solle. Bei derartigen Gelegenheiten fällt Verlegern, die vorher ihren Verlag gut geführt (manchmal aber auch ödipalisiert) haben, oft nichts Besseres als ein mehrköpfiges Führungs-Gremium ein. Seltsamerweise, sie sehen sozusagen vom eigenen Beispiel ab. Mit solchen Verlagsmodellen und -verfassungen, die im Ernstfall nichts taugen, hatte ich aber glücklicherweise Erfahrungen. Ein Gremium haftet nicht, ein Verleger ja, ökonomisch wie inhaltlich. Ein Verkauf des Verlags kam nicht in Frage, also nur die Schenkung an eine Person. Ich fand sie in Susanne Schüssler, Jahrgang 1962, die bereits seit über einem Jahrzehnt im Verlag arbeitete, in der Gestaltung des Taschenbuchprogramms wie auch im Lektorat. Im Lektorat, bestehend aus Margit Knapp, Susanne Schüssler, Hans-Gerd Koch und mir, werden die Titel ohnehin gemeinsam festgelegt, so wie wir im gesamten Verlag den Konsens bevorzugen, bis hin zu wöchentlichen Informationssitzungen. Daran ist also Susanne ebenso gewöhnt wie meine Tochter Nina, die gleichfalls seit über einem Jahrzehnt im Verlag arbeitet und den Vertrieb leitet.

Ja, und ich? Ich gehe als heiterer Rentner jeden Tag in den Verlag und sehe mit Vergnügen aller Augen auf mich gerichtet, wenn es um eine schwierige Anthologie (wie diese) geht oder einen besonders ehrwürdigen Autor. Oder ein komplexes kunst- oder kulturhistorisches Buch. Da fiel mir 2003 ein Geschenk des Himmels zu, das ich seit fast zwanzig Jahren erhofft hatte: Ein Brief von Alessandro Nova vom Kunsthistorischen Institut der Frankfurter Universität (an dem ich in grauer Vorzeit promoviert hatte!). Er bot dem Verlag eine Neuübersetzung und Neukommentierung der *Künstlerleben* von Giorgio Vasari an. Wir wurden uns auf der Stelle einig, die ersten sechs Bände erscheinen 2004.

Im übrigen kann auch nach vierzig Jahren für den Verlag (aber nicht nur für den Verlag) noch immer ein Satz Theodor Fontanes gelten, von Alexander Kluge im vierten *SVLTO* zitiert:

»Gewonnen kann durch Trübseligkeit nie etwas werden.«

Wolfgang Ullrich

Martin Page

Michel Houellebecq

Tilmann Buddensieg

Josef H. Reichholf

Alan Bennett

Ulrich K. Preuß

George Tabori

Manuel Vázquez Montálban

Heinz Berggruen

Giorgio Vasari

An einem Abend gegen Ende des Winters ging eine fünfzigjährige Frau, die sich allein fühlte, weil ihr Liebhaber fort und das Haus leer war, ohne allzu große Lust auf einen Vortrag mit anschließendem Empfang. Eine langweilige Angelegenheit, bei der sie zum tausendsten Mal dieselben Gesichter sah, die sie seit jeher kannte und mit denen sie den üblichen Tratsch austauschte.

Gegen neun begannen die Leute auseinanderzugehen, auch sie ging hinaus in die schon fast frühlinghafte Nacht. Ein Geruch von weither, milde Wärme, mehr nicht. Auf der Gasse sah sie ein paar Jungen, und einer mit einer Fülle lockiger Haare, Turnschuhen und einer schwarzen Lederjacke näherte sich ihr und sagte: »Du bist sympathisch, wie heißt du? Ich möchte dich wiedersehen.«

Einen Moment zögerte die Frau, schlaftrunken wie sie war, aus Angst, bestohlen zu werden, aber schließlich sagte sie ihren Namen und nachdem sie Zettel und Bleistift aus ihrer Handtasche genommen hatte, schrieb sie selbst die Telefonnummer auf. Das überraschte sie sehr, aber sie bemerkte ihr Erstaunen erst, als alles schon geschehen war. Dann machte sie sich zu Fuß auf den Weg nach Hause. Zu Hause machte sie sich ein kleines Tablett mit einem Ei, ein wenig Käse und Brot, sah fern und ging dann ins Bett. Um drei Uhr früh wurde sie vom Telefon geweckt: Es war der Junge, der sie auf der Straße angehalten hatte, mit heller und fröhlicher Stimme fragte er, ob er sie besuchen könne. Die Frau sagte nein und schlief wieder ein. Aber eine Stunde später wurde sie erneut geweckt, und danach noch zwei weitere Male.

Tags darauf begann der Junge wieder anzurufen, am Nachmittag, und er sagte, als ob sich in den wenigen Stunden schon eine Gewohnheit entwickelt hätte: »Ich bin's, Mario.«

»Ah, ciao«, antwortete die Frau passiv. Beim dritten oder vierten Telefonanruf des folgenden Tages fragte der Junge noch einmal, ob er sie besuchen könne, er fragte es mit Nachdruck. Die Frau war unlustig, voller Überdruß, traurig, weil das Haus leer war, weil ihr der Liebhaber fehlte, den sie seit einem Monat nicht mehr gesehen hatte, und sagte ja. Wenig später, nur ein paar Minuten später, hörte sie die Türklingel.

»Mario«, sagte der Junge durch die Sprechanlage, und in einem Augenblick war er an der Tür, trat ein, schloß sie unvermittelt in die Arme und wollte sie küssen. Die Frau entwand sich mit Mühe, weil der Junge sie fest in seinen muskulösen Armen hielt.

Es gelang ihr, sich ihm zu entwinden, und der Junge verließ, die rechte Schulter nach vorne gezogen, den Hals gestreckt, mit einem unvorhergesehenen Ausbruch von grenzenloser und beinahe närrischer Eitelkeit türschlagend das Haus.

Während der Nacht wurde sie zweimal vom Telefon geweckt. Er sagte: »Ich bin's« und lachte ein verrücktes Lachen, einer Geste der Eitelkeit ähnlich. Die Frau sagte: »Wo bist du? Ich höre ein Geräusch«, aber der Junge hatte schon eingehängt.

Einige Tage vergingen, in denen die Nerven der Frau aufs äußerste gespannt waren und sie seit vielen Jahren nicht an ihren Liebhaber dachte. Statt dessen wartete sie, ohne sich dies einzugestehen, Tag und Nacht auf die Telefonanrufe des Jungen, aber es kamen keine. Das Haus verließ sie nur für kürzeste Zeit, sie blieb daheim und beschäftigte sich mit irgend etwas, und wenn man sie mittags oder abends zum Essen einlud, ging sie nicht hin.

Eines Nachmittags rief der Junge an. Er sagte: »Soll ich kommen?«, und die Frau sagte »ja« mit einer ganz dünnen Stimme, so groß war ihre Erregung.

Eilig kämmte sie sich, schminkte sich, zog andere Kleider an. Aber der Junge kam nicht. Es klingelte drei Tage später gegen Abend. Sie sah ihn vor der Tür, groß und mit den dichten Haarbüscheln, und ließ ihn eintreten. Der Junge schwieg, hatte seine Augen hinter einer Spiegelbrille verborgen und ging mit hochgerecktem Hals und ein wenig schräg, die Schultern aufgerichtet, aber ein wenig schief, und die Frau bemerkte, daß er groß war: Ihr kam es vor, als bewege er ein wenig die Luft in dem bewegungslosen Haus. Er ging umher, als ob er den Wert des Hauses ermessen wolle, mit Geringschätzung auf den vollen Lippen, ohne die Frau anzusehen, die hinter ihm herging. Dann ließ er sich auf eine Couch fallen und setzte sich breitbeinig hin. Er sah die Frau starr, stumm und mit jener unendlichen Eitelkeit an. Dann erblickte er ein Radio, stellte es an, suchte nach modischer Musik und begann, ohne ein Wort zu sagen, Tanzschritte anzudeuten, wiegte sich in den Hüften und wölbte die Brust vor. Zu den Bewegungen seines Körpers rollte er die Augen. Dann plötzlich zog er die Frau von der Couch hoch, wo sie wie ein Pensionatsmädchen gesessen hatte: Er küßte sie lange, bewegte seinen Körper gegen ihren, warf sie auf das Sofa und küßte sie dabei immer noch und wälzte sich eine Weile über ihr, die der Frau unendlich erschien, dann liebte er sie und verdrehte dabei in Verzückung die Augen. Die Frau spürte ein unbekanntes Vergnügen, zitterte, wälzte sich und schrie. Der Junge erhob sich, immer noch in jener Verzückung befangen, und stellte sich ausgiebig vor ihr mit gespreizten Beinen zur Schau. Sie betrachtete ihn, wie man eine aufgerichtete, nur wenige Zentimeter vom Gesicht entfernte Kobra ansieht. Erst nach geraumer Zeit machte er seinen Reißverschluß zu und näherte sich mit langsamen Schritten der Tür. Die Frau folgte ihm ein wenig zerzaust, gebeugt, und als der Junge die Tür schon geöffnet hatte, sagte sie: »Mario« mit einer dünnen Stimme, aber er hatte die Tür schon geschlossen.

Die Monate vergingen, wie hypnotisiert verließ die Frau nicht mehr das Haus. Fast immer klingelte nachts das Telefon. Sie hörte »Hallo« (das war er), und die Leitung wurde getrennt. Von Zeit zu Zeit kam der Junge, vollkommen eingehüllt in seinen Panzer von Eitelkeit, liebte sie, stellte sich zur Schau, schwieg immer und ging fort.

In eben jenen Monaten und Tagen, aber schon eher zum Sommer hin, schaute ein Mann, allein und viele Kilometer entfernt, mit einem Fernglas in das dunkle Dickicht. Fasanenpaare liefen umher, angelockt von Futter, das er selbst gestreut hatte. Der Mann beobachtete sie: Die Weibchen machten sich an das Futter heran, vorsichtig, zitternd, und gleich danach näherte sich ihnen das Männchen von hinten und pickte sie heftig auf den Kopf, damit sie sich entfernten, um ihm den Platz zu überlassen, an welcher Stelle auch immer das Futter lag. Das Männchen jagte die Weibchen immer wieder vom Futter weg. Dann lief es zwischen ihnen umher, sie waren eingeschüchtert, hatten Angst vor dem Padrone mit seinem winzigen Auge, und die Weibchen schienen glücklich, ihm zu gehorchen, als es beschloß, sich zu bewegen und im dichten Wald zu verschwinden, den vielfarbigen langen Schwanz hoch aufgerichtet.

Alphabet der Gefühle

Andrea Camilleri   Die Hure von Sciacca

An einem eiskalten Februartag erreichte die Polizeistation von Girgenti eine Mitteilung, wonach um 20 Uhr mit dem Postwagen eine Prostituierte eintreffen sollte, die mit Ausweisungsbescheid wieder in ihren Heimatort im Inneren Siziliens zurücktransportiert werde. Es ging also darum, diese Frau in die Sicherheitszelle zu bringen und sie am folgenden Tag in einen Zug zu setzen.

Mit dieser Sache wurde Agatino beauftragt, ein hervorragender Polizist. Wegen des schlechten Wetters kam der Postwagen erst um Mitternacht an. Da nun aber keinerlei Beschreibung der Prostituierten beigefügt war, dachte Agatino, es sei klug, sich neben jeder Frau aufzustellen, die aus dem Wagen stieg, ihr die Lampe dicht ans Gesicht zu halten und ganz arglos zu fragen:

»Sind Sie die Hure von Sciacca?«

Er wurde von den Ehemännern, Vätern, Brüdern, Cousins oder anderen Verwandten der so angesprochenen Frauen ziemlich übel zugerichtet. Benommen und blutend näherte er sich der letzten Frau und stellte auch ihr, mit hauchdünner Fistelstimme, seine Frage.

»Ja«, antwortete die Hure.

In seiner Dankbarkeit hätte nur wenig gefehlt, und Agatino wäre ihr um den Hals gefallen. Er brachte sie in die Sicherheitszelle, empfand aber Mitleid mit diesem vor Kälte erstarrten Geschöpf: Um keine Versuchungen unter den Männern des Begleitpersonals aufkommen zu lassen, hatte der Polizeikommandant verfügt, sie auf dem Zugdach, im Freien, mitfahren zu lassen.

Agatino machte Feuer in einem Holzkohlenbecken, aber das reichte nicht aus. Er brachte es nicht übers Herz, sie alleine zu lassen, und nahm sie mit zu sich nach Hause. Sie redeten die ganze Nacht. Am nächsten Tag fuhr die Frau nicht mit dem Zug ab, wie sie es hätte tun sollen, sondern blieb in Agatinos Wohnung.

Drei Monate später heirateten sie. Agatino, der Polizist, quittierte seinen Dienst und arbeitete als Maurer. Sie bekamen berühmte Kinder, die reinen Herzens aufwuchsen, so daß die besten Familien nur neidisch werden konnten. Und das ist auch der Grund, weshalb ich Agatinos Familiennamen hier nicht nennen will.

Fliegenspiel

Horst Bredekamp   Modernität und Einsturz

Die Bildende Kunst ist oft weniger Seismograph denn Antreiber jener Welt, die sich angeblich nur erhöht.

Wohl kein Tribut an Rom hat die nördlichen Länder stärker erregt als der Ablaß für den Neubau von St. Peter; hier hatten Luther und seine Mitstreiter das verhaßte Symbol, das für die Abtrennung besonders geeignet war, weil es spürbar Geld kostete.

Neu-St. Peter war einer der materiellen und symbolischen Auslöser der Reformation, aber im Gegenzug sorgte diese dafür, daß die Baustelle von Teilen ihrer ökonomischen Quellen abgeschnitten wurde, was dazu beitrug, daß sie über Jahrzehnte mehr oder minder eine Bauruine blieb.

Der neue Anlauf unter Paul III. wurde schließlich zum Symbol der Gegenreformation. Wenn es einen Prozeß gibt, bei dem von der Modernität der Gegenreform gesprochen werden könnte, so wäre es die Logistik der Fertigstellung von Michelangelos Kuppel unter Sixtus V. Dieses größte und gewagteste Unternehmen seiner Art in Europa bietet das vielleicht eindrucksvollste Beispiel dafür, daß in den Arbeits- und Organisationsstrukturen des Bauwesens Strukturmomente des Absolutismus durchexerziert wurden.

Aus dem Netz dieser Ansprüche und Leistungen ist in einem Prozeß der Stillstände und Planänderungen bis zum Jahr 1667 der wohl einflußreichste Kirchenbau der Neuzeit entstanden. Die Modernität der verfolgten Prozesse liegt darin, daß diese nicht ohne jene so hemmungslose wie verbissene Konkurrenz zu begreifen sind, die sich zwischen den Beteiligten abspielte.

Was schließlich gebaut wurde, ist nicht etwa das Produkt eines vom Auftraggeber rational entworfenen Planes, sondern das Ergebnis von Schnittlinien im Strudel divergierender Interessen.

Sankt Peter in Rom

Natalie Zemon Davis   Elternschaft

Ende des siebzehnten Jahrhunderts – im Jahre 5451 nach der jüdischen Zeitrechnung – schrieb eine jüdische Kauffrau aus Hamburg, genannt Glikl, für ihre vielen Kinder eine Geschichte auf.

Sie erzählte von einem Vogel, der mit seinen drei Jungen am
Ufer des Meeres lebte. Eines Tages kam ein großer Wind auf, der
das Wasser auf das Ufer zutrieb. »Wenn wir nicht bald auf jener
Seite vom Meere sind, so sind wir verloren«, sagte der alte Vogel zu
den Jungen, die noch nicht flügge waren. So nahm er das erste Junge zwischen seine Füße und flog mit ihm über das Meer. Als sie
mitten über dem Meer waren, sagte der alte Vater zu seinem Sohn:
»Mein Kind, welche Nöte und Sorgen habe ich mit dir und wie
wage ich mein Leben um deinethalben. Wenn ich nun alt sein werde, willst du mich in meinem Alter ernähren?« Das Junge antwortete: »Mein herzlieber Vater, bring mich nur über das Wasser, ich
will in deinem Alter alles für dich tun, was du von mir verlangst.«
Daraufhin warf der alte Vogel seinen Sohn ins Meer und sagte: »So
soll man es einem Lügner, der du bist, machen«.

Der alte Vogel holte das zweite Junge. Mitten auf dem Meer stellte
er dieselbe Frage. Das Vögelchen sagte ihm auch, alles Gute in der
Welt zu tun, gleichwie das erste geredet hatte. Wieder warf der alte
Vogel sein Junges ins Meer. Als er mit dem dritten Vögelchen mitten auf dem Meer war, stellte er auch ihm dieselbe Frage. Darauf
antwortete das kleine Vögelchen: »Mein lieber Vater, es ist alles
wahr, daß du große Not und Sorge für mich hast. Ich bin schuldig,
solches wieder an dir abzugeben, wenn es möglich sein wird, aber
gewiß kann ich es nicht sagen. Aber wenn ich auch einmal werd Junge kriegen, so will ich bei meinen Kindern tun, wie du bei mir tust.«
Da sagte der Vater: »Du redest recht, dich will ich leben lassen«.

Glikls Geschichte von dem Vogel, der nicht so leichtgläubig war
wie König Lear, war nicht unmittelbar für ihre Kinder gedacht. Die
Vogelgeschichte stand vielmehr zusammen mit anderen am
Anfang einer sorgfältig konstruierten jiddischen Autobiographie,
die sie über die Jahre hinweg zu vollenden und bei ihrem Tod ihren
Kindern zu vermachen gedachte.

Mit Gott rechten. Das Leben der Glikl bas Judah Leib

Ulrich K. Preuß   Der Krieg – ein völkerrechtliches Institut

Jene Form organisierter Gewalttätigkeit, die unter dem Namen Krieg Eingang in das Völkerrecht gefunden hat, kann begrifflich nur zwischen Staaten stattfinden. Der Krieg ist als Rechtsverhältnis eine Beziehung zwischen Staaten.

In der durch den Westfälischen Frieden von 1648 geschaffenen politischen Welt ist der Staat das einzige Kollektiv, das legitime Gewalt anwenden kann. Ein einzelner – Michael Kohlhaas – oder eine Gruppe, die etwa durch Geiselnahme, Androhung verheerender Zerstörungen oder durch direkten bewaffneten Angriff das Gewaltmonopol des Staates herausfordern, führen keinen Krieg gegen ihn, sondern verletzen seine Ordnung und verfallen seiner Strafgewalt. Umgekehrt führt der Staat, der seine Zwangsmittel mobilisiert, um dieser Straftäter habhaft zu werden und seiner Gerichtsbarkeit zuzuführen, keinen Krieg gegen sie, sondern macht von seiner polizeilichen Ordnungs- und strafrechtlichen Gerichtsgewalt Gebrauch, selbst wenn er ihnen zuweilen den Status von politischen Straftätern zuerkennt, der ihnen bei aller Feindschaft gewissermaßen die Ehrenhaftigkeit ihrer Motive einräumt.

Auch gegenüber strafbaren Handlungen von Tätern, die sich außerhalb der Grenzen des verletzten Staates befanden, war diese »westfälische Ordnung« souveräner Staaten keineswegs machtlos. Zum einen sichert der zwischen den meisten Staaten geregelte Rechtshilfeverkehr die wechselseitige Auslieferung von Straftätern, und zum anderen haftet jeder Staat völkerrechtlich für die von seinem Territorium ausgehenden Angriffe auf die Rechtsgüter anderer Staaten. So ändert also auch die zunehmende Internationalisierung der Freizügigkeit von Personen, Ideen, Gütern, Dienstleistungen und Kapital nichts an dem Prinzip staatlicher Verantwortlichkeit für die innerstaatliche Ordnung und den zwischenstaatlichen Frieden.

Die »neuen Kriege« oder die »Kriege der dritten Art« sind Erscheinungsformen zerfallener Staatlichkeit und lassen bereits erkennen, was eine staatenlose Welt unter Umständen auch bedeuten kann. Nicht zufällig weisen sie eine große Ähnlichkeit mit den mörderischen Raubzügen des europäischen Mittelalters auf.

Krieg, Verbrechen, Blasphemie

Gianni Rodari   Die falsch erzählte Geschichte

»Es war einmal ein kleines Mädchen,
das hieß Gelbkäppchen.«

»Nein, Rotkäppchen!«
»Ach ja, Rotkäppchen.
Seine Mutter rief es und sagte zu ihm:
Hör mal, Grünkäppchen ...«
»Aber nein, Rotkäppchen!«
»Ach ja, Rotkäppchen.
Geh zu Tante Diomira und bring ihr
diese Kartoffelschalen.«

Gianni Rodari

»Nein: Da hast du ein Stück Kuchen und eine Flasche Wein,
bring das der Großmutter.«

»Schon gut. Das Mädchen ging in den Wald und begegnete einer
Giraffe.«

»Du bringst alles durcheinander! Es begegnete dem Wolf, keiner
Giraffe.«

»Und der Wolf fragte: Wieviel ist sechs mal acht?«

»Gar nicht wahr! Der Wolf fragte: Wo hinaus so früh?«

»Du hast recht. Und Schwarzkäppchen antwortete ...«

»Es war Rotkäppchen, rot, rot, rot!«

»Ja, und es antwortete: Ich gehe auf den Markt, um Tomaten-
soße zu kaufen.«

»Nicht im Traum: zur Großmutter, sie ist krank und schwach,
aber ich weiß den Weg nicht mehr.«

»Richtig. Da sagte das Pferd ...«

»Was für ein Pferd? Es war doch ein Wolf.«

»Klar. Und er sagte: Du fährst mit der Linie fünfundsiebzig,
steigst am Domplatz aus, biegst rechts ab, dann wirst du drei Stufen und ein Geldstück auf dem Boden finden, laß die drei Stufen
stehen, heb das Geldstück auf und kauf dir einen Kaugummi.«

»Großvater, du kannst wirklich keine Geschichten erzählen, du
erzählst alles falsch. Aber Kaugummi kaufst du mir trotzdem.«

»Schon gut: Da hast du das Geld.«

Und Großvater las wieder seine Zeitung.

Das fabelhafte Telefon

Michel Houellebecq Beim Psychiater

Am Nachmittag lasse ich mir einen Termin bei einem Psychiater geben. Es gibt da ein System für dringende psychiatrische Fälle, das über Minitel funktioniert: man tippt seinen Zeitwunsch in die Telefontastatur, und sie liefern einem den Arzt. Sehr praktisch. Der meine heißt Doktor Népote. Er wohnt im sechsten Arrondissement (wie viele andere Psychiater, nach meinem Eindruck). Ich komme um 19 Uhr 30. Der Mann sieht unglaublich psychiaterhaft aus. Seine Bibliothek ist tadellos geordnet, keine aufdringlichen afrikanischen Masken, keine Originalausgabe von ›Sexus‹; also kein Psychoanalytiker. Hingegen scheint er ›Synapse‹ abonniert zu haben. Die Vorzeichen könnten besser nicht sein.

Die Episode meiner schiefgegangenen Reise in die Ardèche scheint ihn zu interessieren. Er bohrt ein wenig nach und entlockt mir das Geständnis, daß meine Eltern aus dieser Gegend stammen. Schon hat er eine Fährte: Seiner Meinung nach bin ich auf der Suche nach einer »stabilen Identität«. Alle meine Reisen, verallgemeinert er kühn, seien »Wegstrecken einer Identitätssuche«. Schon möglich; trotzdem habe ich Zweifel. Die berufsbedingten Reisen zum Beispiel mache ich schließlich nicht aus freien Stücken. Aber ich will nicht mit ihm streiten. Er hat eine Theorie, das ist gut. Letzten Endes ist es doch immer besser, eine Theorie zu haben.

Wochenende ohne besondere Zwischenfälle; ich schlafe viel. Es wundert mich, daß ich erst dreißig bin; ich fühle mich viel älter.

Der Zwischenfall am nächsten Montag ereignete sich gegen zwei Uhr nachmittags. Das Büro war voller Leute. Ein Mädchen trat ein, warf mißbilligende Blicke auf die Versammelten und wandte sich schließlich an mich, um mir zu sagen, daß ich zuviel rauche; ich sei unerträglich und würde nicht die leiseste Rücksicht auf die anderen nehmen. Ich antwortete mit einem Paar Ohrfeigen. Sie starrte mich entgeistert an.

Es vergeht eine Weile, dann sagt sie: »Gut ...«, mit idiotisch herabhängendem Kinn. Alle richten ihre Blicke auf uns. Schweigen. Ich drehe mich um, rufe mit lauter Stimme in den Raum: »Ich habe einen Termin beim Psychiater!« und gehe hinaus. Tod eines Angestellten. Ausweitung der Kampfzone

A. L. Kennedy Gespräch unter Liebenden

»Ich weiß, wir hatten vereinbart, daß ich dich nicht anfasse, und das verstehe ich auch. Du hast Prinzipien, und gewisse Dinge kannst du nicht zulassen. Aber ich finde ... du bist so weit weg. Findest du nicht auch, daß du weit weg bist?«

»Ich glaube schon.«

»Darf ich deine Hand halten?«

Das ließ Helen zu: eine kleine, formelle Berührung, wie sie auch auf der Straße möglich wäre.

»Ich liebe dich, Helen.« Noch bevor sie den Sinn der Worte erfaßt hatte, fuhren sie heiß durch ihren Körper, in jede erdenkliche Richtung.

Helen wußte keine Antwort, also drückte sie seine Hand.

»Ich dachte, ich könnte ... also, es ist nichts Schlimmes, sonst würde ich dich nicht darum bitten, aber du mußt nicht. Aber ich dachte, nachdem du dich für mich ausgezogen hast, könnte ich etwas für dich tun.« Er sah sie geduldig an, sie konnte nichts verbergen. »Und natürlich auch für mich.«

Er holte eine kleine Schere aus der Tasche. »Ich möchte dir die Haare schneiden. Wenn ich darf.«

»Meine Haare?«

Er ließ seinen Blick über ihren Körper wandern, bis sie merkte, was er meinte. »Nicht auf dem Kopf.« Er neigte den Kopf in Richtung des angenehmen Schmerzes, der sie bis zum Rückgrat durchzog. »Da. Ich möchte dich dort ... zurechtmachen. Es muß nicht sein, absolut nicht, aber du hast mich schauen lassen – und du bist herrlich anzuschauen –, und wenn ich die Haare abschneide, dann könnte ich ... noch mehr sehen.«

Als nur noch ihr Gewissen zwischen ihr und Edwards Wunsch stand, merkte sie, wie klein und geschmeidig ihr Gewissen war. Ein kleiner Druck von Edward, und schon floß es davon, und sie sah die glänzende Schere näher kommen und fragte sich freudig, wie kühl und seltsam sie sich wohl anfühlen werde. Sie spürt das Ziehen, die Anziehungskraft des Mannes neben ihr, das Verlangen, das durch ihr Blut kreist, und sie wird ihm nachgeben.

Edward kniete vor ihr und schnitt die Haare dicht über der Haut ab. Besonders behutsam an ihren feuchten Schamlippen. Helen sah zu, wie sie unter der Schere jünger wurde, und wie sie sich einem neuen, hungrigen Gefühl öffnete. Als sie kam, hielt Edward die Schere still, aber dicht an sie, betrachtete sie aufmerksam, sah in sie hinein wie in ein feuchtes Fernglas.

Dann sprach er mit ihr: ein angespannter, flüsternder Monolog bei seiner Arbeit. »Wenn du jetzt ganz still hältst ... wirklich ganz still, ja, so. Du bist perfekt. Vollkommen. Einfach sehr, sehr schön.«

Sie vertraute ihm. Egal, was er tat, sie würde ihm vertrauen. Egal, worum er bat, sie würde es gewähren. Dieser Gedanke erfüllte sie mit dumpfer, süßer Furcht. Sie fand heraus, wer sie war.

Edward sprach schon eine ganze Weile, aber sie hatte nicht zugehört, denn sie konzentrierte sich darauf, unter dem rhythmischen Hauch seines Atems still zu verharren.

»Ich kann nicht an die Bilder denken, wenn ich dich ansehe. Dies hier ist ganz anders. Die Bilder enden immer gleich. Das finde ich schrecklich. Sie enden immer mit dem Eindringen in die Frau, hier hinein.« Sie reckte sich ihm ein wenig entgegen, um seiner Beschreibung entgegenzukommen. »Man hat den Eindruck, sie suchen etwas, sie tasten herum.« Seine Worte trafen warm auf ihre Schenkel. »Sie tasten darin herum, wie in einer Jackentasche oder wie in der Sofaritze nach verlorenem Kleingeld – und dies hier ist etwas ganz anderes. Dafür ist es nicht gemacht.« Er strich mit dem Daumen über ihre neue, glatte Oberfläche. »Es ist kein Ding. Das bist du. Aber auf den Bildern geht es immer nur hinein, als wollten sie die Standardgröße feststellen, die richtige Paßform.«

Gleissendes Glück

Totó   Die Instruktion

Am Abend, wenn die Sonne verschwindet
und dem Mond die Instruktion für die Nacht gibt,
sagt sie ihm ins Ohr: »Ich gehe nach Hause,
empfehle dir alle Verliebten.«

Neapel. Eine literarische Einladung

André Schiffrin   Die Notwendigkeit der Bücher

Mittlerweile ist vielen Leuten bewußt, daß unsere Gesellschaft grundlegende Änderungen erfährt, seit dem Geld solch zentraler Stellenwert zugesprochen wird. Andere Werte, auf die man bislang als Gegenkräfte gebaut hatte, verschwinden rasch aus dem Blick. Nicht nur unser Besitz, auch unsere Arbeitsplätze und sogar wir selbst sind zu Waren geworden, die man nach Belieben kauft und weiterverscherbelt an den, der das meiste bietet. Gewiß gab es auch schon andere Zeiten, in denen man solche Umbrüche beobachten konnte – nur sind die Folgen diesmal im Zug der Globalisierung und der Industrialisierung der Medien überwältigend.

Was sich im Verlagswesen abgespielt hat, ist um keinen Deut schlimmer als das, was auch bei den übrigen Freiberuflern geschieht – und trotzdem kommt dem Umbruch in der Verlagswelt die allerhöchste Brisanz zu: denn nur in Büchern lassen sich Argumente und Fragen ausführlich und im Detail darstellen. Bücher waren traditionell das einzige Medium, bei dem zwei Leute – sprich: der Autor und ein Verleger – sich darauf einigen konnten, daß etwas gesagt werden mußte, und es dann mit vergleichsweise wenig Geld bewerkstelligten, mit ihren Thesen an die Öffentlichkeit zu treten.

Bücher unterscheiden sich ganz wesentlich von anderen Medien – anders als bei Zeitschriften spielen die Inserenten keine Rolle, und anders als Fernsehen und Kino ist das Buch nicht auf ein Massenpublikum angewiesen.

Bücher können es sich leisten, antizyklisch zu sein, neue Ideen zu präsentieren, den Status quo herauszufordern, all das in der Hoffnung, langfristig ein Forum für ihr Anliegen zu finden. Die Bedrohung, der sich solche Bücher und die in ihnen enthaltenen Ideen – eben das, was man früher als den Markt der Ideen bezeichnet hat – neuerdings ausgesetzt sehen, stellt nicht allein für die gewerbsmäßigen Büchermacher, sondern auch für die Gesellschaft als Ganzes eine gefährliche Entwicklung dar. Wir müssen daher neue Mittel und Wege zur Beibehaltung des Diskurses finden, der früher als unverzichtbarer Bestandteil einer demokratischen Gesellschaft galt.

Wir müssen darauf hoffen, daß in den kommenden Jahren immer mehr Leute hier in den Vereinigten Staaten, in Europa und anderswo begreifen werden, wie gefährlich es ist, in einer Kultur zu leben, die lediglich eine begrenzte Auswahl an Ideen und Alternativen bietet; wir müssen begreifen, wie unabdingbar es ist, daß in einer Gesellschaft viele und sehr unterschiedliche Standpunkte zur Diskussion stehen. Kurzum: Wir müssen uns wieder daran erinnern, wie wichtig Bücher schon immer in unserem Leben gewesen sind.

Verlage ohne Verleger

Die Mitarbeiter des Verlags, 2004
Stehend, von links: Katrin Haas (Vertrieb), Doreen Engel (Lehrlingin), Inga Kolk (Kommunikation), Julie August (Herstellung), Margit Knapp (Lektorat), Beatrice Faßbender (Presse), Hans-Gerd Koch (Lektorat), Birgit Thiel (Herstellung). Sitzend: Petra Biesenkamp (Finanzen/Rechte), Susanne Schüssler (Leitung), Klaus Wagenbach (Lektorat), Nina Wagenbach (Vertrieb), Annette Wassermann (Presse/Lektorat)

Susanne Schüssler
Reizende Aussichten
2004 ff.

Eins steht fest: die Gefahr lauert überall. Die Bücher und unser schönes Gewerbe haben eine schwere Zeit: Es wird weniger gelesen, weil die Nutzung anderer Medien dazugekommen ist; weil Lesen anstrengt und die Fähigkeit, einen längeren Text zu verfolgen, abhanden kommt; weil Lesen und Bildung nicht sexy sind, der Berufsberater vor der Sackgasse am Ende einer Buchhändlerlehre warnt und die Urlaubserzählung von Trekking im Himalaya, einsamen Inselstränden oder der wunderbar einfachen Mittelmeerküche handelt, nicht aber von einer Urlaubslektüre, die das Leben verändert hat. Weil die Betriebsberater uns seit Jahren im Brustton der Überzeugung verkünden, daß der unmittelbare Untergang bevorsteht, wenn wir Verlage uns nicht schleunigst für die Zukunft mit Business Re-Engeneering, Controlling, neuen Verwertungsketten, Crossmarketingkonzepten und ähnlich reizenden Dingen wappnen. Und sie versichern uns ungerührt, daß es uns eigentlich schon nicht mehr gibt, uns kleinere und mittlere Verlage und die kleineren und mittleren Buchhandlungen.

Daß die bis in die neunziger Jahre andauernden Zeiten des permanenten Wachstums vorbei sind, müssen wir wohl zur Kenntnis nehmen. Aber die letzten Jahre haben auch gelehrt, daß Größe nicht vor negativen Bilanzen, vor Pleite und Verkauf schützt, weder bei Verlagen, noch im Buchhandel. Und offenbar reicht es ebensowenig, die Programmhoheit in die Vertriebs- oder Marketingabteilung auszulagern. Titel, die nach der Auflagenerwartung beschlossen und mit einem großen Werbeetat zur Stapelware hochgejubelt werden sollen, können nichts anderes als austauschbar sein, ohne störende Ecken und Kanten, wenn man's genau nimmt: überflüssig. Oder können Sie sich an die jeweiligen Belletristikbestseller der letzten zehn Jahre erinnern? Aber die letzten zehn Literaturnobelpreis- oder Friedenspreis- oder Büchnerpreisträger könnte man schon annähernd zusammenbringen.

Es gibt Sie also doch noch – ja, Sie sind gemeint, die Sie gerade diesen Text lesen. Unsere Leser. Die nach Ungewöhnlichem und Unverwechselbarem suchen, die Lust haben am Lesen und an Abenteuern im Kopf. Die einige Energie aufwenden, um die Bücher unabhängiger Verlage mit merkwürdigen Programmen zu finden, zum Beispiel in den Feuilletons, wo diese seltsamen Bücher fast den ganzen Raum okkupieren und die Bestseller fast gar keinen. Oder im gutsortierten Buchhandel: Warum sollte er sich als anspruchsvoller Kunde nicht gerne beraten lassen über Neuheiten, Klassiker, Provokationen, schwere Ware, leichte Ware, günstige Gelegenheiten in Pappe oder Evergreens in Leinen; warum sollte er von seinem Buchhändler weniger verlangen als von seinem erstklassigen Metzger?! Es ist doch kein Zufall, daß gerade in ökonomisch weniger prickelnden Zeiten die Nachfrage nach hoher Qualität eher steigt. Warum sollten wir uns den Luxus guter Bücher also nicht leisten? Jedenfalls sollte der Leser mit ausgefallenem Geschmack nicht darüber jammern, daß die Objekte seiner Begierde, also Bücher, die in kleiner Auflage erscheinen, individuell ausgestattet und sorgfältig gedruckt, teurer sind als Massenware.

Und wir? Sind eine kleine, meist fröhliche Produktionsgemeinschaft, die weiterhin *Quartbücher*, *SVLTI*, Sachbücher und Karnickel-*Taschenbücher* druckt, Bücher aus den uns geläufigen Sprachen: Deutsch, Italienisch, Spanisch, Französisch und Englisch. Was wir nicht wollen, ist ›Marktführer‹ werden, auch nicht in einer ›Nische‹, wie etwa der Italiens. Wir wollen nicht der Größte, sondern möglichst gut und unverkennbar sein: Am Ende entscheiden wir ausschließlich nach Qualität, nach ästhetischen und inhaltlichen Kriterien. Und natürlich nach unseren ganz persönlichen Vorlieben und Abneigungen. Aber wir wünschen uns möglichst viele andere Verlage mit extravaganten Programmen, die dies ebenfalls tun, damit die Vielfalt in den Köpfen erhalten bleiben kann.

Wir möchten wie Trüffelschweine nach unerhörten Büchern und neuen Autoren suchen, und sie wie fürsorgliche Mütter großpäppeln; wie gute Schullehrer wollen wir immer wieder an wichtige Schriftsteller des 20. Jahrhunderts erinnern; in politischen und theoretischen Büchern vertreten wir unsere Meinung laut und deutlich oder lassen auch politisch nicht korrekte Meinungen zu Wort kommen (Irrtümer eingeschlossen). Wir fragen nach den Rahmenbedingungen für ein zukünftiges Zusammenleben und vergessen dabei nicht, einen Blick in die Geschichte, Kulturgeschichte und Kunstgeschichte Europas zu werfen. Und wir möchten Platz haben für ganz und gar unmögliche Bücher, Raritäten ohne Ziel- und Warengruppe, und die Ideen dazu, wie wir sie trotzdem verkaufen können.

Um Ihnen alle diese Bücher, von denen Sie gar nicht gewußt haben, daß Ihr Bücherregal sie schon ungeduldig erwartet, wohlfeil auf den Ladentisch zu legen und zugleich, um unser Gewerbe nach allen Regeln der schwarzen Kunst auszuüben, werden wir Ihnen auch in Zukunft solide, verrückte und fein ausgestattete Bücher liefern.

Verzeichnis aller im Verlag erschienenen Bücher

Bachmann, Ingeborg   Ein Ort für Zufälle.
Mit 13 Zeichnungen von Günter Grass.
1965, Q 6, 72 S. *
NA 1999: Bleisatz und Buchdruck. Qb, 64 S.

Baier, Lothar
– **Die große Ketzerei.**
*Verfolgung und Ausrottung der Katharer durch
Kirche und Wissenschaft.*
OA 1984, WAT 108, 208 S. * NA 1991: WAT 191 *
NA 2001: WAT 410, 208 S. mit Abb.
– **Gleichheitszeichen.**
Streitschriften über Abweichung und Identität.
OA 1985, WAT 124, 120 S. *
– **Firma Frankreich.** *Eine Betriebsbesichtigung.*
OA 1988, WAT 155, 144 S. *
– **Volk ohne Zeit.**
Essay über das eilige Vaterland.
OA 1990, WAT 182, 128 S. *

Baier, Lothar / Gottschalch, Wilfried / Reiche,
Reimut / Schmid, Thomas / Schmierer, Joscha /
Sichtermann, Barbara / Sofri, Adriano
Die Früchte der Revolte. *Über die Verände-
rung der politischen Kultur durch die Studenten-
bewegung.* OA 1988, WAT 162, 160 S. *

Baier, Lothar / Erler, Gisela / Heinsohn, Gunnar /
Kluge, Alexander / Preuß, Ulrich K. / Reiche, Jo-
chen / Schmid, Thomas / Sichtermann, Barbara
Die Linke neu denken.
Acht Lockerungen. Aufs.
OA 1984, WAT 112, 128 S. *

Baran, Paul A. / Fried, Erich / Salvatore, Gaston
Intellektuelle und Sozialismus.
1968, R 2, 128 S. *

Baratay, Eric / Hardouin-Fugier, Elisabeth
Zoo. *Von der Menagerie zum Tierpark.*
A. d. Franz. Matthias Wolf.
2000, AP, Großformat, 256 S. mit vielen Abb.

Barnes, Djuna
– **Die Nacht in den Wäldern.** *Short Stories.*
A. d. Amerik. Karin Kersten. 1984, Q 133, 160 S. *
– **Ladies' Almanach.** Mit Zeichnungen und
Photos. A. d. Amerik. Karin Kersten.
Nachw. Brigitte Siebrasse. 1985, AP, 144 S. *
NA 2003: WAT 465
– **Portraits.** A. d. Amerik. Karin Kersten. Hrsg.
Alyce Barry. Vorw. und Komm. Douglas Messerli.
1985, AP, 208 S. mit zahlr. Abb. *
– **Leidenschaft.** *Neun Erzz.*
A. d. Amerik. Karin Kersten. 1986, Q 147, 128 S. *
– **Saturnalien.** *Erz.*
A. d. Amerik. Karin Kersten. 1987, Q 157, 112 S. *
– **New York.**
Gesch. und Reportagen aus einer Metropole.
A. d. Amerik. Karin Kersten.
1987, AP, 192 S. mit Abb. *
– **Paris, Joyce, Paris.** Nachw. Kyra Stromberg.
A. d. Amerik. Karin Kersten.
1988, S 5, 96 S. mit vielen Abb.

– **Paprika Johnson und andere Stories.**
Zusammengestellt von Barbara Herzbruch.
A. d. Amerik. Karin Kersten.
OA 1989, WAT 173, 128 S. mit Abb. *
– **Solange es Frauen gibt, wie sollte da etwas
vor die Hunde gehen?**
A. d. Amerik. Karin Kersten. 1991, S 28, 96 S.
– **Die Frau, die auf Reisen geht, um zu
vergessen.** *Reisebilder.* A. d. Amerik.,
mit einem Nachw. Inge Weidenbaum.
1992, S 34, 88 S. mit vielen Photos.
– **Hinter dem Herzen.** Mit zahlr. unbekannten
Texten. Zus. von Susanne Schüssler.
1994, GebB, 192 S. NA 1996: S 59, 144 S. *
– **Verführer an allen Ecken und Enden.**
Ratschläge für die kultivierte Frau.
A. d. Amerik. Inge von Weidenbaum.
1994, S 48, 80 S.
– **Alles Theater!** A. d. Amerik. Inge von
Weidenbaum. 1998, S 72, 96 S. mit Abb.
– **Eine Nacht mit den Pferden.**
Gesammelte Erzz.
A. d. Amerik. Karin Kersten. 1999, Qb, 352 S.
– **Eine Nacht mit den Pferden.**
Gelesen von Sophie Rois.
2001, LO, MC/CD, Laufzeit 67 Min.
– **Im Dunkeln gehn.**
Briefe an Emily Coleman.
Hrsg. und mit einem Vorw. Mary Lynn Broe.
A. d. Amerik. Robin Cackett. Bibliophile Ausgabe.
2002, Qb, Großformat, 196 S.

Baroja, Julio Caro
Der Inquisitor, der Eroberer, der Herr.
Drei Berufsbilder aus der spanischen Geschichte.
A. d. Span. Susanne und Gerhard Herrera.
1990, KKB 25, 112 S. *

Barolsky, Paul
– **Warum lächelt Mona Lisa?** *Vasaris Erfindun-
gen.* A. d. Engl. Robin Cackett. 1995, AP, 168 S. *
– **Giottos Vater.** *Vasaris Familiengeschichten.*
A. d. Engl. Ebba D. Drolshagen. 1996, AP, 180 S.

Baron, Hans
**Bürgersinn und Humanismus im Florenz
der Renaissance.**   A. d. Engl.
Gabriele Krüger-Wirrer. 1992, KKB 38, 96 S. *

Bartsch, Kurt   **Die Lachmaschine** *Ged.,
Songs und ein Prosafragment.* 1971, Q 50, 72 S. *

Bassani, Giorgio
Die Gärten der Finzi-Contini. *Roman.*
A. d. Ital. Herbert Schlüter. 2001, WAT 404, 368 S. *

Baudelaire 1848.   Ged. der Revolution.
Hrsg. und kommentiert von Oskar Sahlberg. OA
1977, WAT 35, 160 S. *

Baxandall, Michael   **Die Wirklichkeit der Bilder.**
Malerei und Erfahrung in der Renaissance.
A. d. Engl. Hans-Günter Holl. 1999, AP
Großformat, 192 S. mit 90, meist farbigen Abb.

Beauvoir, Simone de   **Sie kam und blieb.**
Roman. A. d. Franz. Eva Rechel-Mertens.
2003, WAT 466, 384 S.

Beck, Barbara / Kurnitzky, Horst
Zapatá. *Bilder aus der mexikanischen
Revolution.* OA 1975, WAT 14, 160 S. *

Beckford, William
Die Geschichte des Kalifen Vathek.
Ein Schauerroman aus dem britischen Empire.
Kommentare von Gisela Dischner.
1975, WAT 10, 192 S. *

Behan, Brendan
Die Geisel und andere Stücke.
A. d. Engl. Annemarie und Heinrich Böll sowie
Jürgen und Astrid Fischer.
Nachbemerkung von Heinrich Böll.
Hrsg. und mit einem Nachw. Ute Nyssen.
1977, Q 88, 228 S. mit vielen Photos. *
NA 1993: Q 187 *

Belben, Rosalind   **Gut und schön.** *Roman.*
A. d. Engl. Hannah Harders. 1990, Q 172, 128 S. *

Bellonci, Maria / Ceronetti, Guido / Eco, Um-
berto / Malerba, Luigi / Manganelli, Giorgio /
Portaghesi, Paolo / Sanguineti, Edoardo
So war es! War es so?
Neue unmögliche Interviews.
A. d. Ital. Marianne Schneider, Burkhart Kroeber,
Barbara Villiger-Heilig. 1992, S 30, 96 S.

Ben Jelloun, Tahar   **Die erste Liebe
ist immer die letzte.** *Erzz.*
A. d. Franz. Christiane Kayser.
2002, WAT 439, 128 S.

Benn, Gottfried
Das Nichts und der Herr am Nebentisch.
Mit einem biogr. Essay von Joachim Dyck.
OA 1986, WAT 130, 160 S. *

Bennett, Alan
– **Vater, Vater lichterloh.** *Zwei Kurzromane.*
Deutsch von Ingo Herzke. 2002, Qb, 128 S. *
– **Così fan tutte.**
A. d. Engl. Brigitte Heinrich. 2003, S 114, 96 S. *
– **Così fan tutte.** Gelesen von Uwe Friedrichsen.
2003, LO, CD, Laufzeit 79 Min.

Benni, Stefano
– **Die Bar auf dem Meeresgrund.**
Unterwassergeschichten.
A. d. Ital. Pieke Biermann. 1999, WAT 344, 224 S.
– **Komische erschrockene Krieger.** *Roman.*
A. d. Ital. Pieke Biermann. 2000, WAT 366, 224 S.
– **Baol.** *Die magischen Abenteuer einer
fieberhaften Samstagnacht.* *Roman.*
A. d. Ital. Jochen Koch. 2000, WAT 390, 208 S.
– **Geister.** *Roman.*
A. d. Ital. Hinrich Schmidt-Henkel.
2001, Qb, 420 S.
– **Terra!** *Roman.* A. d. Ital. Pieke Biermann.
2002, WAT 427, 320 S.

Berberova, Nina
– **Der Lakai und die Hure.** *Roman.*
Deutsch von Anna Kamp. 2003, WAT 469, 96 S.
– **Das schwarze Übel.** *Roman.*
Deutsch von Anna Kamp. 2003, WAT 486, 96 S.

Berenberg, Heinrich von (Hrsg.)
Der eiserne Besen.
Eine Innenansicht des heutigen England.
OA 1989, WAT 165, 160 S. *

Berger, John
– **Das Leben der Bilder oder die Kunst des
Sehens.** A. d. Engl. Stephen Tree.
1981, AP, 144 S. mit 18 Abb. *
NA 1989: Vorw. Brigitta Ashoff. S 15, 132 S.
– **Das Kunstwerk.**
Über das Lesen von Bildern. Essays.
A. d. Engl. Kyra Stromberg. 1992, S 29, 96 S.

Berggruen, Heinz
– **Monsieur Picasso und Herr Schaften.**
Erinnerungsstücke.
2001, S 99, 80 S. mit vielen Abb.
– **Spielverderber, nicht alle.** *Betrachtungen.*
2003, S 120, 80 S. mit Abb.

Berlusconis Italien – Italien gegen Berlusconi.
Mit einem einführenden Text von Friederike
Hausmann über den Aufstieg Berlusconis.
OA 2002, WAT 450, 192 S.

Berns, Jörg Jochen
**Die Herkunft des Automobils aus Himmels-
trionfo und Höllenmaschine.**
1996, KKB 54, 96 S. mit vielen Abb.

Bettelheim, Charles   **Ökonomisches Kalkül
und Eigentumsreform.** *Zur Theorie
der Übergangsgesellschaft.* A. d. Franz.
Horst Arenz u. Roland Knaus. 1970, R 12, 168 S. *

Bettelheim, Charles / Macciocchi, Antonietta
China 1972. *Ökonomie, Betrieb und
Erziehung seit der Kulturrevolution.*
Hrsg. Dietmar Albrecht. 1972, R 42, 168 S. *

Bettelheim, Charles / Dobb, Maurice / Foa, Lisa /
Hubermann, Leo / Mandel, Ernest / Robinson,
Joan / Sweezy, Paul M.
Zur Kritik der Sowjetökonomie.
*Eine Diskussion marxistischer Ökonomen des
Westens über die Wirtschaftsreform in den
Ländern Osteuropas.*
Hrsg. Peter Strotmann. 1969, R 11, 160 S. *

Bettini, Maria   **Eine kleine Geschichte
der Lüge.** *Von Odysseus bis Pinocchio.*
A. d. Ital. Klaus Ruch. Dt. EA 2003, WAT 461, 144 S.

Beyer, Andreas (Hrsg.) / Arrouye, Jean /
Bredekamp, Horst / Lavin, Irving /
Schellewald, Barbara / Settis, Salvatore
Die Lesbarkeit der Kunst.
Zur Geistesgegenwart der Ikonologie.
1992, KKB 37, 122 S. *

Bichsel, Peter / Biermann, Wolf / Floh de
Cologne / Fuchs, Günter Bruno / Herburger,
Günter / Jandl, Ernst / Lettau, Reinhard /
Reinig, Christa / Rühmkorf, Peter
Warum ist die Banane krumm?
Geschichten und Lieder für Kinder.
1971, Qp 7, 30 cm, 33 UpM. *

Biermann, Wolf
– **Die Drahtharfe.**
*Balladen, Ged., Lieder, mit Notenbeispielen
des Autors.* 1965, Q 9, 84 S. NA 1981: Q 82 *
– **Mit Marx und Engelszungen.**
Ged., Balladen, Lieder. 1968, Q 31, 84 S.
– **4 neue Lieder.** 1968, Qp 3, 17 cm, 33 UpM. *
– **Chausseestr. 131.** *10 Lieder u. Ged.*
1969, Qp 4, 30 cm, 33 UpM. *
– **Der Dra-Dra.** *Die große Drachentöterschau
in 8 Akten mit Musik.* Mit Noten u.
Illustrationen. 1970, Q 45/46, 144 S. *
– **Für meine Genossen.** *Hetzlieder, Ged.,
Balladen.* 1972, Q 62, 96 S. *

Biermann, Wolf / Bobrowski, Johannes /
Delius, F. C. / Fried, Erich / Fuchs, Günter
Bruno / Hermlin, Stephan / Lind, Jakov /
Meckel, Christoph
**8 Autoren lesen aus ihren Quartheften,
angesagt vom Verleger.**
1968, Qp 1, 17 cm, 33 UpM. *

Biermann, Wolf / Heine, Heinrich
Deutschland. Ein Wintermärchen.
2 Poeme. Mit Prolog, Epilog, Nachw. und
Anmerkungen. 1972, Q 63, 72 S. *
NA 1990: WAT 185, 144 S. *

Bilenchi, Romano
– **Die unmöglichen Jahre.**
Eine Familiengeschichte aus der Toskana.
A. d. Ital. Karin Fleischanderl. 1990, Q 173, 128 S. *
– **Anna und Bruno.** *Erzz. aus der Toskana.*
A. d. Ital. Karin Fleischanderl. 1991, Qb, 200 S. *
– **Mein Vetter Andrea.** *Gesch. aus der Toskana.*
A. d. Ital. Moshe Kahn. 1999, WAT 353, 128 S.

Blume, Georg / Yamamoto, Chikako
– **Chinesische Reise.** *Provinzen und Städte
in der Volksrepublik.* Nachw. Helmut Schmidt.
OA 1999, WAT 348, 160 S. mit einer Karte
– **Modell China.** *Im Reich der Reformen.*
OA 2002, WAT 424, 144 S.

Bobbio, Norberto
– **Rechts und Links.** *Gründe und Bedeutungen
einer politischen Unterscheidung.* A. d. Ital.
Moshe Kahn. Dt. EA 1994, WAT 234, 96 S. *
NA 1998: WAT 311, 96 S.
– **Vom Alter – De senectute**
A. d. Ital. Annette Kopetzki. 1997, S 69, 128 S. *
– **Das Zeitalter der Menschenrechte**
Ist Toleranz durchsetzbar?
A. d. Ital. Ulrich Hausmann, Nachw. Otto Kall-
scheuer. 1998, AP, 128 S. NA 1999: WAT 358

Bobrowski, Johannes
– **Mäusefest u. a. Erzz.** 1965, Q 3, 84 S. *
NA 1995: Qb, Bleisatz und Buchdruck, 80 S.
– **Wetterzeichen.** *Ged.* 1967, Q 19, 84 S. *
– **Nachbarschaft.** *9 Ged., 3 Erzz., 2 Schall-
platten mit 2 Interviews, Lebensdaten und
Bibliographie.* Mit Reden von Stephan Hermlin
und Hans Werner Richter. 1967, AP, 48 S. *
– **Litauische Claviere.** *Roman.*
1967, AP, 176 S. * NA 1983: WAT 101, 128 S. *
– **Der Mahner.** *Erzz. u. a. Prosa aus dem
Nachlaß.* 1968, Q 29, 82 S. *
– **Mäusefest / Der Mahner.** 1981, Q 113, 144 S. *
– **Im Strom.** *Ged. und Prosa.*
Ausw. u. Nachw. Klaus Wagenbach. 1989, S 13, 96 S.
– **Im Strom.** Gelesen vom Autor.
2001, LO, MC/CD Laufzeit 35 Min.

Böll, Heinrich / Dutschke, Rudi / Fried, Erich /
Menzel, Klaus / Reidemeister, Helga / Schenk,
Johannes / Schily, Otto / Schmid, Richard / Stiller,
Klaus / Wachenfeld, Christa / Wagenbach, Klaus
Die Erschießung des Georg von Rauch.
Eine Dokumentation anläßl. d. Prozesse.
1976, Politik Sonderband, 160 S. *

Borges, Jorge Luis **Lotterie in Babylon.**
Die schönsten Erzählungen.
Ausgewählt von Fritz Arnold. 1997, S 68, 160 S.

Borin, Max / Plogen, Vera **Management und
Selbstverwaltung in der ČSSR.** *Bürokratie
und Widerstand.* 1970, R 4, 144 S. *

Born, Jürgen / Dietz, Ludwig / Pasley, Malcolm /
Raabe, Paul / Wagenbach, Klaus
Kafka Symposium.
1965, AP, 192 S. mit 8 Abb. und 5 Tafeln. *

Borst, Arno **Computus.**
Zeit und Zahl in der Geschichte Europas.
1990, KKB 28, 128 S. *
NA 2004: WAT 492, 192 S. mit zahlr. Abb.

Bose, Günter / Brinkmann, Erich **Circus.**
Geschichte und Ästhetik einer niederen Kunst.
OA 1978, WAT 46, 208 S. *

Bourdieu, Pierre **Satz und Gegensatz.**
A. d. Franz. Bernd Schwibs und Ulrich Raulff.
1989, KKB 20, 80 S.

Bowles, Jane
– **Zwei sehr ernsthafte Damen.**
Roman. A. d. Amerik. Adelheid Dormagen.
2001, WAT 416, 264 S.
– **Einfache Freuden.** *Erzz.* A. d. Amerik.
Adelheid Dormagen. 2002, WAT 431, 176 S.

Brancati, Vitaliano **Der schöne Antonio.**
Roman. A. d. Ital. Arianna Giachi.
1999, WAT 351, 336 S.

Brandstätter, Horst (Zus.)
– **Asperg.** *Ein deutsches Gefängnis.*
OA 1978, WAT 45, 160 S. *

– **Ein Verbrecher aus verlorener Ehre.**
Eine wahre Geschichte von Friedrich Schiller.
OA 1984, WAT 117, 128 S. *

Braudel, Fernand Modell Italien 1450–1650.
A. d. Franz. Siglinde Summerer und Gerda Kurz.
2003, WAT 457, 240 S.

**Braudel, Fernand / Davis, Natalie Zemon /
Febvre, Lucien u.a.
Der Historiker als Menschenfresser.**
Über den Beruf des Geschichtsschreibers.
OA 1990, WAT 187, 128 S. *

Braun, Karl ¡Toro! Spanien und der Stier.
2000, WAT 383, 240 S. mit vielen Abb.

**Braun, Karlheinz / Völker, Klaus (Hrsg.)
Spielplatz 1. Jahrbuch für Theater 71/72.**
1972, Q 60/61, 216 S. *

Bredekamp, Horst
– **Antikensehnsucht und Maschinenglauben.**
*Die Geschichte der Kunstkammer und die
Zukunft der Kunstgeschichte.*
1993, KKB 41, 128 S. *
NA 2000: WAT 361, 160 S. mit vielen Abb.
– **Sankt Peter in Rom und das Prinzip der
produktiven Zerstörung.**
Bau und Abbau von Bramante bis Bernini.
2000, KKB 63, 160 S. mit über 50 Abb.
– **Florentiner Fußball.** *Die Renaissance der
Spiele.* Überarbeitete NA 2001: WAT 397,
240 S. mit vielen Abb.
– **Sandro Botticelli: Primavera.** *Florenz
als Garten der Venus.* 2002, WAT 446,
124 S. mit vielen Abb. und einer Farbtafel.

**Breytenbach, Breyten Kreuz des Südens,
schwarzer Brand.** *Ged. und Prosa.*
A. d. Afrikaans u. Niederl. Rosi Bussink.
Zus. Pieter Zandee. 1977, Q 89, 96 S. *

Brilli, Attilio
– **Als Reisen eine Kunst war.**
*Vom Beginn des modernen Tourismus: Die
›Grand Tour‹.* A. d. Ital. Annette Kopetzki.
OA 1997, WAT 274, 224 S. mit 62 Abb.
– **Italiens Mitte.** *Alte Reisewege und Orte in
der Toskana und Umbrien.*
A. d. Ital. Annette Kopetzki.
Dt. EA 1998, WAT 313, 192 S. mit vielen Abb.
– **Das rasende Leben.**
Die Anfänge des Reisens mit dem Automobil.
A. d. Ital. Annette Kopetzki.
Dt. EA 1999, WAT 354, 192 S. mit vielen Abb.

**Brödner, Peter / Krüger, Detlef / Senf, Bernd
Der programmierte Kopf.**
Die Sozialgeschichte der Datenverarbeitung.
OA 1981, WAT 82, 192 S. *

Brown, Peter
– **Die letzten Heiden.** *Kleine Gesch. der Spät-
antike.* Vorw. Paul Veyne. A. d. Engl. Holger
Fliessbach. 1986, AP, 160 S. mit zahlr. Abb. *

– **Die Gesellschaft und das Übernatürliche.**
Vier Studien zum frühen Christentum.
A. d. Engl. Martin Pfeiffer. 1993, KKB 40, 112 S. *

Broyelle, Claudie Die Hälfte des Himmels.
*Frauenemanzipation und Kindererziehung
in China.* Vorw. Han Suyin.
A. d. Franz. Matthias Wolf. 1973, P 49, 176 S. *

**Broyelle, Claudie und Jacques /
Tschirhart, Eveline
Zweite Rückkehr aus China.**
Ein neuer Bericht über den chinesischen Alltag.
A. d. Franz. Eva Zwiauer. 1977, P 77, 276 S. *

Bruck, Edith Wer dich so liebt.
Lebensbericht einer Jüdin.
A. d. Ital. Cajetan Freund. 1999, WAT 352, 112 S.

Brückner, Peter
– **Das Unvermögen der Realität.** *Beiträge zu
einer anderen materialistischen Ästhetik.*
Hrsg. von Peter Brückner, Chris Bezzel, Gisela
Dischner, Michael Eckelt, Peter Gorsen, Alfred
Krovoza, Gabriele Ricke, Matthias Sell, Alfred
Sohn-Rethel. 1974, P 55, 208 S. *
– **›… bewahre uns Gott in Deutschland vor
irgendeiner Revolution!‹**
*Die Ermordung des Staatsrats v. Kotzebue
durch den Studenten Sand.*
Nachw.: Über die Unmöglichkeit einer Hoch-
schulreform. OA 1975, WAT 6, 128 S. *
– **Ulrike Marie Meinhof und die deutschen
Verhältnisse.** OA 1976, WAT 29, 192 S. *
NA 1995: Nachw. Klaus Wagenbach,
WAT 245, 208 S. *
NA 2001: Vorw. Ulrich K. Preuß, WAT 407, 216 S.
– **Versuch, uns und anderen die Bundes-
republik zu erklären.** 1978, P 81, 180 S. *
NA 1984: AP, 184 S.
– **Über die Gewalt.**
*Sechs Aufsätze zur Rolle der Gewalt in der
Entstehung und Zerstörung sozialer Systeme.*
1979, P 85, 144 S. *
– **Das Abseits als sicherer Ort.**
Kindheit und Jugend zwischen 1933 und 1945.
OA 1980, WAT 66, 160 S. * NA 1994:
Vorw. Barbara Sichtermann, GebB, 176 S. *
– **Psychologie und Geschichte.**
Vorlesungen im ›Club Voltaire‹ 1980/81.
Hrsg. Axel-R. Oestmann. 1982, AP, 280 S. *
– **Zerstörung des Gehorsams.**
Aufs. zur Politischen Psychologie.
1983, AP, 264 S.
– **Selbstbefreiung.**
Provokation und soziale Bewegungen.
1983, WAT 104, 112 S. *
– **Vom unversöhnlichen Frieden.**
Aufs. zur politischen Kultur und Moral.
1984, AP, 208 S.
– **Freiheit, Gleichheit, Sicherheit.**
Von den Widersprüchen des Wohlstands.
Vorw. Ulrich K. Preuß. OA 1989, WAT 163, 160 S.*

Brückner, Peter / Krovoza, Alfred
Staatsfeinde. *Innerstaatliche Feinderklärung in der BRD.* 1972, R 40, 120 S. *

Brückner, Peter / Sichtermann, Barbara
Gewalt und Solidarität.
Zur Ermordung Ulrich Schmückers durch Genossen: Dokumente und Analysen.
1974, P 59, 104 S. *

Brüggemann, Heinz / Erler, Gisela / Gerstenberger, Heide / Gottschalch, Wilfried / Kipphardt, Heinar / Preuß, Ulrich K. / Schmid, Thomas / Sonnemann, Ulrich
Über den Mangel an politischer Kultur in Deutschland. 1978, P 83, 120 S. *

Brunotte, Ulrike   Zwischen Eros und Krieg.
Männerbund und Ritual in der Moderne.
2004, KKB 70, 160 Seiten

Buch, Hans Christoph
– **Aus der neuen Welt.**
Nachrichten und Gesch. 1975, Q 77, 96 S. *
– **Die Scheidung von San Domingo.**
Wie die Negersklaven von Haiti Robespierre beim Wort nahmen.
OA 1976, WAT 20, 192 S. *
– **Tatanka Yotanka oder Was geschah wirklich in Wounded Knee?** OA 1979, WAT 55, 160 S. *

Buddensieg, Tilmann
– **Berliner Labyrinth.** *Preußische Raster.*
1993, KKB 43, 160 S. mit Abb.*
– **Berliner Labyrinth, neu besichtigt.**
Von Schinkels Unter den Linden bis Fosters Reichstagskuppel.
1999, WAT 345, 224 S. mit vielen Abb.
– **Nietzsches Italien.**
Städte, Gärten und Paläste.
2002, AP, 256 S. mit zahlr. Abb.

Bufalino, Gesualdo   Museum der Schatten.
Gesch. aus dem alten Sizilien.
A. d. Ital. Maja Pflug. 1982, WAT 93, 128 S. *
NA 1992: S 33, 96 S.

Buñuel, Luis
– **Die Erotik und andere Gespenster.** *Nicht abreißende Gespräche mit Max Aub.*
A. d. Span. Barbara Böhme. OA 1986, WAT 132, 208 S. mit Photos. *   NA 1992: WAT 203 *
NA 2003: WAT 459, 192 S. mit Photos.
– **Die Flecken der Giraffe.** *Ein- und Überfälle.*
Nachw. Carlos Rincón. A. d. Span. Fritz Rudolf Fries und Gerda Schattenberg.
1991, AP, 224 S. mit Abb.
– **»Wenn es einen Gott gibt, soll mich auf der Stelle der Blitz treffen«**
Nachw. Carlos Rincón. A. d. Span.
Gerda Schattenberg und Fritz Rudolf Fries.
1994, S 47, 112 S. mit vielen Abb.
– **Objekte der Begierde.** Hrsg. und Vorw.
Heinrich von Berenberg. Mit einer Filmographie.
OA 2000, WAT 360, 192 S. mit vielen Photos.

Burke, Peter
– **Die Renaissance in Italien.** *Sozialgeschichte einer Kultur zwischen Tradition und Erfindung.*
A. d. Engl. Reinhard Kaiser. 1984, AP, 336 S. mit Abb. und Bildtafeln. *   NA 1992: AP
– **Städtische Kultur in Italien zwischen Hochrenaissance und Barock.**
A. d. Engl. Wolfgang Kaiser. 1986, AP, 224 S. mit vielen Abb. *
– **Vico.** *Philosoph, Historiker, Denker einer neuen Wissenschaft.* A. d. Engl. Wolfgang Heuss. 1987, AP, 120 S. *   NA 2001: WAT 399
– **Küchenlatein.** *Sprache und Umgangssprache in der frühen Neuzeit.*
A. d. Engl. Robin Cackett. 1989, KKB 14, 88 S. *
– **Die Renaissance.** A. d. Engl. Robin Cackett.
1990, S 21, 112 S. mit vielen Abb.
– **Offene Geschichte.** *Die Schule der ›Annales‹.*
A. d. Engl. Matthias Fienbork. 1991, AP, 144 S. *
– **Ludwig XIV.**
Die Inszenierung des Sonnenkönigs.
A. d. Engl. Matthias Fienbork. 1993, AP, 280 S. *
NA 2001: WAT 412 Mit 88 Abb. *
– **Reden und Schweigen.**
Zur Geschichte sprachlicher Identität.
A. d. Engl. Bruni Röhm. 1994, KKB 46, 80 S.
– **Die Geschicke des »Hofmann«.**
Zur Wirkung eines Renaissance-Breviers über angemessenes Verhalten.
A. d. Engl. Ebba D. Drolshagen.
1998, AP, 228 S. mit 8 Bildtafeln.
– **Eleganz und Haltung.**
Die Vielfalt der Kulturgeschichte.
A. d. Engl. Matthias Wolf. 1998, AP, 288 S.
– **Papier und Marktgeschrei.**
Die Geburt der Wissensgesellschaft.
A. d. Engl. Matthias Wolf. 2001, AP, 320 S.
– **Augenzeugenschaft.** *Bilder als historische Quellen.* A. d. Engl. Matthias Wolf.
2003, AP, 256 S. mit über 90 Abb.

Burkert, Walter   Wilder Ursprung.
Opferritual und Mythos bei den Griechen.
Vorw. Glenn W. Most. 1990, KKB 22, 96 S. *

Burnheim, John   Über Demokratie.
Alternativen zum Parlamentarismus.
Vorw. Thomas Schmid. A. d. Engl. Robin Cackett.
OA 1987, WAT 142, 192 S. *

Calvino, Italo
– **Der verzauberte Garten.** *Die schönsten Erzz.*
Ausw. Klaus Wagenbach. 1988, S 79, 128 S.
– **Das Schloß, darin sich Schicksale kreuzen.**
Erz. A. d. Ital. Heinz Riedt.
2000, WAT 378, 144 S. *

Camilleri, Andrea
– **Der unschickliche Antrag.** *Roman.*
A. d. Ital. Moshe Kahn. 1999, Qb, 280 S.
NA 2004: Jubi, 256 S.
– **Die Mühlen des Herrn.** *Roman.*
A. d. Ital. Moshe Kahn. 2000, Qb, 224 S.

- **Fliegenspiel.** *Sizilianische Geschichten.*
  A. d. Ital. Moshe Kahn. 2000, S 91, 96 S.
- **Fliegenspiel.** Gelesen von Udo Samel.
  2003, LO, CD, Laufzeit 79 Min.
- **Der vertauschte Sohn.**
  A. d. Ital. Moshe Kahn. 2001, Qb, 304 S.
- **Die Ermittlungen des Commissario Collura.**
  A. d. Ital. Moshe Kahn. Dt. EA 2003, WAT 476, 96 S.

Cannadine, David Die Erfindung der britischen
Monarchie 1820–1994. A. d. Engl.
Matthias Fienbork. 1994, KKB 47, 80 S. mit Abb. *

Carlo, Antonio Politische und ökonomische
Struktur der UdSSR (1917–75).
A. d. Ital. Burkhart Kroeber. 1972, R 36, 152 S. *

Carocci, Giampiero Kurze Geschichte des
amerikanischen Bürgerkriegs.
A. d. Ital. Friederike Hausmann.
OA 1997, WAT 281, 160 S. mit vielen Abb.

Carrère, Emmanuel Der Schnurrbart.
Roman. A. d. Franz. Georges Hausemer.
1997, WAT 289, 160 S.

Casanovas Venedig. *Ein Reiselesebuch.*
Hrsg. Lothar Müller. 1998, S 71, 128 S. mit Abb.

Castelnuovo, Enrico Das künstlerische
Portrait in der Gesellschaft. *Das Bildnis und
seine Geschichte in Italien von 1300 bis heute.*
A. d. Ital. Martina Kempter. 1988, KKB 11, 128 S. *

Castiglione, Baldassare Der Hofmann.
Lebensart in der Renaissance.
A. d. Ital. Albert Wesselski. Vorw. Andreas Beyer.
OA 1996, WAT 264, 144 S. mit Abb. *
NA 1999: WAT 357 *

Castoriadis, Cornelius
Sozialismus oder Barbarei.
*Analysen und Aufrufe zur kulturrevolutionären
Veränderung.*
A. d. Franz. Jürgen Hoch. 1980, P 86, 180 S. *

Cavazzoni, Ermanno
- **Kurze Lebensläufe der Idioten.** *Kalender-
geschichten* A. d. Ital. Marianne Schneider.
1994, Q 188, 128 S. * NA 1998: WAT 314
- **Gesang der Mondköpfe.** *Roman.*
  A. d. Ital. Marianne Schneider. 1996, Qb, 300 S.
- **Die nutzlosen Schriftsteller.**
  A. d. Ital. Marianne Schneider. 2003, Qb, 192 S.

Cela, Camilo José Neunter und letzter Wermut.
28 Geschichten aus dem spanischen Leben.
A. d. Span. Gisbert Haefs. 1990, S 18, 96 S. *

Celati, Gianni
- **Erzähler der Ebenen.**
  30 Geschichten. A. d. Ital. Marianne Schneider.
  1986, Q 143, 144 S. * NA 1997: S 70
- **Der wahre Schein.** *4 lange Geschichten*
  A. d. Ital. Marianne Schneider. 1988, Q 162, 160 S.*
- **Cinema Naturale.**
  A. d. Ital. Marianne Schneider. 2001, Qb, 240 S.

Cercas, Javier Der Mieter. *Roman.*
A. d. Span. Willi Zurbrüggen. 2003, S 118, 112 S.

Césaire, Aimé
- **Im Kongo.** *Ein Stück über Patrice Lumumba.*
  Mit einem Essay von Jean-Paul Sartre.
  A. d. Franz. Monika Kind. 1966, Q 15, 84 S. *
- **Über den Kolonialismus.**
  A. d. Franz. Monika Kind. 1968, R 3, 80 S. *
- **Ein Sturm.** *Stück für ein schwarzes Theater.*
  A. d. Franz. Monika Kind. 1970, Q 43, 72 S. *

Chartier, Roger Die unvollendete Vergangenheit. *Geschichte und die Macht der
Weltauslegung.* A. d. Franz. Ulrich Raulff.
1989, AP, 166 S. *

Chastel, André Die Groteske.
Streifzug durch eine zügellose Malerei.
A. d. Franz. Horst Günther.
1997, KKB 57, 104 S. mit 71 Abb. *

Chesneaux, Jean Weißer Lotus, rote Bärte.
*Geheimgesellschaften in China.
Zur Vorgeschichte der Revolution.*
A. d. Franz. Walle Bengs und Uli Laukat.
Dt. EA 1976, WAT 15, 192 S. *

Chesterton, G. K. Der Mann, der Donnerstag
war. *Eine Nachtmahr. Roman.*
A. d. Engl. von Heinrich Lautensack.
2002, WAT 455, 192 S.

Chirbes, Rafael Mimoun. *Roman.*
A. d. Span. Elke Wehr. 1990, Q 174, 96 S. *
NA 1998: WAT 337

Chotjewitz, Peter O. / Jaco, Aldo de
Die Briganten.
Aus dem Leben süditalienischer Rebellen.
Dt. EA 1976, WAT 19, 192 S. *

Christ, Karl Geschichte und Existenz.
1991, KKB 34, 96 S.

Ciaula, Tommaso di
- **Der Fabrikaffe und die Bäume.**
  *Wut, Erinnerungen und Träume eines
  apulischen Bauern, der unter die Arbeiter fiel.*
  A. d. Ital. Wolfgang S. Bauer.
  Dt. EA 1979, WAT 51, 160 S. *
- **Das Bittere und das Süße.**
  *Über die Liebe, das Scherenschleifen und
  andere vergessene Berufe.*
  A. d. Ital. Werner Raith.
  OA 1982, WAT 86, 128 S. *

Cipolla, Carlo M.
- **Geld-Abenteuer.** *Extra vagante Geschichten
  aus dem europäischen Wirtschaftsleben.*
  A. d. Ital. Friederike Hausmann. 1995, S 51, 96 S.
- **Gezählte Zeit.**
  Wie die mechanische Uhr das Leben veränderte.
  A. d. Ital. Friederike Hausmann.
  1997, AP, 128 S. mit 52 Abb. *
  NA 1999: WAT 343 *

– **Die Odyssee des spanischen Silbers.**
Conquistadores, Piraten, Kaufleute.
A. d. Ital. Friederike Hausmann.
1998, AP, 128 S. mit zahlr. Abb.
– **Segel und Kanonen.** *Die europäische
Expansion zur See.* A. d. Ital. Friederike
Hausmann. 1999, AP, 192 S. mit vielen Abb.
– **Allegro ma non troppo.** *Die Rolle der
Gewürze und die Prinzipien der menschlichen
Dummheit.* A. d. Ital. Moshe Kahn.
2001, S 98, 96 S. mit vielen Abb.

Clair, Jean   Giacomettis Nase.
A. d. Franz. Hans Thill.
1998, AP, 96 S. mit zahlr., meist farbigen Abb.

**Cohn-Bendit, Dany / Mohr, Reinhard
1968: Die letzte Revolution, die noch nichts
vom Ozonloch wußte.**
OA 1988, WAT 161, 184 S. mit Abb. *

**Collis, Louise
Leben und Pilgerfahrten der Margery Kempe.**
Erinnerungen einer exzentrischen Lady.
A. d. Engl. Ebba D. Drolshagen.
Dt. EA 1986, WAT 139, 192 S. *

Conti, Alessandro   Der Weg des Künstlers.
Vom Handwerker zum Virtuosen.
A. d. Ital. Heinz-Georg Held.
1998, WAT 328, 192 S. mit vielen Abb.

Corbin, Alain
– **Pesthauch und Blütenduft.** *Eine Geschichte
des Geruchs.* A. d. Franz. Grete Osterwald.
1984, AP, 376 S. mit 45 Abb. *   NA 1996: AP *
– **Meereslust.**
Das Abendland und die Entdeckung der Küste.
A. d. Franz. Grete Osterwald.
1990, AP, 416 S. mit vielen Abb. *

**Corbin, Alain (Hrsg.)   Die sexuelle Gewalt
in der Geschichte.** A. d. Engl. und Franz.
Wolfgang Kaiser, Marie-Luise Knott und
Nicola Volland. Dt. EA 1992, WAT 216, 160 S. *

**Croissant, Claus / Groenewold, Kurt / Preuß,
Ulrich K. / Schily, Otto / Stroebele, Christian
Politische Prozesse ohne Verteidigung?**
Hrsg. Wolfgang Dreen, Vorw. Gerhard Manz.
1976, P 62, 112 S. *

Czechowski, Heinz   Mein Venedig.
Ged. und andere Prosa. 1989, Q 169, 96 S. *

**Daeninckx, Didier
Reise eines Menschenfressers nach Paris.**
Nachw. über Neukaledonien, Kafka und Kanaken
von Klaus Wagenbach. A. d. Franz. Barbara
Heber-Schärer. 2001, S 101, 144 S. mit Abb.

Darnton, Robert   Glänzende Geschäfte.
*Die Verbreitung von Diderots Encyclopédie
oder: Wie verkauft man Wissen mit Gewinn?*
A. d. Engl. und Franz. Horst Günther.
1993, AP, 368 S. mit vielen Abb.

**Davis, David Brion   Freiheit – Gleichheit –
Befreiung.** *Die Vereinigten Staaten und
die Idee der Revolution.* A. d. Engl.
Albrecht Thiemann. 1993, KKB 39, 128 S. *

Davis, Natalie Zemon
– **Frauen und Gesellschaft am Beginn der
Neuzeit.** *Studien über Familie, Religion und
die Wandlungsfähigkeit des sozialen Körpers.*
A. d. Amerik. Wolfgang Kaiser. 1986, AP, 176 S. *
– **Der Kopf in der Schlinge.** *Gnadengesuche
und ihre Erzähler.* A. d. Amerik. Wolfgang
Kaiser. 1988, AP, 176 S. mit vielen Abb. *
– **Drei Frauenleben.** *Glikl. Marie de l'Incarna-
tion. Maria Sybilla Merian.* A. d. Amerik.
Wolfgang Kaiser. 1996, AP, 396 S. mit Abb.
– **Lebensgänge.** *Glikl. Zwi Hirsch. Leone
Modena. Martin Guerre. Ad me ipsum.* A. d.
Amerik. Wolfgang Kaiser. 1998, KKB 61, 128 S.
– **Metamorphosen.** *Das Leben der Maria
Sybilla Merian.* A. d. Amerik. Wolfgang Kaiser.
2003, WAT 484, 192 S. mit Abb.
– **Mit Gott rechten.** *Das Leben der Glikl bas
Judah Leib, genannt Glückel von Hameln.*
A. d. Amerik. Wolfgang Kaiser.
2003, WAT 485, 176 S. mit Abb.

Deichsel, Wolfgang
– **Frankenstein.** *Aus dem Leben der Angestellten.*
1972, Q 57, 72 S. *
– **Zappzarapp.** *Die Panik der Clowns hinterm
Vorhang.* 1984, Q 126, 80 S. *

**Dekker, Rudolf / Pol, Lotte van de
Frauen in Männerkleidern.** *Weibliche
Transvestiten und ihre Geschichte.*
A. d. Niederl. Maria Theresia Leuker. Vorw.
Peter Burke. 1990, AP, 144 S. mit vielen Abb. *

Delibes, Miguel
– **Frau in Rot auf grauem Grund.** *Roman.*
A. d. Span. Michael Hofmann. 1995, Qb, 112 S.
– **Tagebuch eines alten Känguruhs.** *Roman.*
A. d. Span. Michael Hofmann. 1996, Qb, 140 S. *
– **Fünf Stunden mit Mario.** *Roman.* A. d. Span.
Fritz Rudolf Fries. 1997, WAT 284, 280 S.
– **Der Verrückte.** *Roman.*
A. d. Span. Fritz Rudolf Fries. 1999, S 80, 96 S.

Delius, F. C.
– **Kerbholz.** *Ged.* 1965, Q 7, 72 S. *
– **Wir Unternehmer.** *Über Arbeitgeber, Pinscher
und das Volksganze. Eine Dokumentar-Polemik
anhand der Protokolle des Wirtschaftstages der
CDU/ CSU 1965 in Düsseldorf.*
1966, Q 13, 96 S. *
– **Wenn wir, bei Rot.** *Achtunddreißig Gedichte.
Collagen von A. D. Gorella.* 1969, Q 37, 72 S. *
– **Unsere Siemens-Welt.** *Eine Festschrift zum
125jährigen Bestehen des Hauses S.*
1972, Q 59, 108 S. *

Desbordes, Michèle   Die Bitte. A. d. Franz.
Barbara Heber-Schärer. 2000, Qb, 128 S.

GESAMTVERZEICHNIS

– **Das Gebot.** *Roman.* A. d. Franz.
Barbara Heber-Schärer. 2002, Qb, 160 S.

Deutsche Demokratische Reise.
Hrsg. von Heinrich von Berenberg und Klaus
Wagenbach. 1989, Q 171, 192 S. *

Dick, Oliver Lawson **Das Leben: ein Versuch.**
John Aubrey und sein Jahrhundert.
A. d. Engl. Robin Cackett. 1988, AP, 192 S. *

Dischner, Gisela
– **Bettina.** *Bettina von Arnim: Eine weibliche
Sozialbiographie aus dem 19. Jahrhundert.*
OA 1977, WAT 30, 192 S. *
– **Caroline und der Jenaer Kreis.** *Ein Leben
zwischen bürgerlicher Vereinzelung und roman-
tischer Geselligkeit.* OA 1979, WAT 61, 208 S. *

Don Giovanni und der Teufel.
Märchen aus Sizilien. Nach dem Volksmund,
gesammelt von Laura Gonzenbach.
Ausw. Laurenz Bolliger. 2003, S 116, 144 S.

Doolittle, Hilda **HERmione.** *Roman.*
Vorw. Kyra Stromberg. A. d. Amerik.
Anja Lazarowicz. 1998, WAT 312, 304 S. *

Dreßen, Wolfgang (Hrsg.)
– **Antiautoritäres Lager und Anarchismus.**
Mit einem Lesebuch. 1968, R 7, 160 S.
– **1848–1849: Bürgerkrieg in Baden.**
Chronik einer verlorenen Revolution.
OA 1975, WAT 3, 160 S.*

Duby, Georges
– **Wirklichkeit und höfischer Traum.**
Zur Kultur des Mittelalters.
A. d. Franz. Grete Osterwald. 1986, AP, 176 S. *
– **Der Sonntag von Bouvines.** *27. Juli 1214.
Der Tag, an dem Frankreich entstand.*
A. d. Franz. Grete Osterwald. 1988, AP, 208 S.
mit Abb. * NA 2002: AP, 208 S. mit Abb.
– **Die Frau ohne Stimme.** *Liebe und Ehe
im Mittelalter.* A. d. Franz. Gabriele Riche
und Ronald Voullié. 1989, KKB 13, 96 S. *
NA 2000: WAT 393
– **Kunst und Gesellschaft im Mittelalter.**
A. d. Franz. von Horst Günther.
1998, S 77, 144 S. mit vielen Abb.

Duby, Georges / Duby, Andrée **Die Prozesse
der Jeanne d'Arc.** A. d. Franz. Eva Moldenhauer.
Dt. EA 1985, WAT 129, 192 S.* NA 1999: WAT 350 *

Duclert, Vincent **Die Dreyfus-Affäre.** *Militär-
wahn, Republikfeindschaft, Judenhaß.* A. d. Franz.
Ulla Biesenkamp. Dt. EA 1994, WAT 239, 160 S. *

Dürrenmatt, Friedrich **Wiederholte Versuche,
die Welt auszumisten.** *Theater, Erzählung,
Kritik.* Hrsg. Winfried Stephan und
Klaus Wagenbach. OA 1988, WAT 160, 240 S. *

Duras, Marguerite **Die Pferdchen von
Tarquinia.** *Roman.* A. d. Franz. Walter M.
Guggenheimer. 2002, WAT 434, 208 S.

Dutschke, Rudi
– **Versuch, Lenin auf die Füße zu stellen.**
*Über den halbasiatischen und den westeuro-
päischen Weg zum Sozialismus. Lenin, Lukács
und die Dritte Internationale.*
1974, P 53, 352 S. * NA 1984: AP *
– **Geschichte ist machbar.**
*Texte über das herrschende Falsche und die
Radikalität des Friedens.*
Hrsg. Jürgen Miermeister.
OA 1980, WAT 74, 192 S. * NA 1991: WAT 198 *

Dyck, Joachim **Minna von Barnhelm oder: die
Kosten des Glücks.** *Komödie von Gotthold
Ephraim Lessing.* Dossier von Joachim Dyck.
OA 1981, WAT 72, 228 S. *

Eberle, Eugen / Fichter, Tilman
Kampf um Bosch. 1974, P 50, 192 S. *

Eco, Umberto **Mein verrücktes Italien.** A. d. Ital.
Burkhart Kroeber. OA 2000, WAT 370, 128 S.

Eichengreen, Barry **Vom Goldstandard zum
Euro.** *Die Geschichte des internationalen
Währungssystems.* A. d. Amerik. Udo Rennert
und Wolfgang Riehl. 2000, AP, 256 S.

Elliott, John H. **Die Neue in der Alten Welt.**
Folgen einer Eroberung. 1492–1650.
A. d. Engl. Christa Schuenke. 1992, KKB 36, 112 S.

Endler, Adolf
Nackt mit Brille. *Ged.* 1975, Q 74, 60 S. *

Enzensberger, Ulrich (Zus.)
**Georg Forster – Weltumsegler und
Revolutionär.** *Ansichten von der Welt
und vom Glück der Menschheit.*
OA 1979, WAT 57, 192 S. *

Erb, Elke **Einer schreit: Nicht!**
Gesch. und Ged. 1976, Q 81, 80 S. *

Erler, Gisela Anna **Frauenzimmer.**
Für eine Politik des Unterschieds.
OA 1985, WAT 118, 192 S. *

Ernst, Gustav **Am Kehlkopf.**
Vier Gesch. und ein Stück. 1974, Q 64, 84 S. *

Fachinelli, Elvio **Der stehende Pfeil.**
3 Versuche, die Zeit aufzuheben.
A. d. Ital. Marianne Schneider. 1981, AP, 144 S. *

Falconnet, Georges / Lefaucheur, Nadine
Wie ein Mann gemacht wird.
A. d. Franz. Ulrike Edschmid und Roline Schmit.
1977, P 70, 128 S. *

Farge, Arlette **Das brüchige Leben.**
*Verführung und Aufruhr im Paris des 18.
Jahrhunderts.* A. d. Franz. Wolfgang Kaiser.
1989, AP, 336 S. mit vielen Abb. *

Febvre, Lucien
– **Das Gewissen des Historikers.**
Hrsg. und a. d. Franz. Ulrich Raulff.
1988, AP, 256 S.

– **Fast alles Mögliche.** *Wahre Geschichten und gültige Lügen.*
1975, Q 75/76, 144 S. *   NA 2000: WAT 389
– **Die bunten Getüme.** *Siebzig Gedichte.*
1977, Q 90, 80 S. *   NA 2002: WAT 447, 144 S.
– **100 Gedichte ohne Vaterland.**
OA 1978, WAT 44, 128 S. *
– **Liebesgedichte.** 1979, Q 103, 112 S. *
NA 1995: Qb, 110 S.
– **Liebesgedichte.** Gelesen vom Autor. 1998,
LO, MC/CD, Laufzeit 41 Min.
– **Lebensschatten.** *Gedichte.*
1981, Q 111, 112 S. *   NA 2001: WAT 398, 112 S.
– **Kinder und Narren.** *Erzz.* 1981, WAT 83, 160 S. *
NA 2000: WAT 363, 192 S.
– **Das Unmaß aller Dinge.** *Erzählungen.*
1982, Q 116, 96 S. *   NA 1990: WAT 179, 104 S. *
NA 1998: WAT 306, 96 S.
– **Das Nahe suchen.** *Ged.* 1982, Q 119, 96 S. *
NA 1998: WAT 297
– **Es ist was es ist.**
Liebesgedichte Angstgedichte Zorngedichte.
1983, Q 124, 112 S. *   NA 1994: GebB *
NA 1996: Qb
– **Verstandsaufnahme.** *61 Gedichte.*
Gelesen vom Autor. 1984, Qp 23 *
NA 1999, LO, CD/MC, Laufzeit 52 Min.
– **Beunruhigungen.** *Gedichte.*
1984, Q 129, 96 S. *   NA 1997: WAT 292
– **Zeitfragen und Überlegungen.**
80 Gedichte sowie ein Zyklus.
1984, WAT 114, 120 S. *
– **Um Klarheit.** *Gedichte gegen das Vergessen.*
1985, Q 139, 80 S. *   NA 1996: WAT 269 *
NA 1998: WAT 303
– **Mitunter sogar Lachen.**
Zwischenfälle und Erinnerungen.
1986, Q 150, 158 S. *
NA 1992: AP, 160 S. *   NA 2002: Qb
– **Mitunter sogar Lachen.** Gelesen vom Autor.
1999, LO, CD/MC, Laufzeit 65 Min.
– **Am Rand unserer Lebenszeit.** *Gedichte.*
1987, Q 156, 80 S. *   NA 1996: WAT 261 *
NA 2000: WAT 386
– **Vorübungen für Wunder.**
Gedichte vom Zorn und von der Liebe.
1987, WAT 143, 128 S. *   NA 1995: WAT 250 *
NA 1999: WAT 356
– **Unverwundenes.** *Liebe, Trauer, Widersprüche,
Gedichte.* 1988, Q 163, 80 S. *
NA 1995: WAT 251 *   NA 2004: WAT 494
– **Gründe.** *Ged.* Ausw. a. d. Gesamtwerk. Hrsg.
u. mit Nachw. Klaus Wagenbach. 1989, S 12, 168 S.
– **Als ich mich nach dir verzehrte.**
Gedichte von der Liebe. 1990, S 20, 96 S.
– **So kam ich unter die Deutschen.** Veränderte
und erweiterte Ausgabe. OA 1990, WAT 183, 128 S.
– **Einbruch der Wirklichkeit.**
Verstreute Gedichte. 1927–1988.
1991, Q 176, 96 S.*   NA 1996: WAT 262 *

– **Gesammelte Werke.** *Gedichte und Prosa.*
Hrsg. Volker Kaukoreit und Klaus Wagenbach.
Mit Register aller Gedichttitel und -anfänge und
reich bebilderten Lebensdaten.
1993, AP, 4 Bände im Schuber, 2752 S. *
NA 1998: Broschierte Ausgabe *
– **Anfragen und Nachreden.** *Politische Texte.*
Hrsg. Volker Kaukoreit. OA 1994, WAT 231, 288 S.
– **Die Muse hat Kanten.** *Aufsätze und Reden
zur Literatur.* Hrsg. Volker Kaukoreit.
OA 1995, WAT 246, 240 S.
– **Die Schnabelsau.** *Leilieder und Knüllverse.*
Hrsg. Volker Kaukoreit. 1998, S 74, 80 S.
– **Die Beine der größeren Lügen.**
Unter Nebenfeinden. Gegengift.
Drei Gedichtsammlungen. 1999, WAT 346, 168 S.
– **Zur Zeit und zur Unzeit.** *Gedichte.*
2001, WAT 403, 144 S. *
– **Wunder Kinder Zeit.** *Erzz.* 2002, S 111, 128 S. *
– **Gesammelte Liebesgedichte.**
2004, Jubi, 160 S.

Erich Fried.
Ein Leben in Bildern und Geschichten.
Hrsg. Catherine Fried-Boswell u. Volker Kaukoreit.
1996, AP, Großformat, 144 S. 350 Abb. in Duotone.

Erich Fried. Eine Chronik. *Leben und Werk.*
Das biographische Lesebuch.
Hrsg. Christiane Jessen, Volker Kaukoreit und
Klaus Wagenbach. 1998, WAT 323, 128 S. mit
zahlr. Photos und Texten.

Erich Fried erzählt. Ausgewählt von
Christiane Jessen. 1997, Qb, 128 S. *

Fries, Fritz Rudolf   **Lazarillo von Tormes
oder die Listen der Selbsterhaltung.**
1985, WAT 121, 128 S. *

Fuchs, Günter Bruno
– **Zwischen Kopf und Kragen.**
32 wahre Geschichten und 13 Bilder.
1967, Q 25, 72 S. *   NA 1989: S 10, 96 S. *
– **Die Ankunft des Großen Unordentlichen in
einer ordentlichen Zeit.** *Gedichte, Bilder
und Geschichten.* OA 1978, WAT 39, 128 S. *
– **Ein Ohr wäscht das andere.**
Die schönsten Texte von Günter Bruno Fuchs.
Gelesen von ihm selbst. 1980, Qp 19 *

Fumagalli, Vito
– **Wenn der Himmel sich verdunkelt.**
Lebensgefühl im Mittelalter.
A. d. Ital. Renate Heimbucher-Bengs.
Dt. EA 1988, WAT 156, 112 S. mit Abb. *
NA 1999: WAT 332
– **Der lebende Stein.**
Stadt und Natur im Mittelalter.
A. d. Ital. Renate Müller-Buck.
Dt. EA 1989, WAT 164, 136 S. mit Abb. *
– **Mensch und Umwelt im Mittelalter.**
A. d. Ital. von Walter Kögler und Dagmar Zerbst.
Dt. EA 1992, WAT 214, 104 S. *

- **Mathilde von Canossa.**
  A. d. Ital. Annette Kopetzki.
  Dt. EA 1998, WAT 305, 128 S.

Gadda, Carlo Emilio
- **Die Wunder Italiens.** *Literarische Portraits*
  von Landschaften und Menschen.
  A. d. Ital. Toni Kienlechner. 1984, AP, 144 S. *
  NA 1992: WAT 205. * NA 1998: S 75, 128 S.
- **Cupido im Hause Brocchi.** *Gesch.*
  A. d. Ital. Toni Kienlechner. 1987, S 1, 96 S.
- **List und Tücke.** *Erzz.*
  A. d. Ital. Toni Kienlechner. 1988, Q 134, 144 S. *
- **Adalgisa.** *Erz.*
  A. d. Ital. Toni Kienlechner. 1989, S 11, 96 S.
- **Vier Töchter und jede eine Königin.**
  Mailänder Skizzen.
  A. d. Ital. Toni Kienlechner. 1991, Q 181, 144 S. *
- **Mein Mailand.** *Ein Lese- und Bilderbuch.*
  A. d. Ital. Toni Kienlechner.
  1993, S 35, 96 S. mit vielen Photos. *
- **Die gräßliche Bescherung**
  in der Via Merulana. *Roman.* A. d. Ital.
  Toni Kienlechner. WAT 329, 352 S.
- **Die Erkenntnis des Schmerzes.** *Roman.*
  A. d. Ital. Toni Kienlechner. Nachw. Hans Magnus
  Enzensberger. 2000, WAT 371, 336 S.

Gamboa, Santiago
- **Verlieren ist eine Frage der Methode.** *Roman.*
  A. d. Span. Stefanie Gerhold. 2000, Qb, 328 S.
- **Das glückliche Leben des jungen Esteban.**
  A. d. Span. Stefanie Gerhold. 2002, Qb, 384 S.

Garnett, Angelica Freundliche Täuschungen.
Eine Kindheit in Bloomsbury. A. d. Engl. und
mit einem einführenden Essay Kyra Stromberg.
1990, AP, 176 S. mit vielen Photos. *

Garro, Elena Erinnerungen an die Zukunft.
Roman. A. d. mexikanischen Span. Konrad
Schrögendorfer. Nachw. Michi Strausfeld.
2003, WAT 471, 336 S.

Gaster, Theodor H. (Hrsg.)
Die ältesten Geschichten der Welt.
A. d. Engl. Walle Bengs.
Dt. EA 1983, WAT 90, 224 S. *

Gauche Prolétarienne.
Volkskrieg in Frankreich?
Strategie und Taktik der proletarischen Linken.
A. d. Franz. Maren Sell. 1971, R 34, 144 S. *

Die Gegenwart der Zukunft.
Die Serie der »Süddeutschen Zeitung«
über unsere Welt im neuen Jahrhundert.
Vorw. Klaus Podak. OA 2000, WAT 367, 240 S.

Geist, Jonas Versuch, das Holstentor zu
Lübeck im Geiste etwas anzuheben.
Zur Natur des Bürgertums.
OA 1976, WAT 12, 144 S. *

Gerhard, Dirk Antifaschisten. *Proletarischer*
Widerstand 1933–1945. 1976, P 64, 176 S. *

Gilbert, Felix Guicciardini, Machiavelli und
die Geschichtsschreibung der italienischen
Renaissance. A. d. Ital. Friederike Hausmann
und a. d. Engl. Matthias Fienbork.
Mit einer Einleitung Hans R. Guggiberg.
1991, KKB 29, 88 S.

Ginzburg, Carlo
- **Erkundungen über Piero.**
  Piero della Francesca, ein Maler der
  frühen Renaissance. A. d. Ital. Karl F. Hauber.
  Einf. Martin Warnke. 1981, AP, 192 S. zahlr. Abb. *
- **Spurensicherung.**
  Über verborgene Geschichte,
  Kunst und soziales Gedächtnis.
  A. d. Ital. Karl F. Hauber. 1983, AP, 192 S. *
  NA 1995: KKB 50. A. d. Ital. Gisela Bonz und
  Karl F. Hauber, 128 S. mit Abb. *
  NA 2002: Die Wissenschaft auf der Suche nach
  sich selbst: WAT 430, 160 S.
- **Hexensabbat.**
  Entzifferung einer nächtlichen Geschichte.
  A. d. Ital. Martina Kempter. 1989, AP, 320 S. *
- **Der Käse und die Würmer.**
  Die Welt eines Müllers um 1600.
  A. d. Ital. Karl F. Hauber. 1990, WAT 178, 208 S. *
  NA 1993: Mit Vorw. d. Autors zur dt. NA,
  WAT 223 * NA 2002: WAT 444
- **Der Richter und der Historiker.**
  Überlegungen zum Fall Sofri.
  A. d. Ital. Walter Kögler. Vorw. Thomas Schmid.
  Dt. EA 1991, WAT 189, 128 S. *
- **Holzaugen.** *Über Nähe und Distanz.*
  A. d. Ital. Renate Heimbucher.
  1999, AP, 288 S. mit Abb.
- **Die Wahrheit der Geschichte.**
  Rhetorik und Beweis.
  A. d. Engl. Wolfgang Kaiser. 2001, KKB 65, 144 S.

Ginzburg, Natalia
- **Anton Čechov.** *Ein Leben.*
  A. d. Ital. Maja Pflug.
  1990, S 17, 98 S. mit vielen Photos.
- **Nie sollst du mich befragen.** *Erzz.*
  A. d. Ital. Maja Pflug. 1991, Q 180, 128 S. *
  NA 2001: S 97, 144 S.
- **So ist es gewesen.** *Roman.*
  A. d. Ital. von Maja Pflug. 1992, Q 183, 96 S. *
  NA 1994: GebB. * NA 2003: WAT 470
- **Familienlexikon.**
  A. d. Ital. Alice Vollenweider. 1993, AP, 190 S.
- **Familienlexikon.**
  Gelesen von Cornelia Froboess.
  2001, LO, MC/CD, Laufzeit 154 Min.
- **Schütze.** *Roman.*
  A. d. Ital. Joachim Meinert. 1994, S 46, 112 S.
- **Das imaginäre Leben.**
  Warum wir nicht leben wie wir träumen.
  A. d. Ital. Maja Pflug. 1995, S 52, 128 S.
- **Die Stimmen des Abends.**
  Mit einem Nachw. von Italo Calvino. A. d. Ital.
  Alice Vollenweider. 1996, Qb, 128 S.

alle unsere Bücher

- **Die kaputten Schuhe.** *Sechs Erzz.*
  A. d. Ital. Maja Pflug. Bleisatz und Buchdruck.
  1996, Qb, 80 S. * NA 1998: WAT 321
- **Die kaputten Schuhe.** Gelesen von Elke
  Heidenreich. 2000, LO, MC/CD, Laufzeit 73 Min.
- **Die Straße in die Stadt.** *Roman.*
  1997, S 67, 96 S.
- **Valentino.** *Ein Roman und fünf Erzz.*
  A. d. Ital. Maja Pflug. 1997, WAT 286, 128 S.
- **Alle unsere Gestern.** *Roman.* Von Maja Pflug
  neu durchgesehene Übersetzung. 1998, Qb, 336 S.
- **Die Stadt und das Haus.** *Roman.*
  A. d. Ital. Maja Pflug. 1999, Qb, 272 S.
- **Ein Mann und eine Frau.** *Zwei Erzz.*
  A. d. Ital. Anna Giachi, neu durchgesehen
  von Maja Pflug. 2000, WAT 369, 128 S.
- **Die kleinen Tugenden.** *Erzz.*
  A. d. Ital. Maja Pflug, Alice Vollenweider und
  Hedwig Kehrli. 2001, Qb, 144 S.
- **Die Familie Manzoni.**
  A. d. Ital. Maja Pflug. 2001, WAT 413, 456 S.

Gladitz, Nina (Hrsg.) Lieber heute aktiv als
morgen radioaktiv. *Whyl: Bauern erzählen.
Warum Kernkraftwerke schädlich sind. Wie
man eine Bürgerinitiative macht und sich
dabei verändert.* 1976, P 65, 176 S. *

Glucksmann, André Köchin und Menschenfresser. *Über die Beziehung von Staat,
Marxismus und Konzentrationslager.*
A. d. Franz. Maren Sell und Jürgen Hoch.
1976, P 67, 192 S. *

Goethe, Johann Wolfgang von
Die Leiden des jungen Werther.
Neu herausgegeben mit Dokumenten und
Materialien, Wertheriana und Wertheriaden von
Hans Christoph Buch. OA 1982, WAT 89, 256 S.*

Gombrich, Ernst H. Schatten und ihre
Darstellung in der abendländischen Kunst.
A. d. Engl. Robin Cackett. 1996, AP, Großformat,
72 S. mit 52 meist farbigen Abb. *

Gott schütze Österreich durch uns:
Alexander, H. C. Artmann, Wolfgang Bauer,
Jodik Blapik, Günter Brus, Ernst Jandl,
Friederike Mayröcker, Hermann Nitsch,
Gerhard Rühm und Aloisius Schnedel.
*Szenen, Dialektgedichte, Sprachübungen,
Musiken, Urteile, Montagen.*
1974, Qp 12, 30 cm, 33 UpM. *

Gottschalk, Wilfried
- **Parlamentarismus und Rätedemokratie.**
  Mit einem Lesebuch. 1968, R 10, 128 S. *
- **Vatermutterkind.**
  *Deutsches Familienleben zwischen Kultur-
  romantik und sozialer Revolution.*
  OA 1979, WAT 52, 160 S. *
- **Aufrechter Gang und Entfremdung.**
  Pamphlet über Autonomie.
  OA 1984, WAT 115, 112 S. *

Goytisolo, Juan Sommer in Torremolinos.
Roman. A. d. Span. Gerda von Uslar.
2002, WAT 440, 160 S.

Grab, Walter (Hrsg.)
Freyheit oder Mordt und Todt.
Revolutionsaufrufe deutscher Jakobiner.
OA 1979, WAT 59, 192 S. *

Grafton, Anthony Fälscher und Kritiker.
Der Betrug in der Wissenschaft. A. d. Engl.
Ebba D. Drolshagen. 1991, KKB 32, 104 S.

Grand Guignol
Das Vergnügen, tausend Tode zu sterben.
Frankreichs blutiges Theater.
Hrsg. Karin Kersten u. Caroline Neubaur.
OA 1976, WAT 17, 128 S. *

Grass, Günter
- **Onkel, Onkel.** *Ein Spiel in vier Akten.*
  1965, Q 4, 96 S. *
- **Wörter auf Abruf.** *77 Gedichte.* Ausw. und
  Nachw. Klaus Wagenbach. 2002, S 109, 96 S. *

Grasskamp, Walter Das Cover von Sgt. Pepper.
Eine Momentaufnahme der Popkultur.
2004, KKB 71, 128 S. viele, teilw. farbige Abb.

Grazzini, Antonfrancesco Feuer auf dem Arno.
Renaissancenovellen aus Florenz.
Einleitung von Giorgio Manganelli, Nachw.
Alice Vollenweider. A. d. Ital. Hanns Floerke,
neu durchgesehen von Marianne Schneider.
1988, S 9, 2 Bände, 372 S. mit Abb. *
NA 1999: WAT 339, 368 S. mit Abb. *

Greenblatt, Stephen
- **Verhandlungen mit Shakespeare.**
  Innenansichten der englischen Renaissance.
  A. d. Amerik. Robin Cackett. 1990, AP, 176 S. *
- **Schmutzige Riten.**
  Betrachtungen zwischen Weltbildern.
  A. d. Amerik. Jeremy Gaines. 1991, KKB 33, 128 S.
- **Wunderbare Besitztümer.**
  *Die Erfindung des Fremden: Reisende und
  Entdecker.* A. d. Amerik. Robin Cackett.
  1994, AP, 288 S., Abb. NA 1998: WAT 296 *

Greffrath, Matthias Vom Schaukeln der Dinge.
Montaignes Versuche. Ein Lesebuch.
OA 1984, WAT 110, 272 S. *

Grips-Theater
- **Balle, Malle, Hupe und Artur.** *Ein Stück
  für Kinder.* 1972, Qp 8, 30 cm, 33 UpM. *
- **Mannomann.** *Stück für Menschen ab 8.*
  Von Volker Ludwig, Reiner Lücker. Musik von
  Birger Heymann. 1973, Qp 9, 30 cm, 33 UpM. *
- **Die große Grips-Parade 1.**
  Lieder zum Mitsingen für Kinder.
  1973, Qp 10, 30 cm, 33 UpM. und als Kassette. *
- **Ein Fest für Papadakis.**
  Stück für Menschen ab 8.
  Von Volker Ludwig, Christian Sorge. Musik von
  Birger Heymann. 1974, Qp 13, 30 cm, 33 UpM. *

GESAMTVERZEICHNIS

- **Nashörner schießen nicht.** *Stück für*
  Menschen ab 9. Von Volker Ludwig und
  Jörg Friedrich. Musik von Birger Heymann.
  1975, Qp 15, 30 cm, 33 UpM. *
- **Mugnog Kinder!** *Stück für Menschen ab 5.*
  Von Rainer Hachfeld. Lieder von Volker Ludwig.
  Musik von Birger Heymann.
  1976, Qp 16, 30 cm, 33 UpM. *
- **Banana.** *Hörspiel für Kinder.* 1977, QP 17 *
- **Die große Grips-Parade 2.**
  6 Lieder zum Mitsingen für Kinder.
  1978, Qp 18, 30 cm, 33 UpM, und als Kassette. *
- **Die große Grips-Parade 3.**
  6 Lieder zum Mitsingen für Kinder.
  1982, Qp 21, 30 cm, 33 UpM und als Kassette. *
- **Wir werden immer größer.** *Die besten*
  Kinderlieder aus 25 Jahren Grips-Theater.
  2001, LO, CD/MC, Laufzeit 46 Min. *
- **Max und Milli.** Gesprochen und gesungen
  von Kindern. Text von Volker Ludwig, Musik von
  Birger Heymann. 2003, LO, CD, Laufzeit 52 Min.

Das Grips-Theater.
Geschichte und Geschichten, Erfahrungen
und Gespräche aus einem Berliner Kinder- und
Jugendtheater.
Hrsg. Wolfgang Kolneder, Volker Ludwig und
Klaus Wagenbach. OA 1979, WAT 21, 192 S. *

Günther, Horst
- **Das Bücherlesebuch.**
  Vom Lesen, Leihen, Sammeln: von Büchern,
  die man schon hat, und solchen, die man
  endlich haben will. OA 1992, WAT 200, 168 S.
- **Das Erdbeben von Lissabon.**
  OA 1994, WAT 235, 128 S. *

Guérin, Daniel / Mandel, Ernest
Einführung in die Geschichte des
amerikanischen Monopolkapitalismus.
A. d. Franz. Renate Genth und Renate Sami.
1972, R 37, 144 S. *

Guevara, Ernesto Che
- **Guerilla. Theorie und Methode.**
  Sämtliche Schriften zur Guerillamethode,
  zur revolutionären Strategie und zur Figur
  des Guerilleros.
  Hrsg. Horst Kurnitzky. 1968, R 9, 160 S. *
- **Ökonomie und neues Bewußtsein.**
  Schriften zur politischen Ökonomie.
  Hrsg. Horst Kurnitzky. A. d. Span. Alex Schubert.
  1969, R 8, 160 S. *

Guten Morgen, Ihr Schönen!
Deutschsprachige Autorinnen erzählen.
Gesammelt von Susanne Schüssler.
OA 2003, WAT 468, 144 S.

Habermas, Rebekka / Minkmar, Nils (Hrsg.)
Das Schwein des Häuptlings.
6 Aufsätze zur historischen Anthropologie.
A. d. Amerik. Robin Cackett u. Judith Elze.
Dt. EA 1992, WAT 212, 192 S. *

Hadas-Lebel, Mireille   Massada.
Der Untergang des jüdischen Königreichs oder
Die andere Geschichte von Herodes. Mit dem
Bericht von Flavius Josephus.
A. d. Franz. Hans Thill. Dt. EA 1995, WAT 255,
144 S.*   NA 1997: WAT 294

Haffner, Sarah (Hrsg.)   Frauenhäuser.
Gewalt in der Ehe und was Frauen
dagegen tun. OA 1976, WAT 45, 224 S. *

Harig, Ludwig / Krüger, Michael (Hrsg.)
Deutsch für Deutsche. *Ein Sprachkurs für*
Zeitgenossen. 1975, QP 14, 30 cm, 33 UpM. *

Hartig, Aglaia (Hrsg.)   Jean Paul Marat.
Ich bin das Auge des Volkes. Ein Portrait in Re-
den und Schriften. OA 1987, WAT 148, 160 S. *

Haskell, Francis   Die schwere Geburt des
Kunstbuchs. A. d. Engl. Matthias Fienbork.
1993, KKB 42, 80 S. mit Abb.

Hatero, Josan   Der Vogel unter der Zunge.
Roman. A. d. Span. Susanna Mende.
2004, Qb, 120 S.

Hausmann, Friederike   Garibaldi.
Die Gesch. eines Abenteurers, der Italien
zur Einheit verhalf. OA 1985, WAT 122, 192 S. *
NA 1999: WAT 335
- **Zwischen Landgut und Piazza.**
  Der Alltag von Florenz in Machiavellis Briefen.
  OA 1987, WAT 150, 160 S. *
- **Kleine Geschichte Italiens.**
  Seit 1943. OA 1989, WAT 159, 176 S. *
  NA 1994: WAT 241, 208 S. *
  Aktualisierte NA: Kleine Geschichte Italiens
  von 1943 bis heute. 1997, WAT 288, 224 S.
  mit vielen Photos. *
  Aktualisierte NA: Kleine Geschichte Italiens von
  1943 bis Berlusconi. 2002,WAT448, 240 S. mit Abb.
- **Die Macht aus dem Schatten.**
  Alessandra Strozzi und Lucrezia Medici:
  Zwei Frauen im Florenz der Renaissance.
  OA 1993, WAI 221, 160 S. *
- **Die deutschen Anarchisten von Chicago**
  oder Warum Amerika den 1. Mai nicht
  kennt. OA 1998, WAT 320, 208 S. mit Abb.

Heckmann, Herbert (Hrsg.)   Barock-Gedichte.
OA 1976, WAT 27, 128 S. *   NA 1994: WAT 229 *

Heilbronn, Dieter   Heinrich Heine.
Ein Land im Winter. *Eine Monographie*
mit Ged. und Prosa. OA 1978, WAT 47, 192 S. *

Herlihy, David   Der Schwarze Tod und die
Verwandlung Europas.
A. d. Amerik. Holger Fliessbach. 1998, AP, 144 S.
mit zahlr. Abb. *   NA 2000: WAT 391 *

Hermlin, Stephan
- **Gedichte und Prosa.** 1965, Q 8, 84 S. *
- **Die Zeit der Gemeinsamkeit. In einer**
  dunklen Welt. *Zwei Erzz.* 1966, Q 16, 72 S. *

Joite, Eckhard (Hrsg.) Fixen. Opium fürs Volk.
Konsumentenprotokolle. 1972, R 38, 144 S. *

**Jones, Lloyd Der Mann, der Enver Hodscha
war.** *Roman.* A. d. Engl. Yvonne Badal.
1998, WAT 298, 264 S. *

Kafka, Franz
- **In der Strafkolonie.**
  Eine Geschichte aus dem Jahre 1914.
  Mit Quellen, Abbildungen, Materialien aus der
  Arbeiter-Unfall-Versicherungsanstalt, Chronik
  und Anmerkungen von Klaus Wagenbach.
  OA 1975, WAT 1, 96 S. * NA 1998: WAT 319, 128 S.
- **Ein Landarzt.** *Kleine Erzählungen. Mit einem
  Bericht über Siegfried Löwy, Landarzt in Triesch.*
  Hrsg. und Nachw. Klaus Wagenbach.
  1994, AP, 80 S., Bleisatz und Buchdruck, mit Abb.*
  NA 1999: S 83, 96 S. mit Abb.
- **Ein Landarzt und andere Erzählungen.**
  Gelesen von Klaus Wagenbach.
  1999, LO, CD/MC, Laufzeit 71 Min.
- **Brief an den Vater.**
  Mit einem unbekannten Bericht über Kafkas Vater
  als Lehrherr und andere Materialien.
  Hrsg. Hans-Gerd Koch. Nachw. Alena Wagnerová.
  2004, AP, 160 S. mit vielen Abb.

Franz Kafka. Eine Chronik. Zus. Roger Hermes,
Waltraud John, Hans-Gerd Koch und Anita Widera.
OA 1999, WAT 338, 192 S. mit vielen Abb.

Kaminski, Volker Die letzte Prüfung.
Novelle. 1994, Q 189, 80 S. *

Karasek, Horst
- **Die Kommune der Wiedertäufer.**
  *Bericht aus der befreiten und belagerten
  Stadt Münster 1534.* OA 1977, WAT 16, 160 S. *
- **Der Belagerungszustand!** *Reformisten
  und Radikale unter dem Sozialistengesetz
  1878–1890.* OA 1978, WAT 50, 160 S. *
- **Der Fedtmilch-Aufstand.**
  *Wie die Frankfurter 1612/14 ihrem Rat
  einheizten.* OA 1979, WAT 58, 144 S. *
- **Der Brandstifter.** *Lehr- und Wanderjahre
  des Maurergesellen Marinus van der Lubbe,
  der 1933 auszog, den Reichstag anzuzünden.*
  OA 1980, WAT 73, 192 S. *
- **Die Vierteilung.** *Wie dem Königsmörder
  Damiens 1757 in Paris der Prozeß gemacht
  wurde.* OA 1994, WAT 230, 128 S., Abb. *

**Karasek, Horst (Hrsg.) Haymarket! 1886:
Die deutschen Anarchisten von Chicago.**
Reden und Lebensläufe.
OA 1975, WAT 11, 192 S. *

Karsunke, Yaak
- **Kilroy & andere.** *Ged.* 1967, Q 17, 72 S. *
- **reden & ausreden.** *Ged.* 1969, Q 38, 60 S. *

Kelb, Berni
- **Betriebsfibel.** *Ratschläge für die Taktik am
  Arbeitsplatz.* 1971, R 31, 72 S. *

- **Organisieren oder organisiert werden.**
  Vorschläge für Genossen links unten.
  1973, P 39, 96 S. *

**Keller, Gottfried Das Fähnlein der sieben
Aufrechten.** Neu entrollt und hochgehalten
von Urs Widmer. OA 1989, WAT 141, 160 S. *

Kennedy, A. L.
- **Gleissendes Glück.** *Roman.*
  A. d. Engl. Ingo Herzke. 2000, Qb, 192 S.
- **Ein makelloser Mann.** *Erzählungen.*
  A. d. Engl. Ingo Herzke. 2001, Qb, 176 S.
- **Ein makelloser Mann.** Gelesen von
  Sophie Rois. 2002, LO, CD, Laufzeit 72 Min.
- **Stierkampf.**
  A. d. Engl. Ingo Herzke. 2001, Qb, 160 S.
- **Alles was du brauchst.** *Roman.*
  A. d. Engl. Ingo Herzke.
  2002, Qb Großformat, 576 S.
- **Hat nichts zu tun mit Liebe.** *Erzählungen.*
  A. d. Engl. Ingo Herzke.
  Dt. EA 2003, WAT 463, 144 S.
- **Also bin ich froh.** *Roman.*
  A. d. Engl. Ingo Herzke. 2004, Qb, 288 S.

**Kipphardt, Heiner Das Leben des
schizophrenen Dichters Alexander M.**
Ein Film. 1976, Q 78, 96 S. *

**Kirsch, Rainer Kopien nach Originalen:
4 Portraits aus der DDR.** 1974, Q 70, 96 S. *

Klaniczay, Gábor Heilige, Hexen, Vampire.
Vom Nutzen des Übernatürlichen.
A. d. Engl. Hanni Ehlers und Sylvia Höfer.
1991, KKB 31, 128 S. *

Klein, Robert Gestalt und Gedanke.
Zur Kunst und Theorie der Renaissance.
Vorw. Horst Günther. 1996, KKB 53, 128 S. *

**Kluge, Alexander Theodor Fontane,
Heinrich von Kleist und Anna Wilde.**
Zur Grammatik der Zeit. 1987, S 4, 96 S. *

**Koch, Hans-Gerd (Hrsg.) Als Kafka mir ent-
gegenkam …** *Erinnerungen an Franz Kafka.*
1995, AP, 208 S. mit 57 Photos. *

Köhler, Ernst
- **Arme und Irre.** *Die liberale Fürsorgepolitik
  des Bürgertums.* 1977, P 79, 192 S. *
- **Die Stadt und ihre Würze.**
  *Ein Bericht aus dem Süden unseres
  Sozialstaats.* OA 1983, WAT 97, 224 S. *

Köhler, Jochen Klettern in der Großstadt.
*Geschichte vom Überleben zwischen 1933 und
1945.* 1981, WAT 85, 256 S. *

Koeppel, Matthias
- **Starckdeutsch.**
  *Oine Orrswuuhl dörr schtahurcköstn
  Gedeuchten.* 1983, WAT 94, 128 S. *
- **Koeppels Tierleben in Starckdeutsch.**
  Mit Zeichnungen des Autors. 1991, S 25, 80 S. *

Körner, Wolfgang Hermann
    Die ägyptischen Träume. 1980, Q 105, 72 S. *

Kofler, Werner
– Guggile: Vom Bravsein und
    vom Schweinigeln. *Eine Materialsammlung
    aus der Provinz.* 1975, Q 72, 96 S. *
– Ida H. *Eine Krankengeschichte.*
    1978, Q 93, 160 S. *
– Aus der Wildnis. *2 Fragmente.*
    1980, Q 108, 144 S. *
– Amok und Harmonie. *Prosa.*
    1985, Q 141, 80 S. *

Kollektiv Hispano-Suiza Arbeiter und
    Apparate. *Bericht französischer Arbeiter
    über ihre Praxis 1945–1970.* A. d. Franz.
    Hans-Jürgen Heckler. 1972, R 30, 168 S. *

Kollektiv RAF Über den bewaffneten
    Kampf in Westeuropa. 1971, R 29, 72 S. *

Kopecny, Angelika Fahrende und Vagabunden.
    *Ihre Geschichte, Überlebenskünste, Zeichen
    und Straßen.* OA 1980, WAT 68, 192 S. *

Kopfnuß 1. Essays über Kultur und Politik.
    Hrsg. Heinrich von Berenberg und Klaus
    Wagenbach. 1993, WAT 224, 192 S. *
Kopfnuß 2. Hrsg. Heinrich von Berenberg und
    Klaus Wagenbach. OA 1994, WAT 232, 176 S. *
Kopfnuß 3. Hrsg. Heinrich von Berenberg und
    Klaus Wagenbach. OA 1995, WAT 252, 176 S. *

Kopisch, August Entdeckung der Blauen
    Grotte auf der Insel Capri. Hrsg. und Nachw.
    Dieter Richter. 1997, S 64, 112 S. mit zahlr. Abb.

Koyré, Alexandre
– Galilei.
    Die Anfänge der neuzeitlichen Wissenschaft.
    A. d. Engl. und Franz. und mit einem Vorw.
    Rolf Dragstra. 1988, KKB 8, 96 S. *
– Leonardo, Pascal und die Entwicklung der
    kosmologischen Wissenschaft.
    A. d. Franz. und mit einem Vorw. Horst Günther.
    1994, KKB 45, 112 S.
– Vergnügen bei Platon. A. d. Franz.
    Horst Günther. OA 1997, WAT 285, 160 S. *

Kramer, Fritz W. Bikini.
    Atomares Testgebiet im Pazifik.
    OA 2000, WAT 380, 112 S. mit vielen Abb.

Kreiler, Kurt (Hrsg.) Traditionen deutscher
    Justiz. *Große politische Prozesse der
    Weimarer Zeit.* 1978, P 80, 312 S. *

Krüger, Michael
– Was tun? *Eine altmodische Geschichte.*
    1984, Q 131, 80 S. *
– Warum Peking? *Eine chinesische Geschichte.*
    1986, Q 145, 104 S. *
– Wieso ich? *Eine deutsche Geschichte.*
    1987, Q 152, 112 S. * NA 2000: Wieso ich?
    Drei haarsträubende Gesch. WAT 388, 240 S.

– Idyllen und Illusionen. *Tagebuchgedichte.*
    1989, Q 165, 80 S. *

Kuhn, Hansmartin Der lange Marsch
    in den Faschismus. *Zur Theorie der
    Institutionen in der bürgerlichen Gesellschaft.*
    1974, P 45, 128 S. *

Kurnitzky, Horst
– Versuch über den Gebrauchswert.
    Zur Kultur des Imperialismus.
    1970, R 19, 72 S. *
– Triebstruktur des Geldes.
    Ein Beitrag zur Theorie der Weiblichkeit.
    1974, P 52, 176 S. *
– Ödipus. Ein Held der westlichen Welt.
    *Über die zerstörerischen Grundlagen
    unserer Zivilisation.* OA 1978, WAT 38, 144 S. *

Lacenaire, Pierre François
    Memoiren eines Spitzbuben.
    A. d. Franz. Rudolf Wittkopf. Einf. Lothar Baier.
    1982, WAT 88, 192 S. *

Lacoste, Yves Geographie und politisches
    Handeln. *Perspektiven einer neuen
    Geopolitik.* Vorw. Mechtild Rössler.
    A. d. Amerik. Matthias Wolf. 1990, KKB 26, 96 S.

Lambert, Bernhard Bauern im Klassenkampf.
    *Anregungen für die vergessene Analyse einer
    Ausbeutung.* A. d. Franz. Eva Moldenhauer.
    1971, R 32, 144 S. *

Lampedusa, Giuseppe Tomasi di
– »...Ich sucht' ein Glück, das es nicht gibt ... «
    Byron – Shelley – Keats.
    A. d. Ital. Sigrid Vagt. 1993, S 37, 96 S. *
– Shakespeare.
    A. d. Ital. Maja Pflug. 1994, S 44, 96 S. *
– Morgenröte der englischen Moderne.
    *Henry James – Joseph Conrad –
    George Bernard Shaw – Virginia Woolf –
    D. H. Lawrence – James Joyce u. a.*
    A. d. Ital. Friederike Hausmann. 1995, S 55, 112 S.

Lampugnani, Vittorio Magnago
– Die Modernität des Dauerhaften.
    Essays zu Stadt, Architektur und Design.
    A. d. Ital. Moshe Kahn.
    1995, KKB 51, 104 S. mit vielen Abb. *
– Verhaltene Geschwindigkeit.
    Die Zukunft der telematischen Stadt.
    2002, KKB 66, 112 S. mit Abb.

Landolfi, Tommaso Zwei späte Jungfern.
    A. d. Ital. Heinz Riedt. 2000, WAT 376, 112 S.

Lang, Thomas Than. *Roman.* 2002, Qb, 192 S.

Lange, Hartmut Die Ermordung des Aias
    oder Ein Diskurs über das Holzhacken.
    1971, Q 51, 72 S. *

Langer, Alexander Die Mehrheit der
    Minderheiten. Hrsg. und mit einem Vorw.
    Peter Kammerer. OA 1996, WAT 268, 144 S. *

**Lavin, Irving Picassos Stiere
oder die Kunstgeschichte von hinten.**
A. d. Amerik. Wolfgang Heuss.
1995, KKB 49, 96 S. mit 72 Abb. *

**Lavrov, Peter L. Die Pariser Kommune
vom 18. März 1871.** Vorw. Klaus Meschkat.
A. d. Russ. Renate Horlemann. 1971, R 25, 192 S. *

Lawrence, D. H.
– **Etruskische Orte.**
A. d. Engl. Oswalt von Nostitz. Vorw. Anthony
Burgess. 1999, WAT 359, 192 S. mit Photos.
– **Du hast mich angefaßt.**
Die schönsten Liebesgeschichten.
Ausw. Andreas Paschedag. 2001, S 95, 128 S.
– **Der Fuchs.** Nachw. Doris Lessing. A. d. Engl.
Martin Beheim-Schwarzbach. 2004, S 121, 98 S.

Lay, Conrad Das tägliche Erdbeben.
*Ein Bericht über die Stadt Neapel:
Arbeitslosigkeit, Schmuggel, Mafia, Revolten.*
1980, P 88, 216 S. *

Le Goff, Jacques Reims, Krönungsstadt.
A. d. Franz. Bernd Schwibs.
1997, KKB 58, 112 S. mit vielen Abb. *

Lehner, Thomas (Hrsg.) Der Salpeterer.
*»Freie, keiner Obrigkeit untertane Leut' auf
dem Hotzenwald«.* OA 1977, WAT 36, 128 S. *

Lem, Anton van der Opstand!
*Der Aufstand in den Niederlanden. Egmonts
und Oraniens Opposition, die Gründung der
Republik und der Weg zum Westfälischen
Frieden.* A. d. Niederl. Klaus Jöken. Dt. EA 1996,
WAT 259, 168 S. mit 39 Abb. und 3 Karten. *

Lesebuch:
– **Deutsche Literatur der 60er Jahre.**
Hrsg. Klaus Wagenbach. Mit Lebensdaten
und Quellenverzeichnis. 1968, AP, 192 S. *
NA 1972: verändert und erweitert, AP, 224 S. *
NA 1994: Nachw. Klaus Wagenbach. GebB *
NA 1996: WAT 267, 240 S. *
– **Deutsche Literatur zwischen 1945 und 1959.**
Hrsg. Klaus Wagenbach. 1980, AP, 224 S. *
NA 1993: Deutsche Literatur der Nachkriegszeit,
WAT 222, 232 S. *
– **Weimarer Republik. Deutsche Schriftsteller
und ihr Staat von 1918–1933.**
Hrsg. Stephan Reinhardt. 1982, AP, 256 S. *
NA 1992: Die Schriftsteller und die Weimarer
Republik, WAT 208: *
– **Deutsche Literatur der siebziger Jahre.**
Hrsg. Christoph Buchwald und Klaus Wagenbach.
Mit Nachw. und Bibliographie. 1984, AP, 224 S. *
NA 1995: WAT 254 *

Lessing, Doris
– **Das Leben meiner Mutter.**
Mit Bildern aus Afrika. A. d. Engl. Adelheid
Dormagen. Dt. EA 1987, WAT 149, 112 S. *
NA 1994: S 45, 80 S. * NA 2003: WAT 467

– **Das Leben meiner Mutter.** Gelesen von
Katharina Thalbach. 2004, LO, CD, Laufzeit 70 Min.
– **Liebhaber meiner Phantasie.** *Erzählungen.*
A. d. Engl. Adelheid Dormagen, Manfred Ohl
und Hans Sartorius. 1999, S 86, 128 S.

Lessing, Gotthold Ephraim Nathan der Weise.
*Der Autor, der Text, seine Umwelt, seine
Folgen.* Hrsg. Helmut Göbel.
OA 1977, WAT 43, 272 S. *
NA 1993: WAT 225. * NA 2002: WAT 426, 276 S.

Levi, Giovanni Das immaterielle Erbe.
*Eine bäuerliche Welt an der Schwelle
zur Moderne.* A. d. Ital. Karl F. Hauber
und Ulrich Hausmann. 1986, AP, 200 S. *

Levi, Primo Der Ringschlüssel.
Roman. 1997, WAT 275, 208 S.

Lind, Jakov
– **Eine bessere Welt in fünfzehn Kapiteln.**
Roman. 1966, Q 10/11, 168 S. *
– **Angst und Hunger.**
2 Hörspiele. 1968, Q 26, 72 S. *
– **Selbstporträt.** A. d. Engl. Günter Danehl.
1983, WAT 105, 160 S. *

Linhart, Robert
– **Eingespannt.**
Erzählungen aus dem Innern des Motors.
A. d. Franz. Grete Osterwald. 1978, P 84, 132 S. *
– **Der Zucker und der Hunger.**
*Reise in ein Land, wo der Zucker wächst:
Brasilien.* A. d. Franz. Jürgen Hoch.
Dt. EA 1980,WAT 71,112 S. *

Löw-Beer, Peter Industrie und Glück.
Der Alternativplan von Lucas-Aerospace.
Mit einem Beitrag von Alfred Sohn-Rethel:
Produktionslogik gegen Aneignungslogik.
1981, P 89, 216 S. *

Longhi, Roberto
– **Masolino und Masaccio.**
*Zwei Maler zwischen Spätgotik und Renais-
sance.* Einf. Andreas Beyer. A. d. Ital. Heinz
Georg Held. 1992, AP, 256 S. mit 150 Abb.
– **Venezianische Malerei.** A. d. Ital. und
mit einem Vorw. Heinz Georg Held.
1995, AP Großformat im Schuber, 216 S.
mit 343 überwiegend farbigen Abb. *

**Macciocchi, Marie-Antonietta
Jungfrauen, Mütter und ein Führer.**
Frauen im Faschismus.
A. d. Franz. Eva Moldenhauer. 1976, P 73, 112 S. *

Märtin, Ralf-Peter Dracula. *Das Leben des
Fürsten Vlad Tepes.* OA 1980, WAT 65, 192 S. *
aktualisierte NA 2004: WAT 396, 208 S.

**Maier, Hans E. / Schmid, Thomas (Hrsg.)
Der goldene Topf.**
Vorschläge zur Auflockerung des Arbeitsmarktes.
OA 1986, WAT 136, 188 S. *

Malerba, Luigi
- **Die nachdenklichen Hühner.** *131 kurze Gesch.*
  A. d. Ital. Elke Wehr. 1984, Q 132, 80 S. *
  NA 1995: mit 15 neuen Eiern im Hühnerstall. A. d.
  Ital. Elke Wehr und Iris Schnebel-Kaschnitz. S 50,
  80 S. mit vielen Zeichnungen v. Matthias Koeppel.
- **Die Schlange.**
  Roman. A. d. Ital. Alice Vollenweider.
  1985, WAT 119, 168 S. * NA 2000: WAT 373 *
- **Taschenabenteuer.** *53 Geschichten.*
  A. d. Ital. Iris Schnebel-Kaschnitz.
  1985, Q 140, 112 S. * NA 1998: WAT 299, 112 S.
  mit Zeichnungen von Matthias Koeppel.
- **Pataffio.**
  A. d. Ital. Moshe Kahn. 1988, Q 161, 240 S.*
- **Silberkopf.** *Erzz.* A. d. Ital.
  Karin Fleischanderl. 1989, Q 168, 128 S. *
- **Der Protaganist.** *Roman.* A. d. Ital.
  Alice Vollenweider. 1989, WAT 166, 160 S. *
  NA 2002: WAT 429, 160 S.
- **Wahrhaftige Gespenster.** *Gesch. aus den
  eingebildeten Wissenschaften.* 1990, S 22, 96 S. *
- **Das griechische Feuer.** *Roman.*
  A. d. Ital. Iris Schnebel-Kaschnitz. 1991, Qb, 220 S.
  NA 2002: WAT 437, 224 S.
- **Die fliegenden Steine.** *Roman.*
  A. d. Ital. Moshe Kahn. 1992, Qb, 240 S.
- **Die Entdeckung des Alphabets.** *Erz.*
  A. d. Ital. Joachim A. Frank. 1993, WAT 218, 192 S. *
- **Die nackten Masken.** *Roman.*
  A. d. Ital. Iris Schnebel-Kaschnitz.
  1995, Qb, 304 S. * NA 2004: Jubi, 272 S.
- **Närrische Welt,** *Erz.* 1997, GebB, 128 S. *
- **König Ohneschuh.** *Roman.*
  A. d. Ital. Iris Schnebel-Kaschnitz. 1997, Qb, 224 S.
- **Elianes Glanz.** *Roman.*
  A. d. Ital. Moshe Kahn. 2000, Qb, 192 S.
- **Der Traum als Kunstwerk.**
  A. d. Ital. Moshe Kahn. 2002, S 112, 112 S.
- **Der geheime Zirkel von Granada.** *Roman.*
  A. d. Ital. Iris Schnebel-Kaschnitz. 2003, Qb, 200 S.

**Malerba, Luigi / Guerra, Tonio Von dreien,
die auszogen, sich den Bauch zu füllen.**
Roman aus dem Jahre 1000.
A. d. Ital. Moshe Kahn. 1996, S 60, 192 S.

Mallorca! *Eine literarische Einladung.* Hrsg.
Margit Knapp. 2000, S 90, 128 S. mit vielen Abb.

Malouf, David Das Wolfskind. *Roman.*
A. d. Engl. Helga Herborth. 1998, WAT 316, 160 S.*

**Mandel, Ernest / Wolf, Winfried
Ende der Krise oder Krise ohne Ende.**
*Bilanz der Weltwirtschaftsrezession und der
Krise in der Bundesrepublik.* 1977, P 78, 240 S. *

Manganelli, Giorgio
- **Niederauffahrt.**
  A. d. Ital. Toni Kienlechner. 1967, Q 20/21, 144 S. *
- **Omegabet.** A. d. Ital. Toni Kienlechner.
  1970, Q 40/41, 132 S. *

- **Unschluß.** A. d. Ital. Iris Schnebel-Kaschnitz.
  1978, Q 92, 144 S. *
- **Irrläufe.** *100 Romane in Pillenform.*
  Mit Zeichnungen von Tullio Pericoli und einem
  Interview. A. d. Ital. Iris Schnebel-Kaschnitz.
  1980, Q 107, 208 S. * NA 1989: S 14, 144 S. *
  NA 2000: S 94
- **Amore.** A. d. Ital. Iris Schnebel-Kaschnitz.
  1982, Q 118, 128 S. *
- **An künftige Götter.** *6 Gesch.*
  A. d. Ital. Toni Kienlechner. 1983, Q 123, 160 S. *
- **Manganelli furioso.** *Handbuch für unnütze
  Leidenschaften.* A. d. Ital. Marianne Schneider.
  1985, AP, 160 S. *
- **Aus der Hölle.** A. d. Ital. Iris Schnebel-Kaschnitz.
  1986, Q 151, 144 S. *
- **Brautpaare und ähnliche Irrtümer.** A. d. Ital.
  Marianne Schneider. 1988, Q 160, 144 S. *
- **Geräusche und Stimmen.** A. d. Ital.
  Iris Schnebel-Kaschnitz. 1989, Q 166, 144 S. *
- **A und B.** *Dialoge und unmögliche Interviews.*
  A. d. Ital. Daniel dell'Agli, Renate Heimbucher,
  Marianne Schneider, Barbara Villiger Heilig und
  Alice Vollenweider. 1991, Q 178, 144 S. *
- **Der endgültige Sumpf.** *Roman.* A. d. Ital.
  Iris Schnebel-Kaschnitz. 1993, Q 185, 112 S. *
- **Das indische Experiment.**
  A. d. Ital. Marianne Schneider. 1994, Q 190, 96 S. *
- **Kometinnen und andere Abschweifungen.**
  A. d. Ital. Marianne Schneider. 1997, Qb, 160 S.
- **Lügenbuch.** Hrsg. Klaus Wagenbach. Mit Zeich-
  nungen von Tullio Pericoli. 2000, WAT 374, 160 S.

**Mantelli, Bruno Kurze Geschichte des italieni-
schen Faschismus.** A. d. Ital. Alexandra Hausner.
Dt. EA 1998, WAT 300, 192 S. mit vielen Abb.

Mao Tse-Tung Über Praxis und Widerspruch.
Nachw. Hansmartin Kuhn. 1968, R 5, 96 S. *

Maraini, Dacia
- **Zeit des Unbehagens.** *Roman.*
  A. d. Ital. Heinz Riedt. 2000, WAT 375, 192 S.
- **Mein Mann.** *Zwölf Erzz.*
  A. d. Ital. Gudrun Jäger. 2002, S 107, 144 S.

**Marcenaro, Pietro / Foa, Vittorio Tempo,
Tempo.** *Dialog über die Zukunft der Arbeit.*
A. d. Ital. Gisela Bonz. Mit einer Vorbemerkung
von Thomas Schmid. Dt. EA 1983, WAT 95, 160 S. *

Marías, Javier
- **Während die Frauen schlafen.**
  A. d. Span. Renata Zuniga. 1999, S 84, 160 S.
- **Während die Frauen schlafen.** Gelesen von
  Otto Sander. 2000, LO, MC/CD, Laufzeit 60 Min.
- **Das Leben der Gespenster.**
  A. d. Span. Renata Zuniga. 2001, S 96, 128 S.

**Marlowe, Christopher / Fried, Erich
Der Jude von Malta.** Mit Essays von Stephen
Greenblatt und Karl Marx sowie einem Nachw.
von Friedmar Apel. 1991, WAT 190, 168 S. *
NA 2003: WAT 460

Masi, Edoarda
Die chinesische Herausforderung.
Beiträge zu einer sozialistischen Strategie.
A. d. Ital. Christel Schenker. 1970, R 17, 176 S. *

Masuccio Novellino. *Renaissancenovellen
aus Neapel und dem Süden Italiens.*
A. d. Ital. Hanns Floerke. Einleitung von Gianni
Celati, Nachw. Alice Vollenweider. 1988, S 8,
2 Bände, 240 S. * NA 2000: WAT 384, 240 S.

Meckel, Christoph
– **Tullipan.** *Erzählung.*
Mit 2 Zeichnungen des Autors.
1965, Q 2, 84 S. * NA 1980: WAT 75, 144 S. *
– **Die Notizen des Feuerwerkers Christopher
Magalan.** *Einschließlich zahlreicher Lebens-
zeugnisse aus Briefen, Tagebüchern und Dokumenten, sowie einer grundlegenden Einführung
von C. E. McKell, samt Zeichnungen, durch-
kommentiert von Professor L. Kuchenfuchs.*
1966, Q 12, 72 S. *
– **Bei Lebzeiten zu singen.** *Gedichte.*
1967, Q 18, 84 S. *
– **Eine Seite aus dem Paradiesbuch.** *Hörspiel.*
Mit 4 Zeichnungen des Autors. 1969, Q 36, 72 S. *

Meienberg, Niklaus   Es ist kalt in Brandenburg.
Ein Hitler-Attentat. 1990, WAT 186, 184 S. *

**Meier, Christian   Die Welt der Geschichte und
die Provinz des Historikers.**
3 Überlegungen. 1989, KKB 15, 104 S. *

**Meier, Christian / Veyne, Paul
Kannten die Griechen die Demokratie?**
2 Studien. 1988, KKB 2, 96 S. *

Meinhof, Ulrike Marie
– **Bambule.** *Fürsorge – Sorge für wen?*
Nachw. Klaus Wagenbach. 1971, R 24, 108 S. *
Veränderte NA 1987: WAT 147, 136 S. *
NA 1994: WAT 238 * NA 2002: WAT 428, 144 S.
– **Die Würde des Menschen ist antastbar.**
Aufsätze und Polemiken.
OA 1980, WAT 62, 192 S. * NA 1992: WAT 202 *
NA 1994: GebB * NA 2004: WAT 491
– **Deutschland Deutschland unter anderm.**
Aufsätze und Polemiken.
OA 1995, WAT 253, 176 S.

Memmi, Albert   Die Salzsäule. *Roman.*
Vorw. Albert Camus. A. d. Franz. G. M. Neumann.
2002, WAT 435, 368 S.

Meneghello, Luigi
– **Die kleinen Meister.** *Roman.*
A. d. Ital. Marianne Schneider. 1990, Qb, 260 S. *
– **Wieder da!** *Roman.*
A. d. Ital. Marianne Schneider. 1993, Qb, 220 S. *

**Meschkat, Klaus / Rohde, Petra /
Töpper, Barbara   Kolumbien.**
*Geschichte und Gegenwart eines Landes im
Ausnahmezustand.*
OA 1980, WAT 67, 192 S. *

Meyer-Wehlack, Benno   Modderkrebse.
Stück über einen Bau. Unter Mitarbeit von
Irena Vrkljan. 1971, Q 52, 72 S. *

**Meynaud, Jean   Bericht über die Abschaffung
der Demokratie in Griechenland.** *Analyse
der griechischen Klassenstruktur von C. T. Aris.*
A. d. Franz. Renate Sami. 1969, R 1, 160 S. *

Momigliano, Arnaldo
– **Die Juden in der alten Welt.**
Einf. von Karl Christ. A. d. Ital. und Engl.
Martina Kempter. 1988, KKB 5, 96 S. *
– **Wege in die Alte Welt.**
A. d. Ital. Horst Günther.
Einleitung Karl Christ. 1991, AP, 240 S.

Morante, Elsa
– **Arturos Insel.** *Roman.* A. d. Ital.
Susanne Hurni-Maehler. 1997, WAT 277, 424 S. *
NA 2002 mit einem biographischen Nachw.
von Maja Pflug: WAT 441, 432 S.
– **Aracoeli.** *Roman.* A. d. Ital.
Ragni Maria Gschwend. 1997, WAT 293, 432 S.
– **Ein frivole Geschichte über die Anmut und
andere Erzählungen.**
A. d. Ital. Maja Pflug. 2003, S 117, 144 S.

Moravia, Alberto
– **Agostino.** *Roman.* A. d. Ital.
Dorothea Berensbach. 2000, WAT 377, 128 S.
– **Ehe Liebe.** *Roman.* A. d. Ital.
Dorothea Berensbach. 2001, WAT 401, 144 S.
– **Ach, die Frauen.** *Die schönsten Erzählungen.*
Ausw. Klaus Wagenbach. 2003, S 115, 128 S.

Mühsam, Erich   Fanal.
Aufsätze und Gedichte 1905–1932.
Hrsg. Kurt Kreiler. OA 1977, WAT 22, 192 S. *

Münster, Arno   Chile – friedlicher Weg?
Historischer Bericht, politische Analyse.
1972, R 44, 200 S. *

Mury, Gilbert   Schwarzer September. *Analysen,
Aktionen und Dokumente.* Hrsg. und a. d. Franz.
Wolfgang Dreßen. 1974, P 48, 128 S. *

Nachrichten aus Berlin. *Ged., Prosa u. ein Lied.*
1969, Qp 5, 17 cm, 33 UpM. *

Naldini, Nico   Pier Paolo Pasolini.
Eine Biographie. A. d. Ital. Maja Pflug.
Mit vielen unbekannten Quellen, Zeugnissen
und Photos. 1991, AP, 352 S. *

Neapel. *Eine literarische Einladung.* Hrsg.
Dieter Richter. 1998, S 73, 144 S. mit zahlr. Photos.
NA 2004: mit Illustrationen v. Franziska Neubert.

Negri, Antonio   Die wilde Anomalie.
Spinozas Entwurf einer freien Gesellschaft.
A. d. Ital. Werner Raith. 1982, AP, 288 S. *

**Nissen, Hans J. / Heine, Peter
Von Mesopotamien zum Irak.**
Kleine Geschichte eines alten Landes.
OA 2003, WAT 483, 208 S. mit zahlr. Abb.

Petzold, Volker (Hrsg.) Widerstand in Chile.
Aufrufe, Interviews und Dokumente
des M. I. R. 1974, P 54, 128 S. *

Pflug, Maja Natalia Ginzburg.
Eine Biographie. 1995, AP, 192 S. *

Pflug, Maja (Hrsg.) »Es fällt schwer, von sich
selbst zu sprechen, aber es ist schön.«
Natalia Ginzburgs Leben in Selbstzeugnissen.
Zus. und a. d. Ital. Maja Pflug.
Dt. EA 2001, WAT 414, 128 S.

Piglia, Ricardo
– **Brennender Zaster.** *Roman.*
A. d. argentinischen Span. Leopold Federmair.
2001, Qb, 192 S.
– **Künstliche Atmung.** *Roman.*
A. d. argentinischen Span. Sabine Giersberg.
2002, Qb, 224 S.
– **Falscher Name. Hommage an Roberto Arlt.**
Ein kurzer Roman.
A. d. Span. Sabine Giersberg. Einf. Hanns Zischler.
Nachw. Leopold Federmair. 2003, Qb, 110 S.

Pinget, Robert
– **Monsieur Traum.** *Eine Zerstreuung.*
A. d. Franz. Gerda Scheffel. 1986, Q 149, 128 S. *
– **Der Feind.** *Roman.*
A. d. Franz. Gerda Scheffel. 1989, Q 164, 144 S. *
– **Kurzschrift.**
Aus Monsieur Traums Notizheften.
A. d. Franz. Gerda Scheffel. 1991, Q 175, 128 S. *
– **Theo oder die neue Zeit.** *Roman.*
A. d. Franz. Gerda Scheffel. 1992, Q 182, 80 S. *
– **Ohne Antwort.** *Roman.* A. d. Franz.
Gerda u. Helmut Scheffel. 1994, S 49, 112 S.
– **Tintenkleckse.**
Monsieur Traums letztes Notizheft.
A. d. Franz. von Gerda Scheffel.
1997, Qb, Bleisatz und Buchdruck, 64 S.
– **Befreie uns.** *Roman.* A. d. Franz.
Gerda Scheffel. 1998, WAT 310, 256 S. *

Pintor, Luigi
– **Servabo.** *Erinnerung am Ende des Jahrhunderts.*
A. d. Ital. Michael Becker und Petra Kaiser.
1992, Qb, 120 S. * NA 1998: WAT 325, 120 S.
– **Der Mispelbaum.**
A. d. Ital. Friederike Hausmann. 2002, S 105, 96 S.

Piore, Michael J. / Sabel, Charles F.
Das Ende der Massenproduktion.
Über die Requalifizierung der Arbeit und die
Rückkehr der Ökonomie in die Gesellschaft.
A. d. Amerik. Jürgen Behrens. 1985, AP, 376 S. *

Piper, Ernst
– **Der Aufstand der Ciompi.**
Über den Tumult, den die Wollarbeiter im
Florenz der Frührenaissance anzettelten.
OA 1978, WAT 49, 128 S.* NA 1990: WAT 175 *
– **Savonarola.** *Umtriebe eines Politikers*
und Puritaners im Florenz der Medici.
OA 1979, WAT 60, 160 S. *

Pirandello, Luigi
– **Feuer ans Stroh.**
Sizilianische Novellen. 1997, WAT 282, 240 S.
– **Das dritte Geschlecht.** *Novellen von Frauen,*
Männern und Ehefrauen. 1999, WAT 336, 192 S.
– **Mattia Pascal.** *Roman.*
A. d. Ital. Piero Rismondo. 2000, WAT 379, 288 S.
– **Die Ausgestoßene.** *Roman.*
A. d. Ital. Johannes Thomas. 2002, WAT 443, 192 S.

Pitol, Sergio
– **Eheleben.** *Roman.*
A. d. mexikanischen Span. Petra Strien.
Nachw. Antonio Tabucchi. 2002, S 106, 144 S.
– **Defilee der Liebe.** *Roman.* A. d. mexikani-
schen Span. Petra Strien. 2003, Qb, 272 S.
– **Die Reise.** *Ein Besuch Rußlands und*
seiner Literatur. A. d. mexikan. Span.
Christian Hansen. 2003, AP, Großformat, 160 S.

Plath, Sylvia Die Glasglocke. *Roman.*
A. d. Engl. Reinhard Kaiser. 2003, WAT 472, 192 S.

Pohl, Friedrich Wilhelm / Türcke, Christoph
Heilige Hure Vernunft.
Luthers nachhaltiger Zauber.
OA 1983, WAT 102, 144 S. *

Pomian, Krzysztof
– **Der Ursprung des Museums.**
Vom Sammeln. A. d. Franz. Gustav Rößler.
1988, KKB 9, 112 S. * NA 1993: WAT 227, 112 S. *
NA 1998: WAT 302, 112 S. mit vielen Abb.
– **Europa und seine Nationen.**
A. d. Franz. Matthias Wolf. 1990, KKB 18, 144 S.

Porter, Roy Kleine Geschichte der Aufklärung.
A. d. Engl. Ebba D. Drolshagen.
Dt. EA 1991, WAT 192, 112 S. *

Porter, Roy / Teich, Mikuláš (Hrsg.)
Die Industrielle Revolution in England,
Deutschland, Italien. A. d. Engl.
Wolfgang Kaiser. Dt. EA 1998, WAT 307, 144 S.

Preuß, Ulrich K.
– **Revolution, Fortschritt und Verfassung.**
Zu einem neuen Verfassungsverständnis.
1990, KKB 24, 104 S. *
– **Krieg, Verbrechen, Blasphemie.**
Über die Zukunft globaler Nachbarschaft.
2002, KKB 68, 160 S. *
Erweiterte NA 2003: WAT 473, 240 S.

Price, Roger 1848. *Kleine Geschichte der*
europäischen Revolution. A. d. Engl.
Christa Schuenke. Dt. EA 1992, WAT 210, 128 S. *

Probst, Carsten Träumer. *Roman.* 2001, Qb, 152 S.

Queneau, Raymond
– **Intimes Tagebuch der Sally Mara.**
A. d. Franz. Eugen Helmlé. 2000, WAT 394, 240 S.
– **Man ist immer zu gut zu den Frauen.**
Roman.
A. d. Franz. Eugen Helmlé. 2001, WAT 409, 144 S.

Sacchetti, Franco
- **Die wandernden Leuchtkäfer.** *Renaissancenovellen aus der Toskana.* Einleitung Luigi Malerba, Nachw. Alice Vollenweider. A. d. Ital. Hanns Floerke, neu durchgesehen von Marianne Schneider. 2 Bände. 1988, S 7, 336 S. mit Illustrationen. * NA 1991: WAT 197, 320 S. *
- **Toskanische Novellen.** Einleitung Luigi Malerba, Nachw. Alice Vollenweider. 1998, WAT 308, 328 S. mit Illustrationen.

Sahlins, Marshall   Der Tod des Kapitän Cook. *Geschichte als Metapher und Mythos als Wirklichkeit in der Frühgeschichte des Königreichs Hawaii.* A. d. Amerik. Hans Medick und Michael Schmidt. 1986, AP, 144 S. mit vielen Abb. *

SALTO! *99 Luftsprünge, Purzelbäume und andere Kunststücke.* Zus. Susanne Schüssler und Maren Arzt. 2001, S 100, 128 S.

Samonà, Carmelo
- **Brüder.** A. d. Ital. Marianne Schneider. 1980, Q 104, 144 S.*
- **Der Aufseher.** *Roman.* A. d. Ital. Marianne Schneider. 1984, Q 128, 144 S. *
- **Casa Landau.** *Roman.* A. d. Ital. Marianne Schneider. 1991, Q 177, 144 S. *

Sardar, Ziauddin   Der fremde Orient. *Geschichte eines Vorurteils.* A. d. Engl. Matthias Strobel. Dt. EA 2002, WAT 451, 192 S. *

Sartre, Jean-Paul   Brüderlichkeit und Gewalt. *Ein Gespräch mit Benny Lévy.* Nachw. Lothar Baier. A. d. Franz. Grete Osterwald. Dt. EA 1993, WAT 219, 96 S. *

Scarpa, Tiziano
- **Amore®.** A. d. Ital. Olaf Roth. 2001, Qb, 160 S.
- **Venedig ist ein Fisch.** A. d. Ital. Olaf Roth. OA 2002, WAT 433, 120 S. mit Abb.
- **Was ich von dir will.** A. d. Ital. Olaf Roth. Dt. EA 2004, WAT 493, 160 S.

Schenk, Johannes
- **Zwiebeln und Präsidenten.** *35 Gedichte.* 1969, Q 33, 60 S. *
- **Die Genossin Utopie.** *30 Gedichte.* 1973, Q 67, 60 S. *
- **Zittern.** *45 Gedichte.* 1977, Q 86, 96 S. *

Schérer, René   Das dressierte Kind. *Sexualität und Erziehung: Über die Einführung der Unschuld.* A. d. Franz. Carola Langmann und Uli Laukat. 1975, P 57, 128 S. *

Schiffrin, André   Verlage ohne Verleger. *Über die Zukunft der Bücher.* Nachw. Klaus Wagenbach. A. d. Amerik. Gerd Burger. Dt. EA 2000, WAT 387, 128 S.

Schily, Otto   Vom Zustand der Republik. OA 1986, WAT 140, 128 S. *

Schinderhannes. *Kriminalgeschichte, voller Abentheuer und Wunder und doch streng der Wahrheit getreu, 1802.* Wiederaufgefunden, hrsg., mit Dokumenten und Bildern versehen von Manfred Franke. OA 1977, WAT 34, 160 S. *

Schlereth, Einar   Länderkunde Indonesien. *Die Menschen, das Land, die Kultur und was die holländischen Räuber daraus gemacht haben.* OA 1975, WAT 4, 128 S. *

Schmid, Sil   Freiheit heilt. *Berichte über die demokratische Psychiatrie in Italien.* OA 1977, WAT 41, 128 S. *

Schmid, Thomas (Hrsg.)
- **Befreiung von falscher Arbeit.** *Thesen zum garantierten Mindesteinkommen.* OA 1984, WAT 109, 144 S. * Veränderte NA 1986: WAT 109, 160 S. *
- **Das Ende der starren Zeit.** *Vorschläge zur flexiblen Arbeitszeit.* OA 1985, WAT 120, 160 S. *
- **Das pfeifende Schwein.** *Über weitergehende Interessen der Linken.* OA 1985, WAT 126, 144 S. *
- **Entstaatlichung.** *Neue Perspektiven auf das Gemeinwesen.* OA 1988, WAT 157, 144 S. *

Schmölders, Claudia (Hrsg)   Liebes-Erklärungen. OA 1993, WAT 226, 136 S. *

Schneider, Peter   Ansprachen. *Reden. Notizen. Gedichte.* 1970, Q 47, 80 S. *

Schnell, Robert Wolfgang
- **Die heitere Freiheit und Gleichheit.** *Vier Gesch. von der festen Bindung.* 1978, Q 95, 80 S. *
- **Sind die Bären glücklicher geworden?** *15 Autobiographien.* 1983, WAT 98, 128 S. *

Schoeller, Wilfried F.   Schubart. *Leben und Meinungen eines schwäbischen Rebellen, den die Rache seines Fürsten auf den Asperg brachte.* Mit einer Auswahl seiner Schriften. OA 1979, WAT 54, 192 S. *

Schubert, Alex
- **Stadtguerilla.** *Tupamaros in Uruguay. Rote Armee Fraktion in der BRD.* 1971, R 26, 128 S. *
- **Panama.** *Geschichte eines Landes und eines Kanals.* OA 1978, WAT 48, 128 S. *
- **Erdöl.** *Die Macht des Mangels.* OA 1982, WAT 78, 192 S. *

Die Schülerschule von Barbiana (Scuola di Barbiana). *Brief über die Lust am Lernen.* Vorw. Peter Bichsel. Nachw. Lisa Brink und Nora Thies. A. d. Ital. Alexander Langer und Marianne Andre. 1970, R 21, 166 S. * NA 1984: WAT 113, 192 S. *

Schumacher, Joachim   Leonardo da Vinci. *Maler und Forscher in anarchischer Gesellschaft.* 1981, AP, 288 S. mit vielen Abb. *

Schweizer Reise Hrsg. Alice Vollenweider.
1993, Q 186, 192 S. *

Sciascia, Leonardo
– **Mein Sizilien.** A. d. Ital. Martina Kempter und
  Sigrid Vagt. 1995, S 53, 144 S. mit vielen Photos.
– **Der Ritter und der Tod / Ein einfacher Fall.**
  Zwei Kriminalromane. 1996, WAT 256, 128 S. *
– **Das weinfarbene Meer.** *Erzz.*
  A. d. Ital. Sigrid Vagt. 1997, Qb, 160 S. *
  NA 2003: WAT 478, 160 S.
– **Das Verschwinden des Ettore Majorana.**
  A. d. Ital. Ruth Wright und Ingeborg Brandt.
  2003, S 119, 96 S. mit zahlr. Photos.

Serna, Ramón Gómez de la
– **Die Wahrheit über Picasso
  und den Kubismus.** A. d. Span. Elke Wehr.
  1990, S 16, 96 S. *
– **Madrid.** *Spaziergänge.*
  Ausw. und Nachw. Fritz R. Fries. A. d. Span.
  Gerda Schattenberg. 1992, S 32, 144 S. mit Abb.

Settis, Salvatore *Giorgiones ›Gewitter‹.*
*Auftraggeber und verborgenes Sujet eines
Bildes in der Renaissance.* A. d. Ital.
Maja Pflug. 1982, AP, 208 S. mit vielen Abb. *

Shakespeare, William *A. d. Engl. Erich Fried.*
– **Das Trauerspiel von König Richard dem
  Zweiten. Das Leben von Heinrich dem
  Fünften.** 1969, AP, 136 S. *
– **Viel Getu um Nichts /
  Die lustigen Weiber von Windsor.**
  1970, AP, 128 S. * NA 2000: WAT 382, 168 S.
– **Antonius und Kleopatra /
  Perikles, Fürst von Tyrus.** 1970, AP, 136 S. *
– **Ein Sommernachtstraum /
  Zwölfte Nacht oder Was ihr wollt.**
  1970, AP, 128 S. * NA 1999: WAT 341, 144 S.
– **König Cymbelin /
  Zwei Herren aus Verona.** 1970, AP, 128 S. *
– **Hamlet / Othello.** 1972, AP, 160 S. *
  NA 1999: WAT 347, 192 S.
– **Maß für Maß / Romeo und Julia.**
  1974, AP, 128 S. * NA 1999: WAT 355, 160 S.
– **Troilus und Cressida / Timon von Athen.**
  1981, AP, 132 S. *
– **Der Kaufmann von Venedig / Ein Sturm.**
  OA 1984, AP, 128 S. *
– **Titus Andronicus / Julius Caesar.**
  1985, AP, 128 S. *
– **König Heinrich IV.** 1986, AP, 144 S. *
– **Kaufmann von Venedig.** Mit einem Essay
  von Friedmar Apel. 1986, WAT 137, 128 S. *
  NA 2002: WAT 445, 160 S. mit vielen Abb.
– **König Lear / Der Sturm.** 2003, WAT 475, 192 S.
– **Gesamtausgabe Shakespeare.**
  *27 Stücke von William Shakespeare in der
  Übersetzung von Erich Fried.*
  Mit einem Begleitbuch: Der Autor, die Stücke,
  der Übersetzer. Zus. Friedmar Apel.
  1989, AP, 3 Bände, 1904 S. *

Shelly, Mary / Foerster, Susanne
  **Die Geschichte des Doktor Frankenstein und
  seines Mordmonsters.** OA 1975, WAT 8, 128 S.*

Sichtermann, Barbara
– **Vorsicht Kind.** *Eine Arbeitsplatzbeschreibung
  für Mütter, Väter und andere.*
  OA 1982, WAT 87, 216 S. * NA 1992: WAT 209 *
  NA 1998: WAT 315, mit einem neuen Vorw., 224 S.
– **Weiblichkeit.** *Zur Politik des Privaten.*
  OA 1983, WAT 106, 128 S. * NA 1991: WAT 194 *
– **FrauenArbeit.** *Über wechselnde Tätigkeiten
  und die Ökonomie der Emanzipation.*
  OA 1987, WAT 144, 144 S. *
– **Wer ist wie?** *Über den Unterschied der
  Geschlechter.* OA 1987, WAT 153, 112 S. *
– **Der tote Hund beißt.** *Karl Marx,
  neu gelesen.* OA 1990, WAT 184, 176 S. *
– **Fernsehen.** OA 1994, WAT 228, 144 S. *

**Sigrist, Christian / Guha, Amalendu /
Hauck, Gerhard / Sarma, Maria V.**
  Indien. *Bauernkämpfe: Die Geschichte einer
  verhinderten Entwicklung von 1757 bis heute.*
  1976, P 71, 160 S. *

Silone, Ignazio **Der Fuchs und die Kamelie.**
  Roman. A. d. Ital. Hanna Dehio, überarbeitet
  von Marianne Schneider. 1998, WAT 301, 160 S.

Simmel, Georg
– **Philosophische Kultur.**
  *Über das Abenteuer, die Geschlechter und
  die Krise der Moderne. Gesammelte Essays.*
  Nachw. Jürgen Habermas. 1983, AP, 256 S. *
  NA 1986: WAT 133 * NA 1998: WAT 324
– **Das Individuum und die Freiheit.**
  Essays. 1984, AP, 224 S. *

Sitwell, Edith **Englische Exzentriker.**
  *Eine Galerie höchst merkwürdiger und
  bemerkenswerter Damen und Herren.*
  A. d. Engl. mit einem Vorw. und Nachbem. von
  Kyra Stromberg. 1987, AP, 176 S. mit vielen Abb. *
  NA 1991: WAT 188 *
  NA 2000: S 93, 176 S. mit vielen Photos.

Soboul, Albert **Kurze Geschichte der
französischen Revolution.** Mit einem Nachw.
zum deutschen Jakobinismus. A. d. Franz.
Bernd Schwibs und Joachim Heilmann.
Dt. EA 1977, WAT 23, 160 S. * NA 1996: WAT 265,
160 S. mit Abb. * NA 2000: WAT 365, 144 S.

Sohn-Rethel, Alfred
– **Das Geld, die bare Münze des Apriori.**
  Vorw. Jochen Hörisch. 1990, KKB 27, 88 S.
– **Industrie und Nationalsozialismus.**
  *Aufzeichnungen aus dem »Mitteleuropäischen
  Wirtschaftstag«.* Hrsg. und eingeleitet von Carl
  Freytag. OA 1992, WAT 204, 192 S. *

Soldati, Mario
– **Briefe aus Capri.** *Roman.*
  A. d. Ital. Herbert Schlüter. 1999, WAT 330, 320 S. *

GESAMTVERZEICHNIS

– **Die amerikanische Braut.** *Roman.*
A. d. Ital. Heinz Riedt. 1999, WAT 349, 224 S.
– **Die grüne Jacke.** *Erzählung.*
A. d. Ital. Fritz Jaffé. 2000, WAT 381, 128 S.

Sombart, Werner Liebe, Luxus und Kapitalismus. *Über die Entstehung der modernen Welt aus dem Geist der Verschwendung.*
1983, WAT 103, 208 S. * NA 1992: WAT 215 *

Sozialistisches Jahrbuch 1.
Hrsg. Wolfgang Dreßen. 1970, R 20, 272 S. *
Sozialistisches Jahrbuch 2. *Gegen den Dogmatismus in der Arbeiterbewegung.*
1970, R 23, 240 S. *
Sozialistisches Jahrbuch 3. 1971, R 28, 204 S. *
Sozialistisches Jahrbuch 4. 1972, R 41, 192 S. *
Sozialistisches Jahrbuch 5. 1973, P 47, 176 S. *

Spanische Liebesgeschichten
Hrsg. Heinrich von Berenberg. 1993, S 36, 144 S.

Spanische Reise
Berenberg, Heinrich von / Echeverria, Iguscio / Lamadrid, Claudio Lopez de (Hrsg.)
Literarischer Führer durch das heutige Spanien.
1987, Q 155, 192 S. * NA 1998: Qb, 208 S.

SPD und Staat.
Geschichte, Reformideologie, ›Friedenspolitik‹.
Hrsg. von Mitarbeitern der ›Darmstädter Studentenzeitung‹. 1974, P 51, 192 S. *

Spence, Jonathan D.
Die Geschichte der Frau Wang. *Leben in einer chinesischen Provinz des 17. Jahrhunderts.*
A. d. Engl. und Chin. Sabine Peschel und Edgar Wang. 1987, AP, 176 S. mit vielen Abb. *

Stajano, Corrado Der Staatsfeind.
Leben und Tod des Anarchisten Franco Serantini. A. d. Ital. Peter O. Chotjewitz.
Dt. EA 1976, WAT 26, 160 S. *

Staritz, Dietrich Sozialismus in einem halben Land. *Zur Programmatik und Politik der KPD / SED in der Phase der antifaschistisch-demokratischen Umwälzung in der DDR.*
1976, P 69, 200 S. *

Stiller, Klaus Tagebuch eines Weihbischofs.
1972, Q 56, 84 S. *

Strachey, Lytton
– **Das Leben, ein Irrtum.**
Acht Exzentriker. A. d. Engl. Robin Cackett.
1999, S 87, 96 S. mit Abb.
– **Französische Paradiese.**
Voltaire, Madame du Deffand, Mademoiselle de Lespinasse und Stendhal.
A. d. Engl. Hans Reisiger und Helene Weyl.
Nachw. Heinrich v. Berenberg. 2002, S 110, 96 S.

Stroczan, Katherine Der schlafende DAX oder das Behagen in der Unkultur.
Die Börse, der Wahn und das Begehren.
2002, KKB 67, 112 S.

Strohmeyer, Klaus Warenhäuser.
Geschichte, Blüte und Untergang im Warenmeer. OA 1980, WAT 70, 192 S. *

Stromberg, Kyra Djuna Barnes.
Leben und Werk einer Extravaganten.
Mit vielen Photos und unveröffentlichten Texten.
1989, AP, 168 S. * Überarb. NA 1999: AP, 192 S.

Svevo, Italo
– **Der alte Herr und das schöne Mädchen.**
A. d. Ital. Barbara Kleiner. 1998, S 77, 112 S.
– **Der alte Herr und das schöne Mädchen.**
Gelesen von Kornelia Boje.
2003, LO, CD, Laufzeit 79 Min.
– **Ein Mann wird älter.** *Roman.*
A. d. Ital. Piero Rismondo.
Vorw. Daniele Del Giudice. 2000, WAT 368, 320 S.

Swiss Made *Junge Literatur aus der deutschsprachigen Schweiz.* Hrsg. Reto Sorg und Andreas Paschedag. OA 2001, WAT 419, 192 S.

Tabori, George
– **Autodafé.** *Erinnerungen.* A. d. Amerik.
Ursula Grützmacher-Tabori. 2002, Qb, 112 S.
– **Autodafé.** *Der Autor erzählt aus seinem Leben.* 2003, LO, CD, Laufzeit 64 Min.
– **Mein Kampf.** *Hörspiel.*
Mit George Tabori in der Rolle des Schlomo Herzl.
2002, LO, CD, Laufzeit 78 Min.
– **Meine Kämpfe.** A. d. Amerik. Ursula Grützmacher-Tabori. 2002, WAT 449, 160 S.
– **Mutters Courage.** *Zwei Prosafarcen.*
A. d. Amerik. Ursula Grützmacher-Tabori.
2003, WAT 462, 96 S.
– **Son of a bitch.** *Roman eines Stadtneurotikers.*
A. d. Amerik. Ursula Grützmacher-Tabori.
2003, WAT 482, 96 S.
– **Exodos.** *Fortgesetzte Erinnerungen.*
2004, Qb, 112 S. mit Abb.

Tabucchi, Antonio
– **Die Frau von Porto Pim.**
Geschichten von Liebe und Abenteuer.
A. d. Ital. Karin Fleischanderl. 1993, S 38, 80 S.
– **Piazza d'Italia.** *Roman.*
A. d. Ital. Karin Fleischanderl. 1998, Qb, 192 S.

Terkel, Studs Der amerikanische Traum.
44 Gespräche mit Amerikanern. A. d. Amerik.
Andreas Hamburger und Wolfgang Heuss.
Dt. EA 1981, WAT 80, 288 S. *

Thomas, Keith
Vergangenheit, Zukunft, Lebensalter. *Zeitvorstellungen im England der frühen Neuzeit.*
A. d. Engl. Robin Cackett. Vorw. Peter Burke.
1988, KKB 10, 112 S.

Tintenfisch 1. *Jahrbuch für Literatur*
Hrsg. Michael Krüger und Klaus Wagenbach.
1968, Q 27, 120 S. *
Tintenfisch 2. 1969, Q 34, 128 S. *
Tintenfisch 3. 1970, Q 39, 128 S. *

– **Das Leben des Parmigianino.**
Hrsg. Alessandro Nova. Bearb. Matteo Burioni.
Neue Übers. Victoria Lorini u. Katja Burzer.
Dt. EA 2004, Kt., 96 S. mit 20, z.T. farbigen Abb.
– **Das Leben des Raffael.** Hrsg. Alessandro Nova.
Bearb. Hana Gründler. Neue Übers. Victoria Lorini.
Dt. EA 2004, Kt., 192 S. mit 30, z.T. farbigen Abb.
– **Das Leben des Jacopo Pontormo.**
Hrsg. Alessandro Nova.
Neue Übers. u. Bearb. Katja Burzer.
Dt. EA 2004, Kt., 144 S. mit 20, z.T. farbigen Abb.

Vázquez Montalbán, Manuel
– **Robinsons Überlegungen angesichts einer
Kiste Stockfisch.** A. d. Span. Michael
Hofmann. 1997, S 63, 96 S. mit Abb. *
– **Das Quartett.** *Roman.*
A. d. Span. Theres Moser. 1998, Qb, 112 S.
– **Kaiser oder nichts.** *Roman.*
A. d. Span. Theres Moser. 1999, Qb, 360 S.
– **Marcos. Herr der Spiegel.**
*Der Subcomandante trifft den Autor von Pepe
Carvalho im Urwald von Chiapas.* A. d. Span.
Gerda Schattenberg-Rincón. 2000, AP, 224 S.
NA 2001: aktualisierte Ausgabe, WAT 422, 240 S.
– **Der Pianist.** *Roman.* A. d. Span. Maralde
Meyer-Minnemann. 2001, WAT 408, 384 S.
– **Die lustigen Jungs von Atzavara.** *Roman.*
A.d. Span. Willi Zurbrüggen. 2002, WAT 452, 320 S.
– **Hof der Lust.** *Roman.*
A. d. Span. Theres Moser. 2003, Qb, 290 S.

Verga, Giovanni Mastro-Don Gesualdo. *Roman.*
A. d. Ital. Marlis Ingenmey. 1998, WAT 327, 416 S.

Vernant, Jean-Pierre
– **Der maskierte Dionysos.**
*Stadtplanung und Geschlechterrollen in der
griechischen Antike.* Mit einem Vorw. und
a. d. Franz. Horst Günther. 1996, KKB 55, 104 S.
– **Zwischen Mythos und Politik.** *Eine intel-
lektuelle Autobiographie.* A. d. Franz.
Lis Künzli und Horst Günther. 1997, AP, 288 S. *

Viale, Guido
Die Träume liegen wieder auf der Straße.
*Offene Fragen der deutschen und italienischen
Linken nach 1968.* Nachw. Thomas Schmid.
A. d. Ital. Susanne Schoop und
Michaela Wunderle. 1979, P 87, 216 S. *

Vian, Boris
– **Die Ameisen.** *Sieben Erzz.*
A. d. Franz. Irmgard Hartig und Klaus Völker.
1967, Q 23, 84 S. * NA 1991: S 27, 168 S.
– **Der Deserteur.** *Chansons, Satiren und Erzz.*
Mit Biographie von Klaus Völker.
OA 1978, WAT 42, 144 S. * NA 1989: WAT 169 *
NA 1992: WAT 211 * NA 2001: WAT 400
– **Herbst in Peking.** A. d. Franz. Eugen Helmlé.
1983, WAT 96, 264 S. *
NA 1994: GebB, 272 S. *
NA 1996: WAT 271, 296 S. *

– **Der Voyeur.** *13 unanständige Gesch.*
Hrsg. Klaus Völker. A. d. Franz. Asma Semmler,
Frank Heiberg und Klaus Völker.
1985, WAT 123, 144 S. * NA 2001: WAT 418
– **Der Herzausreißer.** *Roman.* A. d. Franz.
Wolfgang Sebastian Baur. 1988, WAT 158, 192 S. *
NA 1992: WAT 201 * NA 1996: WAT 257, 216 S.
– **Der Schaum der Tage.** *Roman.*
A. d. Franz. Antje Pehnt. Neu durchgesehen von
Klaus Völker. 1994, AP, 180 S. *
NA, 1997: WAT 273, 192 S. * NA, 1998: S 78, 180 S.
– **Das rote Gras.** *Roman.*
A. d. Franz. Eugen Helmlé. 1994, WAT 233, 152 S.
– **Ich werde auf eure Gräber spucken.**
Ein amerikanischer Roman.
A. d. Franz. Eugen Helmlé. 1994, WAT 240, 136 S.
– **Wir werden alle Fiesen killen.**
Ein ›amerikanischer‹ Roman. A. d. Franz.
Eugen Helmlé. 1995, WAT 242, 192 S. *
NA 2001: WAT 406
– **Aufruhr in den Ardennen.** *Roman.* A. d. Franz.
Wolfgang Sebastian Baur. 1995, WAT 243, 96 S.
– **Tote haben alle dieselbe Haut.**
Ein ›amerikanischer‹ Roman. A. d. Franz.
Asma Semler. 1995, WAT 244, 128 S.
– **Faule Zeiten.** *Sämtliche Erzz. Band 1.*
A. d. Franz. Frank Heibert, Irmgard Harting und
Klaus Völker. 1995, WAT 247, 208 S.
– **Liebe ist blind.** *Sämtliche Erzz. Band 2.*
A. d. Franz. Frank Heibert und Klaus Völker.
1995, WAT 248, 240 S.
– **Drehwurm, Swing und das Plankton.** *Roman.*
A. d. Franz. Eugen Helmlé. 1995, WAT 249, 184 S.
– **Die kapieren nicht.** A. d. Franz.
Hanns Grössel. 1996, WAT 258, 136 S.
– **Sprengt die Bank!** *Satiren, Balladen,
Projekte.* A. d. Franz. Eugen Helmlé u.a.
1996, WAT 272, 128 S.
– **Heiratet nicht. Laßt es sein!** *Lose Lieder
und lockere Geschichten.* 1997, GebB, 128 S.*
– **Tu mir weh.** *Erzz. und Chansons.*
Gelesen von Michael Maertens, gesungen von
Boris Vian. 2002, LO, CD, Laufzeit 76 Min.

Vickers, Brian Francis Bacon. *Zwei Studien.*
A. d. Engl. Reinhard Kaiser. 1988, KKB 3, 80 S. *

Vilar, Pierre
– **Kurze Geschichte zweier Spanien:
Der Bürgerkrieg 1936–1939.** A. d. Franz.
Wolfgang Kaiser. Dt. EA 1987, WAT 145, 144 S. *
NA 1999: WAT 334, 144 S. mit vielen Abb.
– **Spanien.** *Das Land und seine Geschichte von
den Anfängen bis zur Gegenwart.* A. d. Franz.
Wolfgang Kaiser. Dt. EA 1994, WAT 176, 160 S. *
Überarb. NA 1992: WAT 217, 160 S. *
NA 1998: WAT 309, 192 S.

Vincent, Bernard »Das Jahr der Wunder.«
*Spanien 1492: Die Vertreibung der Juden und
Mauren und die Einführung der Grammatik.*
A. d. Franz. Una Pfau. 1992, AP, 200 S. *

Werder, Lutz von (Hrsg.)
Was kommt nach den Kinderläden?
Erlebnis-Protokolle. 1977, P 75, 192 S. *

Wie Geschichte geschrieben wird.
*Mit Beiträgen von Fernand Braudel, Natalie
Zemon Davis, Lucien Febvre, Carlo Ginzburg,
Jacques Le Goff, Reinhart Koselleck, Arnaldo
Momigliano.* 1998, WAT 326, 128 S. mit Abb.

Wiedeking, Wendelin   Das Davidprinzip.
Macht und Ohnmacht der Kleinen.
Zusammengetragen von Anton Hunger und
Horst Brandstätter. 2003, WAT 481, 192 S. mit
farbigen Bildern von Johannes Vennekamp.

Wieder lügt Odysseus.   *Geschichten aus dem
neuen Griechenland.* Zus. Annette Wassermann.
OA 2002, WAT 438, 144 S.

Wien.   *Eine literarische Einladung.*
Hrsg. Margit Knapp. 2004, S 123, 120 S.
mit vielen Illustrationen von Franziska Schaum.

Willst du dem Sommer trauen?   *Deutsche
Naturgedichte aus den letzten hundert Jahren.*
Hrsg. Hanns Zischler. 2004, S 122, 120 S.

Wolff, Kurt   Autoren/Bücher/Abenteuer.
*Betrachtungen und Erinnerungen
eines Verlegers.*
1965, Q 1, 120 S. *   NA 2004: WAT 488, 144 S.

Woolf, Virginia
– **London.**   *Bilder einer großen Stadt.*
A. d. Engl. und m. einem Nachw. Kyra Stromberg.
1992, S 31, 96 S. mit vielen Photos.
– **Die schmale Brücke der Kunst.**
A. d. Engl. und m. einem Nachw. Kyra Stromberg.
1994, S 43, 112 S. mit Abb.

Wünsche, Konrad   Bauhaus:
Versuche, das Leben zu ordnen.
1989, KKB 17, 128 S. mit vielen Abb. *

Yates, Frances A.   Giordano Bruno.
A. d. Engl. u. mit einem Vorw. Peter Krumme.
1989, KKB 12, 112 S. *

Yerushalmi, Yosef Hayim
– **Zachor: Erinnere dich.**
Jüdische Geschichte und jüdisches Gedächtnis.
A. d. Amerik. Wolfgang Heuss.
1988, AP, 144 S. *   NA 1996: WAT 260 *
– **Freuds Moses.**
Endliches und unendliches Judentum.
A. d. Amerik. Wolfgang Heuss. 1992, AP, 192 S.
– **Ein Feld in Anatot.**   *Versuche über jüdische
Geschichte.* A. d. Amerik. Wolfgang Heuss und
Bruni Röhm. 1993, KKB 44, 96 S.

Yu, Cheung-Lieh
Der Doppelcharakter des Sozialismus.
*Zur politischen Ökonomie der Volksrepublik
China. 1. Teil: Die Revolution auf dem Land.*
1975, P 60, 96 S. *   *2. Teil: Die Revolution in
der Stadt.*   1975, P 63, 96 S. *

Zanker, Paul   Eine Kunst für die Sinne.
Zur Bilderwelt des Dionysos und der Aphrodite.
1998, KKB 62, 128 S. mit vielen Abb. *

Zapperi, Roberto   Annibale Carracci.
Bildnis eines jungen Künstlers.
A. d. Ital. Ingeborg Walter.
1990, AP, 160 S. mit vielen Abb. *

Zarbo, Viviana
Die wahre Geschichte des Wilden Westens.
A. d. Ital. Moshe Kahn.
OA 1997, WAT 278, 128 S. mit vielen Abb.

Zaslavsky, Victor
– **In geschlossener Gesellschaft.**   *Gleichge-
wicht und Widerspruch im sowjetischen Alltag.*
A. d. Amerik. Rosemarie Farkas. 1982, AP, 180 S. *
– **Das russische Imperium
unter Gorbatschow. Seine ethnische
Struktur und ihre Zukunft.**
A. d. Amerik. Holger Fliessbach.
1991, KKB 30, 96 S. *

Zum Glück gibt´s Österreich.
*Junge Autorinnen und Autoren aus Österreich
erzählen.*   OA 2003, WAT 456, 144 S.

Zwetajewa, Marina
– **Gedichte.**
A. d. Russ. Christa Reinig. Mit Biographie und
Materialien. 1968, Q 28, 72 S. *
– **Vogelbeerbaum.**   *Ausgewählte Ged.*
Hrsg. und Nachw. Fritz Mierau.
A. d. Russ. Christa Reinig, Adolf Endler,
Rainer Kirsch, Karl Mickel und Richard Pietraß.
Mit einer Lebensbeschreibung und vielen Photos.
OA 1986, WAT 135, 128 S. *   NA 1993: S 41 *

Bildnachweis: Horst Rudolph (S.1, 3, 7, 9, 159); Toni Richter (S.15 oben links); Leonore Mau (S.15 oben rechts); Marianne Fleitmann (S.29 oben rechts, S.85 unten links und Mitte, S.113, 3. Reihe rechts); Isolde Ohlbaum (S.35, S.61 oben rechts, S.92 oben rechts, S.112 oben links, S.113 unten links); Brigitte Friedrich (S.44); Peter M. Sokol (S.57 oben rechts); Werner W. Wittke (S.71 oben rechts); E.v.Schwichow (S.87 unten links, S.90 oben links); Giovanni Giovanetti (S.87 unten rechts, S.111 oben 3. Bild von links); Arpad Bondy (S.87 Mitte); Antonio Galvez (S.90, 2. Reihe rechts); Peter Peitsch (S.90, 3. Reihe rechts); Roland Allard (S.90, oben Mitte); Jaques Robert Gallimard (S.93, zweites Bild von links); Oneworld Publications (S.93, 3. Bild von links); Marla Mulas (S.104); Cecil Beaton (S.107 unten links); The Author's League (S.107 unten rechts); Paul Dodds (S.112 oben Mitte); Enno Kaufhold (S.112 oben rechts); Angela Dorrer (S.113 oben links); Anne-Marie Adda (S.113 oben Mitte); Louis Monier (S.113 oben rechts); David Farrell (S.113, 2. Reihe links); Helmut Newton (S.113 unten Mitte); Effigie (S.110, 2. und 4. Bild von links, S.121); Cordula Giese (S.126).
Wir haben uns bemüht, sämtliche Rechteinhaber ausfindig zu machen. Sollte es uns in Einzelfällen nicht gelungen sein, Rechteinhaber zu benachrichtigen, so bitten wir diese, sich beim Verlag zu melden.

Der Verlag Klaus Wagenbach, gegründet 1964, ist unabhängig; er wünscht sich Ihre offene Kritik:

Sehr geehrter Herr Wagenbach,

Auch im 40. Jahr des Verlages:
Schreiben Sie uns eine Postkarte (mit Anschrift und ggf. e-mail). Wir schicken Ihnen dann regelmäßig (immer im Herbst) und kostenlos unseren Jahresalmanach, die *Zwiebel*.

Verlag Klaus Wagenbach   Emser Straße 40/41   10719 Berlin
www.wagenbach.de